想象另一种可能

理
想
国
imaginist

Unreasonable Behaviour

不合理的行为

［英］唐·麦卡林（Don McCullin）　著

李文吉　施昀佑　　　　　　译

北京日报出版社

献给未能活下来的人

Don McCullin

序：难以捕捉的宁静

从 1961 年夏天柏林墙拔地而起，冷战将这座东西方分隔的象征物强加给世界长达二十八年，直至近期叙利亚平民遭受的骇人摧残，六十年来，唐·麦卡林从未停止关注他人在这些重大冲突中经历的痛苦。面对人类向同胞实施的难以形容的残暴，这关注的目光时刻充满愤怒，忧伤，甚至绝望。这是一种饱含着不解与同情的目光，也是博爱的目光，它投向弱小者、贫困者、社会边缘者，种种非人境遇的受害者。

分裂的塞浦路斯，伤痕累累的刚果，遭受轰炸而满目疮痍的越南，支离破碎的中东，饥饿的比亚法拉，灾难肆虐的孟加拉国，历尽磨难的柬埔寨，揭竿而起的萨尔瓦多，暴乱的爱尔兰，充满恐怖的伊拉克，直至面目全非的叙利亚。

唐·麦卡林既非窥视者，亦非猎奇摄影师，也不是时代记录者或历史学者，他像学习观察世界一般无师自通地学会了摄影，他拥有饱经沧桑的面容和清澈、单纯、面对野蛮行径时难以置信的眼神。近二十年间，在英国最有分量的周末刊物《星期日泰晤士报》上，他以极具冲击力的影像，向同胞们呈现着世界各地人对人施加的种种不公，令他们舒适的周末生活不再平静。

他的摄影作品里，有左拉和戈雅的身影。与此同时，他以这些无力改变事物进程的影像，宣告着自己的罪责。他无力挽回身患哮喘和慢性支气管炎的父亲在他十四岁时死去，也无力改变此后其他亲友的离世。

他的目光始终是一面动人的镜子，折射着拍摄对象们的目光，他对他们感同身受。还有养育了他的英国，从 1958 年起即成为他作品中的显著题材，穿插在各种战争报道中不断呈现出来。那是贫困者与被社会遗弃者的英国，但近来又加入了对富有阶层的关注。于是麦卡林的作品里又出现了狄更斯的身影。他拍摄至今的英国——以常规画幅拍摄，并且由他在萨默塞特的家中亲自冲洗——那些风景时常笼罩在阴沉的云层之下。

作为超乎寻常、难以用绝对方式进行定义的人物，麦卡林对于人总是投以深沉而不安的目光。从 1985 年起，他就表示不想再报道世界冲突，却又在 1991 年海湾战争结束时和 2003 年，两次进入伊拉克境内的库尔德地区。2014 年，他决定前往叙利亚，拍摄被轰炸的阿勒颇，又在此后的两年两次重返伊拉克。他刚刚过完八十一岁生日，便出现在了身陷重围的摩苏尔城。

曾经，在新世纪来临之际，他感到自己必须立即重回非洲，再次探访这个一直令他魂牵梦绕的大陆，投入一场全新的战斗：抵御艾滋病，于是他在南非、赞比亚、马拉维追踪艾滋病所造成的致命伤害。随后，埃塞俄比亚南部濒临消亡的部落、苏丹的努比亚金字塔又了吸引他的目光。他痴迷于古代战争与文明的关系，沿着地中海盆地寻访古罗马帝国的痕迹。与此同时他从 1967 年起就对印度——尤其是恒河沿岸——怀有持续的热情，2017 年春季将再度造访该地。

他的声望不断扩大，其作品定期在世界最重要的博物馆展出，其生平被拍摄为电影纪录片[1]。今天，我们可以在所有类别的摄影史中看到他，与亨

1　2012 年的纪录片《麦卡林》（91 分钟），由大卫·莫里斯（David Morris）与杰琪·莫里斯（Jacqui Morris）执导。

利·卡蒂埃—布列松、罗伯特·卡帕、尤金·史密斯和罗伯特·弗兰克齐名。2016 年底，他被女王伊丽莎白二世授予爵士头衔，现在他变成同胞们的"唐爵士"了。而他早在 1988 年就已完成的自传，终于在四分之一个世纪之后在海外出版，特别是 2012 年在中国出版。

经过全面修订的这个版本，将向我们呈现这位伟大摄影师自 1989 年至今的另一半职业生涯，在这段人生历程中，他依然是那个麦卡林，饱受战争的困扰，寻找着一份难以捕捉的宁静。

罗伯特·普雷基（Robert Pledge）

"联系"图片社（Contact Press Images）总裁

2017 年 4 月于纽约

前　言

　　《不合理的行为》出版至今已有好几年，而坦白说，这本书引起的回响，真的令我非常惊讶。我原以为发表我个人生命里的事件有助于驱散一些心魔。然而，我却深陷因背叛自己美丽的妻子与家庭而一手造成的痛苦与愧疚之中。但如今，过了十二年后，我过得很开心。现在我有四个可爱的孙子和一位可爱的女士陪伴。

　　我还是不折不扣的摄影师，拍摄各式各样的照片。我在法国办过三次大型展览，谢天谢地，摄影在法国还很受人看重。去年在纽约的联合国总部，我策划了一场大型展览，以非洲南部的艾滋病危机为主题。我最近出版了三本新书，还在进行一个有关埃塞俄比亚南部部落的新项目，那真令人振奋。

　　所以我好像终于能够重拾生命意趣。至于未来，我想继续工作，特别是在这个日新月异的世界提高自己的适应能力。

唐·麦卡林

二〇〇二年三月于萨默塞特

致　谢

在众多帮我打开生命窄门、走向宽广世界的友人当中，我该感谢《观察家报》的图片编辑布莱恩·康贝尔，是他最先派我到战地；自由记者菲利普·琼斯·格里菲斯，他在我初出道时鼓励我，并教我许多事；帮我的作品在美国做宣传的康奈尔·卡帕；马克·霍华斯－布斯，在维多利亚和阿尔伯特博物馆为我策展；马克·山德，我最喜欢的旅行伙伴与朋友，他在我结束战地采访后陪我一同度过多次危机。

多亏许多同事与朋友慷慨协助，提升了这本书的深度与准确性，他们历经许多不足为外人道的困难，协助挖掘记忆里我们一同经历的事件细节，或是提供他们的看法，使我免除一己偏见。我向被我疏忽遗漏的任何人致歉，并对以下诸位致上最衷心的谢意：大卫·布伦迪、托尼·克里夫顿、彼得·克鲁克史东、亨特·戴维斯、乔纳森·丁伯白、彼得·邓恩、哈利·伊文思、詹姆斯·福克斯、弗兰克·赫曼、迈克尔·赫尔、伊恩·杰克、菲利普·雅各布森、大卫·金、菲利普·奈特列、约翰·勒卡雷、大卫·雷奇、诺曼·刘易斯、马格纳斯·林克雷特、卡尔·麦克里斯托、马丁·梅瑞迪斯、亚历克斯·米切尔、布莱恩·莫纳汉、艾瑞克·纽比、迈克尔·尼

v

克尔森、艾德娜·奥布莱恩、彼得·普林格、迈克尔·兰德、墨瑞·塞尔、威廉·肖克罗斯、柯林·辛普森、葛弗瑞·史密斯、沙利·桑姆斯、安东尼·泰瑞、布莱恩·华顿与弗朗西斯·温德汉。

尼克·惠勒、克莱夫·林普金和罗杰·库珀很慷慨地让我使用他们的照片。除了我自己的照片，我也擅自使用一些朋友送我的照片，令我伤感的是，他们已经不在世上，无法征得他们的同意。

我特别要向几个朋友致上莫大的感激：刘·切斯特耐心且用心地给我的生命带来一些秩序与方向，林·欧文在我撰文过程中提供不懈的协助。我更要特别感谢托尼·柯威尔，我在开普出版公司（Jonathan Cape）的编辑，他让这一切得以实现。

目录

第一部

街头浪子

01 战场

1970 年 2 月的某一天，一对兄弟在沙漠战场上相遇。哥哥是我，出第二十次战地任务的摄影记者；小弟迈克尔则在这遥远的非洲国家与马背部族、驼峰骑士交战。如今担任法国外籍兵团副官的他，当时还是个中士。我们在那不毛之地相聚一个钟头，讲起话来却只落得针锋相对。

两人在分离的多年间，对战争都各有一番切身体验，又各持己见。战地摄影师和外籍兵团一样，都得走上前线。在烽火连天的国度里，外国记者在饭店酒吧通过现代通信设备，谈论的战场见闻之多，史上无人能出其右。现役军人（英国特种部队和雇佣兵除外）通常只投身自己国家的冲突，战地记者则是无役不与。摄影记者和躲在后方就能获取更多消息的文字记者不同，往往都置身枪林弹雨中。长期献身这份工作的人，如伟大的罗伯特·卡帕与拉里·伯罗斯，通常都为工作丢了命。我守着这工作二十年了，或许是奇迹吧，竟还活着。我在乍得与弟弟相聚前，已到过塞浦路斯、刚果、耶路撒冷、比亚法拉等前线，也赴越南出过多次任务，而接下来，我还要去第四次中东战争，去柬埔寨、约旦、黎巴嫩、伊朗、阿富汗，甚至萨尔瓦多的战场，见证战争的毁灭性。那些战场夺走我许多好友的命。

或许是我的战地经验太多，使得迈克尔和我渐行渐远。我们都是为了追求冒险而走上战场，但战争对于我俩却有不同的意义。对迈克尔而言，战争是一场游戏，一种激情。虽然战争于我仍很刺激，但多数时候我只想到战争的恐怖。迈克尔的态度比较好理解，更像军人，我的心态就没那么直接。毕竟我不必服从军令，而是自愿参与。如果我觉得战争变得可憎，为何不远离战场？有人告诉我，我一定是存着某种求死的愿望。的确，我一生中一直有某种东西逼着我走出去记录死亡与苦难，但绝不会因此而渴望自己或任何人死去。

　　如今我已不再踏入战场，却仍得苦苦对抗那些战地经验背负的意义。每场战争都骇人地与众不同，但也有可怕的相似之处。你抚慰死者、与死者共枕，和即将死去的人一同生活。望着、注视着别人不忍目击的事物，我干摄影记者时，生活无非就是这些。但有人批评我硬是把这种恐惧带到安乐的人面前。关于我所拍的战争与饥荒照片，有人说："现在我们知道了，但我们知道了也无济于事。"然而我相信，认真反思这背后的一切，并不天真。了解战争当然很重要，而我对战争的体悟，也绝不仅止于近年来唤起大众良知的照片。我的摄影主题太过严肃，称不上艺术——我厌憎这种想法，也讲过不止一次。对传播真相进行新闻审查，让我非常怀疑其意图。

　　即便我有多年旁观经验，却还是做不到无动于衷，也不觉得自己可以冷漠以对。面对战争的惨状，很少有人能不动摇。这些景象就是应该，也的确能激起痛苦、羞愧与罪恶感。有些景象更是不忍目睹。有一回我和美军海军陆战队一同困在越南某个前线据点，黑暗中，一辆补给车载着弹药冲过我们的据点，司机是你会在海水浴场看到的那种蠢蛋。车子停住，越共狙击手干掉那个驾驶兵，他瘫在方向盘上，引擎还继续发出可怕的嗡嗡响。那一整晚，其他战线的照明弹不断照出他尸体的轮廓，黄色的、橘色的、绿色的，诡异而荒谬。炮火不断，我们无法接近他，只能看着这一切直到天亮，惊骇莫名。此时战火也已逐渐平息，那个蠢蛋的卡车引擎终于耗尽汽油，懒洋洋地熄了火。

　　战火中，你常会以为明天就轮到你，你将会成为躺在地上仰望群星的那个人。一个人以一个姿势躺着不动，瞪着星星，却没在看，确实很诡异。记得有一回我走在巡逻队里，忽然枪声大作，射死我前方的两个人。我趴下找掩护，嘴巴埋进土里，照相机沾满泥沙。我在那里躺了 20 分钟，动也不动，生命中的一切在脑中飞过。在这种时刻，当你面前和身后的人都死了，你会有一种强烈到无法抵挡的感觉：他们都是替你死的。

　　有人说我的照片洗得太暗。这种经验怎么能用明亮的感觉传达？然而我自问，我所有的观看与探究，能为这些人（或是任何人）做些什么？当枪声接近我的时候，我有多少次想到，就这样吗？就是今天吗？我这一生，是怎么过的啊？

唐·麦卡林，1936 年

02 战争之子

与我这一代的所有伦敦人一样，我是希特勒的产物。我在 20 世纪 30
年代出生，40 年代遇上大轰炸，然后好莱坞电影进口了，我开始见识到暴
力电影。我记得，很小的时候曾在无意中听到父亲跟母亲说，他防空局的同
事在轰炸后发现一颗头颅，还装在盒子里四处拿给人看。在"二战"期间和
战争刚结束时，这类骇人听闻的事是伦敦人的家常便饭，自然也烙印在儿童
脑中。

轰炸地点成了我们的游乐场。我们出门搜罗炸弹碎片和德军丢下来的
反雷达波铝箔。我们活在夜间空袭的恐惧中。防空洞，就像我们家后院的那
一座，成了第二个家。这些避难场所有种刺鼻的味道：闷在水泥洞穴内的潮
湿空气的气味。那气味长伴我左右，至今仍能记得，如同别人深情地回忆夏
天，或冬天火炉的气味。

儿童玩战争游戏，因为生活里只有战争。我记得我和弟弟迈克尔玩兵人，
我们在院子里把它们排成战斗队形，朝它们丢土块，把它们的头打下来。我
日后想起这场战役，觉得就跟真的战争一样恐怖。

我的第一个家离托特纳姆考特路不远，我父亲有时在那里卖鱼。说"有

时"，是因为父亲有病在身。家里大多数事情都得由母亲决定。随着妹妹玛莉出生，家中人口增加，我们搬到国王十字车站那一带，住进人行道铁栅栏下方的两个房间。但才待了几个月，便又搬到芬斯伯里公园的廉租屋。当时，那是伦敦北边最糟糕的一区。这回又是两间潮湿的地下室，玛莉和我一间，父母睡另一间。此外还有个洗碗槽，以及一间小小的厕所，一半在室内，一半在室外。这绝对不适合慢性气喘病人或儿童，但好歹是个家。

我对战争最痛苦的记忆，都源于大人要我远离战争的举动。我五岁时，玛莉和我被迫疏散避难，几年后才出生的迈克尔逃过一劫。我记得有好几辆巴士开到保罗公园小学，载我们到帕丁顿车站。许多人泪流满面，妈妈们挥手告别，对孩子叮咛再三。我们都挂着识别名牌，拿着装有防毒面具的牛皮纸盒。大人告诉我们，把我们送到乡下住是为了远离轰炸，好保护我们。

我们抵达萨默塞特的诺顿圣菲利普村后，玛莉和我就分开了。我妈妈得到的承诺是我们不会被拆散，但我们却分住两地。妹妹被送到村中最富裕的人家，那家人经营工程公司，在战时大发利市。我则被送到政府公屋(council house)。我和妹妹待在同一个村子，但从那时起，生活却有天壤之别。妹妹寄住的房子有名穿着黑白制服的女仆侍候她茶水，我会走到那儿，从窗户偷偷看她。虽然我是她哥哥，却被当作政府公屋的穷酸小子，不准进他们家门。回想起来，你从我照片里瞧见的某些东西，或许就是从那时开始的：在不被人注意到的情况下，设法尽量靠近我的主题。

你很快就会察觉到自己在社会上的地位，并认命接受。我住在政府公屋，这件事或多或少就意味着我被套上了阶级枷锁。我妹妹在那房子里享受特权，因而离开了我们。之后，我母亲做了惊人的决定，让妹妹在战后继续留在那户有钱人家，永远受他们收养。他们把她送到滨海韦斯顿的女子寄宿学校，她就这么进了私立学校。你可以这么说，就像芬斯伯里的邻居所说的："希特勒拉了她一把。"

我觉得被遗弃，没人要，仿佛我是品种不良的狗。我记得有一次父亲来探望我，他出门返家时，我追了出去，求他把我带走。我在诺顿圣菲利普村住了不到一年就又遭疏散。我总是被疏散。我对希特勒的轰炸计划毫无所知，我以为母亲心里想着：让他再次上路吧，让我喘口气吧。

第三次疏散让我的处境跌到谷底。我被送到英格兰北部，离兰开夏郡波尔顿不远的农村。那户人家是鸡农，我每个星期天都拿到一颗鸡蛋。他们把我送去做早上和下午的主日礼拜，然后还试着要我参加晚上的礼拜，想尽办法要我走出他们的房子。周一到周五，喝过下午茶后，他们就把我赶到户外，直到夜里十点钟，不管天气有多糟。

我睡在地板上。我的房间没铺油布毯，也没家具，只堆了老旧的孵蛋器。那个房间从来没住过人，他们只因为有多出来的房间，就被迫要收容疏散的儿童。

和我同住的还有一个男童，他父亲在坎登镇开酒馆。他常因尿床而遭毒打。我们被丢到一群古板的人身边，尽管他们满口基督教诲，却非常无情。他们觉得我们言行怪异，我们对他们也有相同观感。他们的马铃薯是带皮煮的，我厌恶这种古怪的煮法，不肯吃，又挨了他们一顿揍。

那次疏散的挨揍经验没齿难忘。我被学校的老师揍，被运动场的小孩揍，回到家又要挨揍。我盖起了一间小房子，里头装满憎恨与不信任。

有一天，我逞强想做某项特技而从谷仓摔下来，撞破了脸。我那断裂的鼻梁就是这样得来的。我爬过一段田野，昏了过去，醒来后看到两个女人低头望着我。她们把我送回家，我看到鸡农一副我闯了祸，忍不住想揍扁我另半边脸的模样。他坚持要我隔天就上学。我的脸肿得像猪头，嘴里又冒出常被嘲笑的伦敦腔，就成了更大的笑柄。

我终于写信给母亲，告诉她我没有受到好的对待。她把火车票钱寄给我，我能回家了。返家前夕，那鸡农把垃圾桶里的鸡饲料倒出来，装满热水。我洗了十七个星期以来的第一次澡。

所有这些经验最后留下一个奇怪的后遗症。只要我有自己住的地方，有栋农舍，就总想养些鸡。我觉得鸡很能为房子生色，不幸的是，当地的狐狸也有同感。说正经的，疏散经验使我终生喜欢靠近遭迫害的人。我知道被烙上野蛮、肮脏、危害社会的标记是什么滋味。只是，我是被自己国人遗弃与恶待，而非外国人。

简单说来，疏散的后果很能锻炼人。孤独感，以及长期离开母亲，其效果就如同私立学校对中产阶级孩童的管教，把我变成强悍的家伙，能够独立自主，但也让我变得焦躁不安。

上图：唐·麦卡林的父母，芬斯伯里里公园，伦敦，1947年

下图：麦卡林与妹妹玛莉，芬斯伯里里公园，伦敦，20世纪40年代

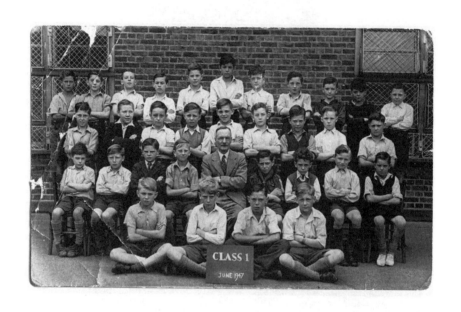

唐·麦卡林（前排最左），班级合影，1947 年

03　帮客街的弃儿

回顾战时的伦敦，我养成了一堆怪异的习性。我会突然把脖子往前伸，反复几次，像抽搐一样。我生怕踩到人行道上的裂缝——所有小孩对此都有点偏执，但我则太过极端了。最重要的是，我喜欢和公交车赛跑。我常从芬斯伯里地铁站跑出来（这地铁站就像矿井巷道般向上爬升），看到开往高门的 212 路公交车一启动，便沿着路边，或在公交车前方狂奔个几百码，直到过了学校保健室，以考验自己。

我后来才发现我患有阅读障碍，经常换学校也不会有所改善。战时疏散结束后，我连最简单的东西都无法读，当然，拼命啃的单词也无法消化。在那年代，对学习迟缓的人只有一种补救教学方式：藤条或耳光。发怒的教师似乎觉得暴力能督促你进步。但在我的例子里，暴力却使我大大退步。我刚回到伦敦时很怕挨打、挨揍，以及挨拳头，那都是教师的合法管教。有个教师为了让我通过十一岁学测，抓住我的头往学校墙壁上撞。不过，凭良心说，芬斯伯里公园小学那些恐怖的教师面对的是最恶劣的一票男童。

我们这些从乡下回来的人都感受到，要重新适应贫苦的都市家庭有多困难。我了解贫穷的味道，如同我了解防空洞与养鸡场的臭味。对我来说，那是发霉与湿气、永远肮脏且因没有热水而永远不洗的抹地布，以及太多人挤在一间小屋子里的臭味。即便妹妹已经不在，我们还是经常在家里东挪西移，设法适应那个冰冷狭窄的地下室，好让我父亲得到最多温暖。我记得自己常在他整夜不停的咳嗽声里入睡。然而我童年的家境使我日后面对最穷苦的人时得以谦卑自持。不用别人告诉我，我清楚地知道他们过着何等生活。

我们住处附近的芬特希尔路上有条帮客街，恶名昭彰、人尽皆知。贫穷还不足以形容这地方，《伦敦北区最糟的街道》上有精确的描述：罪恶渊薮，里头有小偷、打群架的混混，及所有叫得出名堂的罪犯。帮客街居民对付警察的手段，跟人们在潘普洛纳奔牛节对付牛的那一套没什么两样。而且，还不限于警察。帮客街的小孩常触动写着"紧急事故、火警"的红色警报箱，以引来消防队。他们还常在炸毁的建筑里放火，好让警报更真实。消防队到达后，他们就丢石头，或割断消防水管。帮客街的孩子都在我那所小学上课。

我们的好时光都在校外。我藐视权威，所有男孩都如此。我们把轰炸过的废墟当成秘密基地，那是我们种种劣迹的竞技场。我们会买几毛钱的马铃薯片当午餐，把薯片挤进长条罐里带进废墟，爬到最高处，坐下来讨论事情，仿佛自己置身国会殿堂。通常我们都在争论如何破坏学校。在千疮百孔的建筑物里，有时我们会从楼顶往下面砸东西，假装我们是在轰炸德国。这一切都很怪异，虽然毫无疑问，德斯蒙德·莫里斯[1]会把这看成正常的动物行为。它呈现了纪律的崩解，当局对人民统治的崩解。

这其中有一座废墟在我日后的生命里扮演了重要角色。在我们成长的过程中，炸毁的房子不是避风港，就是暴力的牺牲品。我们把铅管扯下来卖给金属贩子，把残存的地板拆下来，切成木条卖给老太太当燃料，每捆两便士。残败楼房的地下密室带给我们乐趣和极大快感。尤其是楼梯都不见了，

---

1 德斯蒙德·莫里斯（Desmond Morris）：1928 年生，享誉世界的动物学家，著名代表作为《裸猿》。

从这层楼摸到那层楼更是刺激无比。对我们来说，那有如攀登艾格尔峰[1]，我们会在秘密基地盘踞几个钟头，避开怪异成人世界的眼光。

年纪更大后，我们进一步享受完全逃离学校的乐趣。学校的医务室是逃学的中转站。若你擦破皮或受了点小伤，那就是你要去的地方。我会在医务室先登记上自己的名字，然后逃得远远的，钻进地铁里，到终点站考克佛斯特才下车。我还会穿过铁轨折返，以躲过检票员，然后直奔乡间，寻找鸟蛋、蛇之类的东西。我常逃课，通常会有几个伙伴同行，他们跟我一样，身上的伤越来越多。

伤口通常是真的，我打了一大堆架。我不是天生的战士，之所以和别的男生斗殴，是由于我不愿受欺负。直到今日，只要能够抵抗，我都不会退缩，而我也碰到过各式各样的恶棍。这种态度可以说是很奏效的，虽然常惹来皮肉之痛。

学校里最受崇拜的男生是群架好手，有时同一家子的哥兄弟会有六七个人，而且惹到一个，就等于惹到一伙人。但最受尊敬的是偷盗大师，那些男生会半夜潜入科芬园偷新鲜的葡萄，第二天在学校休息时间拿出来卖。伦敦市中心有上千个未遭轰炸却暂停使用的场所，等着那些男生去练习入侵的技术。我对这类勾当不那么热衷，倒不是我天生有守法的本能，而是觉得偷窃最有可能使我失去自由。

毫无意外，我未能通过十一岁学测，因此和一群同学从小学升入托灵顿公园初级职业技术中学。班上同学有半数进入感化院或教养院，我很幸运逃过一劫。我住的地方虽粗野，但仍有某种忠诚符号。你的大门通常是敞开的。到了夏天晚上，所有门窗都会打开，居民通常坐在窗边，因为他们不会像日后看电视那样，脸老是朝内。他们习惯朝外看，多多少少也会守望相助。

1　艾格尔峰（Eiger）：欧洲著名的高峰，位于瑞士，海拔3970米。北峰极其陡峭，夺走过数十位登山者的生命，人称"谋杀墙"。

在那些日子里，家庭也有种和谐感。我记得在火炉前的小盆子洗澡时受家人宠爱的感觉。我们轮流洗澡，父亲先洗，大家共享那几勺子热水。想起那些时刻，我仍觉得温馨，即便是我刚出生的弟弟先洗——他常常尿在澡盆里。

有时我母亲大发雷霆，家庭的和谐便瓦解了。我父亲常到哈林格赌狗，或许那是他生病或无业时寻回自尊的方式，但也让家里的经济更加恶化。

我母亲十分依赖分期付款和当铺，好让家用宽裕些。在这种家境下，我的角色至关重要，现在看起来像是狄更斯赚人热泪的小说，但在当时却再真实不过。星期一早上我会拿着父亲的西服到当铺去，星期五再赎回来。西服总是包在床单内。

这码子事令我觉得难堪。当铺老板是个名叫卢坎先生的小个子，秃头，戴着无框眼镜，留着一小撮胡须，总是穿着细条纹的灰色西服，衬衫的领子很白。女人们不愿意上他的门，因为他老是在给当票时握住她们的手不放。我也不喜欢去那里。典当让我在很小的年纪就觉得，宁偷不乞。

星期六早上我会出门付分期付款，然后跑到洪塞路的唐诺先生家付房租。我的另一项差事是对上门收款的人撒谎："我妈不在。"小小年纪就开始说谎，对孩子的成长来说代价过于奢侈，但也是老妈持久战中的一部分，好维持我们一家子的温饱和体面。

我们的衣物来自杰西·查普曼太太经营的二手店，那店看起来像是有人刚倒进了一卡车的面条。在那堆乱七八糟的东西中，总有我或许能穿的。我母亲会把衣物带回家，想尽办法除掉二手货的可怕臭味。

由于父亲生病，母亲变成家里的强悍角色。她经常得出门挣钱，好买回一家人的面包，尤其冬天父亲身体最虚弱时。大战期间，英国妇女扛下一些相当粗重的活，我老妈在飞机制造厂工作，或到国王十字车站把火车上的货卸到卡车上。她是出了名凶悍的斗士，有一回就和隔壁体格粗壮的太太干上了。当时妹妹从收养家庭回来探亲两个星期，隔壁太太叫她滚到别的地方去展示她优雅的腔调。母亲当街狠狠揍了她一顿，街上顿时变成竞技场，所有临街的窗户都打开了，每个人都在看好戏。在那之后，母亲又出过一次重手，因为有个女人数落我行为不端。我同学都说他们爱看纳什太太打输时露出灯笼裤，母亲也变成地方上的英雄。

我觉得这一切令人相当反感。在萨默塞特，我被分发到比妹妹更下层的阶级，或许那自卑感使我当时变得有些势利眼。我尊敬母亲，但我的英雄是温柔的父亲，他和我相处的时间比较多。虽然他很沮丧自己不能当兵，但当我看到他为民防局抬担架时，他成了我的英雄。我从他身上学到了温柔。

晚餐后，老旧餐桌上吃剩的奶酪、面包屑及茶杯收走后，父亲开始为我和弟弟制造玩具，摇摇马或火柴盒教堂。他教我做小拖车、手推车，甚至还有大篷车，迈克尔在前面跑，手里拿着橡皮筋手枪，我扮阿帕奇印第安人在后面追。

我也常画我父亲。我会把纸钉在墙上，有时画出了纸外，等我把纸拿下来，墙上会留下一块白色的方形，四周是散向各方的线条。他不断鼓励我，我也开始学会一些技能。我爱父亲，也感觉到他对我深深的爱。我可能是小区里唯一没遭父亲痛打过的男孩子。我最大的恐惧是他会过世，但我陪着他抵抗病魔，以克服恐惧。那通常只是简单地跑跑腿，像是从附近的煤场偷点煤炭给他取暖。我主要的贡献是陪着他，这时我会画些画。我们也一起看电影。

那时我已不再看星期六早上的儿童电影（有个男孩会先溜进电影院，趁带位人员没注意，打开安全门让我们进去），而改看早年的战争片。有天晚上，我准备好和父母出门看电影时，有个女人敲门，跟我母亲说我常在托灵顿公园的防空洞里和她女儿胡来。那当然是真的，但也只是你情我愿的实验。

我记得，当母亲嗓门越来越尖时，父亲控制住场面。"去洗个澡，"他说，"我们要去警察局。"

我在澡盆边被扒去衬衣，母亲从厨房的一头追着我打到另一头。

"如果我们还想去，最好现在就出门。"我听到父亲这么说。我以为他们这回会很不好过。他一路上一定强忍着笑，因为我们根本没走进警察局，而是到我们最喜欢的亚斯托利亚电影院的前排座位。他们像是带着十三岁的儿子外出，庆祝他变成了男人。

唐·麦卡林和弟弟迈克尔，伦敦，1947年

1956 年，英国颁布了《清洁空气法案》(*Clean Air Act*)

04　惊人的解脱

当母亲对后院的防空洞发起攻击时，我知道战争真的结束了。她和我拿着家里的小铁锤合力拆了它。这花了好几个月时间，还改变了地面的高度。完工后，母亲开始布置小花园。

我还没准备好追求和平。真正的士兵退伍返家时，我"参军"了。我们这队人马年方十二三岁，在汉普斯岱草原展开决战。我们自己制作武器。我总做布伦机枪，还做得很精确。那是当时英国的轻型自动武器。我也带着我父亲的民防局老医药箱，好提供"急救"。这些残酷的丛林战斗发生在肯伍德别墅后方，在我们幻想的"杀戮战场"上。在那里，我们乐于阵亡，对出色的表演引以为傲。我想，在当时我们当中应该没有任何人知道罗伯特·卡帕那幅在西班牙内战时拍摄的名为《共和国战士之死》的惊人作品，但那是我们最喜欢的阵亡模样。

对德国和日本的战争结束了，后遗症是整整一代的城市孩童在想事情时，都只能以打仗来解决。我痛恨战争，电影则加深了愤怒。亚斯托利亚电影院放映的大多是《菲律宾浴血战》（They Were Expendable）之类的电影，由约翰·韦恩（John Wayne）或艾罗尔·弗林（Errol Flynn）主演。

我也有机会接触到最好的英国玩具兵。一些邻居太太常带回铅制的玩具兵，一大堆装在大托盘里，做她们所说的家庭作业。她们在家为玩具兵着色以赚点外快，就像今日有人提供打字服务一样。所以我和迈克尔有源源不绝的新士兵可在后院玩战争游戏。

　　等到我十三岁成为真正的"军校生"，穿上笔挺的制服时，我已是"老鸟"了。我一身皇家步兵团的装备，我还记得将团徽（烈焰四射的炮弹）擦得雪亮时内心的激动。我们在布隆贝里的布伦斯威克广场附近一间操练堂里集合，几个周末都在奥斯特雷公园扎营，接受空弹匣和爆破管的正规训练。那就像模拟的战争，我觉得很棒。

　　即便如此，我的军人生涯并未维持多久。父亲和老师帮助我找到比较温和的兴趣。绘画是我上学期间唯一没被消磨殆尽的才华，也是少数几样托灵顿公园的男孩可以接纳，甚至羡慕的技能。语文或数学成绩好的人，会被认定是老师的宠物或纨绔子弟。画图还算好，那很特别，像是魔术。我不敢确定我的才华有多出众，但库珀先生帮我申请到商业美术奖学金，并进入哈默史密斯工艺美术与建筑学校就读。这学校位于莱姆·格罗夫制片厂对面，学生里既有砌砖匠也有崭露头角的艺术家。

　　这学校还比不上斯莱德美术学院，但已经令我觉得仿佛有人给了我一张通行证，一把钥匙，通往充满色彩与光芒的神秘花园。另外，哈默史密斯学校有女学生，而我还没和女孩子同堂上课过。当然我并未显露求偶意图，对任何女性都不屑一顾，所以也没能很快获得女孩的青睐，但我已和帮客街的男孩子完全不同，已经跻身备受瞩目的一群人之间。似乎有根魔杖挥过芬斯伯里公园，而我获得了赦免，得到了美好许多的生活。

　　接下来，我的世界忽然失去了根基。我赢得奖学金，父亲是最为兴奋的，但他的身体状况也日益危急。他的病情越来越重，体重锐减，我常常整夜无眠，只盼他能活下去。但事与愿违，当时有百万座煤炭炉子往冬日天空泼洒黑烟。有天晚上他被送到海格特那家像座旧工厂的圣玛丽医院，弟弟和我被送到邻居家，这家人相当优雅，男主人在哈洛德百货公司上班。我僵直地坐在客厅，翻阅一本名叫《国家地理》杂志的东西。在我家，有时可以看到《世界新闻》，在理发店等候时我也会翻翻《图片邮报》和一本名为《画报》的杂志，但《国家地理》杂志呈现的摄影方式，在我来说是前所未见的。我被深深地吸引住，忘了父亲病危住院，直到警察来敲门（当年芬斯伯里还没几个人有电话）。我记得大人压低嗓门谈话，不用别人跟我说，我也明白最坏的事发生了。

我父亲曾是一米七八的魁梧汉子，去世时体重才三十八公斤。他享年四十。日后有个朋友告诉我："不管你当时几岁，父亲过世那天的感觉就像蛋给踢到一样。"对于我的感受，这是相当精确的描述。我父亲断气的情景、燃烧的蜡烛及其气味，我永远无法忘记。

那年我十四岁，是否继续待在美术学校已无须讨论。长子必须接下父亲的角色，开始赚钱养家。至少当年找份工作还不难，虽然多数工作没啥前途。母亲在铁路局的同事随即把我弄到蒸汽火车的餐车上当小弟。我通常搭彗星号列车，早上九点四十五分从伦敦开往曼彻斯特，专载商人，黄昏时再从曼彻斯特折返。我津津有味地看着那些肮脏、邪魔般的北方城市，工厂高耸的烟囱喷着黑烟。空气污染管制法如果尽早施行，我父亲可能还活着。除此之外，我还享有自由。我可以每天离开芬斯伯里到英格兰各地旅行，而我也善加利用这机会。

在内心深处，我生上帝的气，假如有上帝的话。他随随便便就把父亲从我身边带走了。在我生命里，是父亲让我觉得悲惨的贫穷日子不那么难熬。我否认上帝。在我开始自怨自艾时，有股力量浮现了。表面上我仍吊儿郎当，在火车驶过高架桥时把盘子摔出窗外，看看有啥效果。我是酷哥一个，口袋里有三十先令，有时拿到两倍的小费，但怒火正燃烧，就在内心不深处。

"Teddy Boy"，芬斯伯里公园，伦敦，1961 年

05　猎狗

我用第一笔存款买了套"Teddy Boy"[1]西装，藏青色的方平纹，在斯托克纽因顿大街花了我七英镑七先令又六便士，少不得还要配上一双绉胶底麂皮鞋，当然是要蓝色软底的，再配上黑色鞋带。我穿这套行头赴第一次约会，对象是住在霍恩西的女孩，当天下着倾盆大雨。我们前往海格特跳舞，舞会在圣约瑟教堂（又名"神圣的乔"）举办，离父亲过世的地方很近。一路上我的头型塌了下来，西装也缩了水。

尽管看起来成熟得很，但行头下面其实还是个小孩。夜里我老妈加班时，我就成了迈克尔的保镖。尽管我年纪不小了，我们仍同睡一张床，躺着收听"黑衣人"范伦提·戴奥在广播里朗读系列恐怖故事。我们连头都缩进毯子里，好躲开抓小孩的魔鬼。

与此同时，我还努力训练自己从事一切男人应该感兴趣的活动。对我而言，儿童期和成人期之间的桥梁是摩托车。街尾有个男孩把摩托车停在卧

---

1 Teddy Boy：20世纪50年代，诞生于英国伦敦年轻人间的一种时尚风格。"Teddy"是"Edwardian"（爱德华式）的简称，源自爱德华时期的绅士装束，通常是深色上衣，紧身直筒裤，厚胶底仿麂皮鞋，一般还会配上鸭屁股头（DA）。在当时，Teddy Boy也指与负面新闻相关的叛逆青年。

梅菲尔，伦敦，1965 年

室里，机油托盘摆了一地，他有办法一边换摩托车机油一边和他女友乱搞，那是他说的。对我们芬斯伯里公园的其他人来说，这似乎就是耍酷的极致了。我发誓我早晚也要弄一部那种机器，在当时，我只有坐后座的份。

在梅菲尔，有个很酷的地方——"W. M. 拉金斯卡通制片厂"——给我一份工作，我离开了铁路局。老板彼得·沙克斯是逃出纳粹德国的犹太人，之前我给他看过一些我在美术学校的画作。他让我在一楼当传话小弟，还说如果我干得不错，就让我调色。

调色工作没做多久，因为后来大家发现我患有部分色盲，当然也无法胜任复杂的动画。我为摩托车骑士调蓝色、红色、黄色还可以，但无法掌握棕色、浅褐色、绿色。我又回头干传话小弟，对他们来说，我经验太少了，还不能带进暗房。我唯一的摄影经验是到霍洛威路的杰洛米照相馆，和妹妹坐下来拍了张合照给家人。

梅菲尔以另一种方式影响了我。我变得非常在意外表。我不是一个自以为是的家伙，却苦恼没有足够的钱买衣服。下班时走出皮卡迪利地铁站，转进查尔斯街，我会看着自己映在劳斯莱斯展示间玻璃窗上的影子，上班时则在那里整理领子和袖口。我也记得自己突然掉头扎进柏克莱广场，闻着那美妙的店铺"摩塞斯·史蒂芬斯"的香水味，看着流水轻淌的橱窗内摆置的兰花。那让我见识到不同的世界，一个我的摩托车伙伴和帮客街男孩无法企及的世界。后者才刚服完首次刑，现在正要从感化院或惩戒机构出来。梅菲尔让我想逃离芬斯伯里公园的一切。

但为时尚早。我买了辆威罗塞特 250，车尾像鱼，钢梁前叉，每小时可以飙到五十英里。我觉得自己仿佛是布鲁克兰赛车场的王牌，头上也没有安全帽——当年可还没那些玩意儿。星期天我们会列队骑着上 A—10 公路，一路骑到科里尔，跳上战时淘汰的老救生艇，划进冰冷的河里。回家的路上我们会到咖啡厅吃些欧陆餐点，然后像轰炸干道般飙回芬斯伯里公园。我们不是那代表美好自由日子的"地狱天使"，彼此的友谊完全有别于我和帮客街男孩，后者是猎狗，成群结队胡逛找碴。

虽然有那些骑士朋友，我还是需要"疯狗"。威吓在芬斯伯里公园总是很有用，而且一直有个能量场要把你拉去胡作非为。我不偷窃，但帮派斗殴是强大的诱惑。我心里有着受压抑的攻击欲与许多愤恨。我想被当成货真价实的街头打手受到尊敬，像七姊妹路横着走的那票人，他们在当地有个名号——"老大帮"。他们挤在一部车里逛大街，在舞厅里炫耀刀械，或在夏夫斯贝里大道骚扰妓女。其中有一两个果然成了皮条客，但当时对性的认识水平也只比《健康与效率》杂志上通过周密新闻审查的裸照好一些。这票人会在周六晚上大举出现在托腾汉的皇家舞厅。在这群暴民面前邀女孩子跳舞遭拒是难以忍受的，你会希望来一场好打，在开场的震天呐喊中讨回面子。这会让大家痛痛快快玩个通宵，下次你再光临时，也会让气氛变得紧张。

"老大帮"虽然是掠夺者，但你会觉得，比起其他秃鹰，如潜伏在我们小区更强大更老练的罪犯，以及警察，跟他们相处要安全得多。警察是我们的天敌。如果你在死巷被条子堵到，像我某一次的经历，你可以确定，下星期你就会因伤势而获派轻松的工作。这一切当然都发生在第一批有色人种移民至英国前。我们在某些方面就像是白种的老黑，被排除在外。不过，我们是具有讽刺意味的老黑，因为当真正的黑人踏上英国时，我们里头的多数人也一样顽固，且抱着种族歧视。

我入伍服役时，性格变得相当混乱。我已经爱上梅菲尔的工作，同事对我也很好，但我觉得他们仿佛能看到我额头上写着磨不掉的"芬斯伯里公园"，后脑勺则被打上"劳动阶级"。我看不出我在世上除了传话还有啥搞头。我只能确定一件事：我不想进陆军受人摆布。听了几年比尔·哈利，我对军人生涯的向往已一扫而空，所以我阿谀奉承一番，混进了空军服役。

麦卡林（后排右），英国皇家空军，1953 年

唐·麦卡林，牛津郡，1954 年

06 坦克战事

"就在那里！"有人吼着，"世界奇迹之一，你们最好也赞叹一下。"

我们行军抵达一辆皇家空军巴士，奉命上车，然后被运送到沙漠里看金字塔。在我们这些肉脚新兵眼里，金字塔只是一堆无聊且冰冷无情的石块。那天的好戏是搭巴士离去前爆发的喧闹。

几个阿拉伯人（或"中东佬"，在 20 世纪 50 年代，我们这些毫不在意民族情感的混蛋是这么称呼他们的）强迫我们买些玻璃罐。对我们这些周薪二十七先令、住帐篷的穷汉来说，再没什么东西比这些玻璃罐更派不上用场。有个小伙子想出对付他们的办法：猛地放下车窗，夹住小贩的手指头，然后罐子就会滚进来，钱却不用付出去。那些阿拉伯人随即发起猛烈反击。

十八岁的我，举止实在不怎么文明，远不如金字塔，但我慢慢掌握了当兵的窍门。他们告诉我："没错，麦卡林，你进入了制片业。我们有太多罐底片放在牛津郡皇家空军班森基地的女王中队里。罐子要涂上数字，有一百万罐。"那个数量还是低估的。他们的"二战"空中侦查底片可以堆成几座山，在罐子上涂号码比把煤炭洗白还无趣。我想，我才不干这码子事。我那一小队战友都大力支持这个看法。我们在山脊上放哨，注意班长有没有骑脚踏车过来。我们只有在他出现时才会把扑克牌藏起来，抓起油漆刷子。如同皇家空军弟兄所说，我们以观测控制产量。

我把念头转到国外。那是在苏伊士通航前二年，有人告诉我"运河区"是很悲惨的单位，所以我申请去香港。自然，我被分派到运河区，而申请运河区的人则毫无疑问降落在远东地区的摩天大楼、中式帆船，以及穿着旗袍的杏眼姑娘间。

我被派去驻守伊斯梅利亚，一个以铁丝网围起来的院落，靠近提姆萨赫湖汇入苏伊士运河处。热浪扑来，像大铁锤的重击。

我一报到，他们就把我丢进铁槽子[1]里。这和同名的被称为"陆战之王"的战争机器可毫无相似之处，而是个大池子，有一个房间那么大，内壁锈蚀得很严重，布满酸性药物的结晶。我的槽子是空中侦查摄影发展史中最不光彩的一页，底片就是在这里大批大批地显影。我的卡通电影经历让我够格把这槽子洗刷干净。

我每天早上被吊入这玩意儿里工作，后来则获准去搅拌有毒的化学药剂，甚至开始使用地图复印机，算是种优待。

我们一星期要轮三次夜哨，为此可以领到斯登冲锋枪，一种设计最糟的武器，连十步外的伦敦公交车都有可能打不到。偶尔我会抓到潜入营区偷东西的人，便将他们交给皇家空军宪兵，宪兵再打电话给当地的警察。接着你就会看到埃及警察沿着运河走过来，全副武装，头戴土耳其军帽，手持警棍。我们会驱车上前，敬礼，行礼如仪一番。被扣押的滋事者有时会辩称自己只是进来拿回不小心跑进铁丝网的东西，警察会甩他一耳光，主要是为了让我高兴，因为我会想，若不是他，我已经躺在床上了。我的态度真是无知。

有个摄影师力劝我参加摄影师职业技术考试，通过后可以做比较有趣的工作，钱也比较多。我参加笔试，没过关，但我的生活突然改善了。我仍

1　原文为 tank，双关，既指槽、箱，也指坦克。

是摄影助理，但皇家空军决定调我到好一点的单位。我被扔到肯尼亚的"茅茅"地区，但这次调动不过是从一座大铁桶般的建筑换到另一座。这次是巨大的轰炸机停机棚，我们睡在里头，老鼠猖獗得很，但至少执勤岗是由陆军去站。

在肯尼亚危机中我升等了，改到内罗毕的轰炸机司令部操作"批处理机"。轰炸机每天返航带回三千多张照片，有"茅茅"地区的，有轰炸效果评估的，或是两者皆有，都必须以最快速度冲洗。我就是那个速度。以我看来，堪培拉式轰炸机最麻烦，机上有六部照相机同时拍照。情报部门借助这些照片以决定次日攻击叛军的战略。对我来说，这种工作徒然累死人，不怎么有意思。

我比较欣赏肯尼亚这个国家。当时内罗毕是座迷人的殖民地城镇，"伟大的白种猎人"头戴狩猎帽，大队进出斯坦利饭店。放假时，我也进军上流生活，说服一个荷兰农场主人的女儿教我骑马。和轰炸机机组人员交上朋友后，我眼界更是大开。

他们突击基南戈普高原和"茅茅"游击基地时带着我同行，让我充当押运员。整个过程中，我都很享受这卑劣的轰炸气氛：这些戴着飞行头盔和护目镜的家伙满口"好呀""再来一个"。其实，林肯式轰炸机多载了我这个非法乘客后，是有些力不从心的。一丢下炸弹，就像向上跳起了一千英尺，所以你就知道，它得多么拼命挣扎才能飞离地面，留在天空。

有时在返航途中他们会低空飞过乞力马扎罗山，如此一来，我们便可以看到安博塞利平原上成群结队的斑马、大象和羚羊。有时我会设法登上"哈佛"，一种小型护航战斗机，经常以好莱坞战争电影的架势扫射丛林，返航时还在天空玩些花式飞行。

以我们的年轻无知，我从未想到这一切会对底下的村落造成什么伤害，也没想过殖民政策的对与错。对我们而言，"茅茅"就像该死的印第安坏蛋，以骇人听闻的血誓仪式闻名，士兵餐厅也经常流传他们有多残暴的惊悚传闻。至于大不列颠帝国哪来的权力在另一片大陆上作威作福，则没人怀疑。我们这些出身芬斯伯里公园的人当然都是工党，但一涉及海外事务，我就成了超级爱国者，和阿尔夫·加尼特[1]同一阵线。我的国家不可能犯错。

这在当时是很普遍的观点，但社会事件正群起将之推翻。我的军中生涯延续了库克船长的帝国末日之旅。我被派驻到塞浦路斯，在该国首都尼科西亚，埃奥卡[2]恐怖分子以"自由"之名当街枪杀手无寸铁、陪家人到雷得拉街购物的英国士兵。雷得拉街后来被称为"凶杀大道"。

但在亚克罗提利附近的皇家空军埃皮斯科皮基地，我们远离首都，却是活在另一个世界。每天早晨我们从帐篷里爬出来，走到空气清新的悬崖边，下方是蓝色大海，阿波罗神殿遗址的石块在地中海的光线下闪闪发光。没轮值的时候，我们背上水肺学潜水。

有时我们会运送机关枪（或讲得确切点，斯登冲锋枪），在护卫车的陪同下进入尼科西亚，这并不太危险，因为埃奥卡极少攻击武装士兵。我们因此有机会看看这座城市，对这座岛屿深层的动荡不安——希腊人和土耳其人、塞浦路斯人之间幽微的仇恨——有了些许体会。似乎只有礼拜天早上射鸟的乐趣能让他们团结起来。

在这里环岛旅行比较疯狂，但对我们而言比较好玩的方式是加入足球队，到其他基地比赛。在危险的山区道路上，我们会遇到载满一车葡萄的卡车驶往工厂。和卡车会车就像亨利-乔治·克鲁佐的电影《恐惧的代价》中演的那样，令人毛发直竖。擦车而过时，小伙子全伸长了手，想抓些葡萄即席做些葡萄酒，卡车司机则边呵斥我们，边留意不要冲下山谷。

和当地居民来些文明的邂逅，不是我们任务中的要项。某天晚上，我们在监督下前往利马索尔的酒吧，身边还有人护卫。那是某种军队公关形象

1　阿尔夫·加尼特（Alf Garnett）：英国电视节目里著名的角色，是个种族主义者，反动、自私且顽固。
2　埃奥卡（EOKA）：反抗英国的塞浦路斯极右翼组织。

的维护，因为有几个英国国会议员到岛上考察，想确定英国军队和当地民众是否相处甚欢。我们根本还没准备好踏入多民族社会。在这难得的场合，我逮到机会向一个美丽的塞浦路斯酒吧女郎眉目传情。我花了大把酒钱，就为了向她放电。为了加强攻势，我把椅子东挪西移，好来场更贴近的交流，但推椅子时却没对准她往下坐的美丽臀部，那可怜的女孩跌到地上，摔个四脚朝天。这个空军处男大兵的骑士生涯就这么突然结束了。

我在皇家空军升到二等兵，这军阶很愚蠢，且口惠而实不至，还获颁一枚可笑的"非洲综合勤务"奖章。理论上，我也见识了这世界。除了派驻埃及、肯尼亚和塞浦路斯，我也飞到亚丁和喀土穆，惊鸿一瞥令人屏息的尼罗河。但除了那匆匆几眼之外，大多时候我看到的，都是我不想知道的世界，被带刺铁丝网包围的世界。

虽然我未能成为皇家空军的摄影师，却也获得一样重要的东西：我的第一台相机。有人告诉我，他们在沿线送货到亚丁的路上可以用非常低廉的价格买到相机。我决定了，比起一对狮子皮非洲鼓，相机是我当时的所有积蓄——三十英镑——更好的归宿。就这样，我成了一台全新禄来的主人。那是台双镜头反光取景式相机，拍照时挂在胸前，往下看取景。当时我还不知道这也是 20 世纪 30 年代伟大摄影师比尔·布兰特与布拉塞使用的相机。

我有一次搭上哈佛式战斗机，从空中拍摄肯尼亚皇家空军伊斯雷基地，几乎立即赚回部分费用。我做了 150 张明信片在营区内卖，一张一先令。另一批底片正在显影时，摄影部班长走进来，开始鬼扯："有人在这里拼命捞钱，我要来查清楚。"他当然不在乎我做生意，他只是不爽我没算他一份。

我回到芬斯伯里时手头已经没钱了。我想这东西似乎没什么用途，也想不出来要拿它来干嘛，所以将禄来当了五英镑。

我母亲有一天问我："那台可爱的照相机跑哪去了？"我说了，她回道："真糟糕。"然后走出门，用自己的钱把相机赎了回来。她这大方的举动改变了我的生命，非常戏剧性。

穿着英国皇家空军制服的麦卡林，在芬斯伯里公园的家里用第一台禄来相机自拍，伦敦，1955 年

07 谋杀案

一连串不可思议的事件又将我推回摄影之途，很不幸，这些事件都围绕着一桩谋杀案。

我刚退伍时有种感觉，觉得自己好像不曾离开过。芬斯伯里公园的世界依旧，人也没变。我不在的时候，母亲和楼上的男人起了争执。他经常喝得烂醉如泥，到半夜才回家，还拿皮带鞭抽幼子。有天晚上我母亲自己动手执法，用一个巨大石膏摆件（在汉普斯岱园游会赢来的奖品）砸他的头，楼梯间四处是血迹和石膏碎屑。她前往沃斯利警察局按铃报警，也签了保，保证遵守法纪。我想那个小男孩会很感激她插手介入。

另一件值得注意的事件发生在芬特希尔路：加勒比人首度在芬斯伯里公园落脚，惹恼了很多本地人。但我倒觉得他们善良又温和。

梅菲尔的拉金斯公司找我回去，并决定要让我那半吊子的摄影知识多少派上点用场，于是把我放进小暗房里翻拍素描。我自己学会冲洗底片，也更了解艺术家与动画师。他们都很随和。我那套整人把戏让我如愿以偿地熬完兵役，但在这里似乎不怎么管用。当然，我现在所谈的，是一个无法向书本求助的人在人文教育上一步步慢慢自我启蒙。我试着读书，却只觉得自已像个傻子。到了二十一岁，我的全部藏书就是两本小书，一本是绘画的，一本是野生动物的，都是母亲在我小时候买的，一本一先令。

老大帮还在油腻腻的咖啡馆闲晃，双脚翘在桌子上大做白日梦。唯一明显的改变是他们最近爱上了电影《大盗狄林杰》里的牛仔帽。我一拿到从当铺赎回的相机，就热切地想为他们的新造型拍些电影剧照式的浮夸照片。接着我野心更大，试着在不同场景中拍摄他们。我很喜欢操作相机，但不知道照片除了取悦拍摄对象，还有什么用途。

当时大家最喜欢在黑斯托克路上的小咖啡馆里鬼混，老板娘是个壮硕的意大利女人，有个漂亮的女儿玛丽亚。那些男孩会问："我们的烤吐司可以夹玛丽亚的乳房吗？"然后她妈妈会说："够了小伙子，正经点，要乖，不要调皮。"这对话一直到我当完兵都还很受欢迎。

七姊妹街的葛雷舞蹈协会成了周六夜晚的集会场所。很难想象这高贵的店名底下藏着多么不高尚的东西。伯特·阿赛拉提曾是摔跤冠军，一对耳朵像握紧的拳头，是魁梧到足以挡住大门的巨人。但即便是伯特也常分身乏术，只是帮派弟兄出于尊敬，仍会在口头上敷衍他。这地方声名大噪，吸引了北伦敦各地像乔治·拉夫特[1]和詹姆斯·卡格尼[2]在电影中演的那类人。他们为了找当地的扛把子单挑而跑来这里，下场通常是在地上倒成一片，像老式美国电影里被干掉的强盗。葛雷的店其实很像地下酒吧，方尖塔旋转灯在你脚下闪个不停，看起来像有一千只老鼠想逃出这房子。

女孩子会来这里，觉得可以遇到北非城里的亨佛莱·鲍嘉。我也被那种气氛及女孩子所引诱。就是在葛雷的店里，我遇上生平所见最美的女孩。她一头金发，大眼睛，名字叫克莉丝汀，和莫斯维丘的朋友一同来这里探险。照我们的标准，莫斯维丘已是相当高级的住宅区。

---

1 乔治·拉夫特（George Raft，1901—1980），美国电影演员，舞蹈演员，以其饰演的黑帮形象著称。
2 詹姆斯·卡格尼（James Cagney，1899—1986），美国电影演员，曾出演电影《人民公敌》（*The Pubic Enemy*），凭借《胜利之歌》获得第15届奥斯卡最佳男主角奖。

我对她一见钟情，和另一个也看上她的小伙子差点打了起来。他长得很帅，还不断激我："我随时可以把到她。"他没得逞。我追到了她，还发现她性格甜美。我们之间没多少共通点，她非常聪明，有八门学科通过了中考（O-Leved），如果继续读下去，她大可进入大学。她在伦敦桥附近的非洲果品进口公司上班，懂法语，也会操作电传打字机，但出身并不显赫，父亲是邮差，住在附有浴室的政府公屋。我让她相信我爱她，两个人定了下来。

当年，小伙子必须遵守一套固定的模式。他得先浪子回头，然后在跟女孩子结婚安定下来之前，先约会两年。克莉丝汀的父母接受了我，大出我的意料，或许是被我母亲用水管调教出来的那副身心健全的模样骗了他们。然而，即便有克莉丝汀的文明熏陶，我狂野的少年期仍未画上句点。有个家伙在巴士站惹到我，某天我找他单挑，打完架后，带着受伤的嘴唇和克莉丝汀到霍恩西市政厅跳狐步。但最诡异的一架，还是我在芬斯伯里公园的最后一役。

我们参加一个女孩的葬礼，她为了本地一个男孩自杀，每个人心情都很差。在回家的路上，我这辆福特老车载着几个令人头痛的家伙，其中一人要求在哈洛威路下车撒尿。他急着跑到巷子里，因此撞破了后视镜，我下车骂了他一句。我应该趁他还在撒尿难以还手时揍他，但我还没气到要打架，只是觉得不爽。接下来就看到他冲到我面前，朝我的脸挥砖块。我设法揍了他的肋骨，把砖块抢过来往他脸上砸，不停地打，直到他头破血流。我觉得这场架非得打出个你死我活。

然后我说："你打够了吧？"他拿头撞我的脸，算是回答。我们站在那里，都流着血，他平静地说："我想大概算平手吧。"

我们回到车上，我送他到皇家北方医院缝一缝伤口。我跟他不熟，但从此之后，他碰到我都会亲切地打声招呼。克莉丝汀对这类暴力感到不安，但从不曾对我变心。某次我们去看电影，结束后一道回芬特希尔路的家，发现我母亲跟往常不一样，竟还醒着。她有消息要宣布。

克莉丝汀与唐·麦卡林，芬斯伯里里公园，伦敦，1955 年

"和你一起在葛雷的店鬼混的那帮人，他们惹了大麻烦。有个警察在那里被杀了。"她说。结果查出来了，这场纠纷的主角是一个年纪很大（以混混来说）的家伙。荣劳·马伍德，二十五岁，伊斯灵顿的鹰架工人。他带了把刀子到协会来，想摆平某桩复仇案。一般来说，大家只会用到铁拳套。他可能只想吓吓人，但各个帮派选好了边，在人行道上打起来时，有个警察想要站到两派人马中间，却遭人在背后捅了一刀。他死于失血过多。马伍德溜掉了，但他父亲劝他去投案。

接下来几周，我们这些芬斯伯里公园的居民聊来聊去都离不开这件凶杀案。它也使全国注意到不良少年与帮派暴力的问题日益恶化。在拉金斯，大家都向我打听这件事，我告诉他们，我家附近的几条街上住了许多帮派混混，我还和他们上同一所学校。老大帮并未直接涉入这起凶杀案，但我带了几张他们的照片到办公室，同事告诉我应该试着发表。有人建议我去找《观察家报》，那是高质量的周末报，关心社会，自由派，但我从未读过。

当年可没那些复杂的安保装置挡在报社门口。我穿着粗呢西装和麂皮鞋，就这样直接走进《观察家报》在都铎街上的办公室，也没事先约好，就被带到图片编辑台。那位图片编辑名叫克里夫·霍普金斯，他仔细看过我的照片，身子往后靠向椅背，以探究的目光看了我良久。

"这些都是你拍的？"他终于开口问。

"是。"我只答了这句话。

他说："我喜欢这张照片，会用它。你愿意多帮我拍一些吗？"

我离开时非常激动，有人正式委托我拍更多照片，还找了个名叫克兰西·西葛尔的文字记者撰写报道。不过，芬斯伯里公园对那起案件有自己的一套说法。

我拍完那些男孩，走出黑斯托克路的咖啡屋，看到那辆眼熟的渥斯利汽车等在那里。我走近时，车门打了开来，传出执法人员友善的邀请："上车。"

我说："不要。"

"如果你知道怎么为自己着想，就上车。"

我上了车。第一次总是要拒绝，但也别太过分。这里的游戏规则就是如此。

"我们有理由相信你带着偷来的照相机窝在那间咖啡厅。"

我告诉他们相机不是偷来的。他们要求看收据，我当然没随身带着。他们提议到我住的地方找收据，否则我就得直接去警局。

我说："好吧，但是帮个忙，别把车子停在我家外面。如果我母亲看到你们，你们麻烦就大了。"

他们笑了出来："也就是说你妈妈很凶悍喽？"不过他们还是配合我的要求。我进了屋子，搜遍小柜子的抽屉才找到收据。老妈问我在干吗，我只回答我在整理东西，然后溜了出去。警察看过收据，油腔滑调地说："先生，需要我们把您载回刚刚那个地方吗？"

我拒绝了条子的虚情假意，看着他们离去。那一刻实在很过瘾。当然，我也确实帮了他们的忙，如果我母亲逮到他们为了相机骚扰我，不用说，她会拿出最重的摆件砸他们的头。

那张照片登上了1959年2月15日的《观察家报》，占了半版篇幅，那年我二十三岁。

那张大照片是我在凶杀案之前拍的，照片里的小伙子穿着他们最好的西装，在帮客街（为了改善形象，已改名为瓦科特街）一栋烧毁的房子里大摆姿势。他们正打算出发到亚斯托利亚电影院晃一个下午，在那之前，我先把他们凑在一起。

如今，我比以前更看得出那是张优秀的照片。照片显示出拍摄者注意到了结构，那一定是出自本能，因为当时我还不知道那个名词是什么意思。照片的曝光也很棒，肯定也是出于侥幸，因为我没有测光表。

那张照片改变了我的一生。人们告诉我，就算我不是经由那张照片崭露头角，也会有另一张。

我不觉得情况一定会是如此。我不太能忍受拒绝，也没有成为摄影师的强烈欲望。假如我得拼了命才挤得进舰队街[1]，那我绝对到不了那儿。

1　舰队街（Fleet Street）：曾是英国报社的大本营，至今人们仍以之代称英国媒体。

帮客街的老大帮，刊登于 1959 年 2 月的《观察家报》

08　加紧脚步

不只那个警察命丧葛雷舞蹈协会，马伍德也逃不过一劫。受审之后，根据无情的死刑法，他被处以绞刑。对他们两人而言，七姊妹街那晚的事件是悲剧；于我，则是新生活的开始。

那些照片登上《观察家报》后，我被形容成电影业里的剧照摄影师，说得有点过头。我的工作只是翻拍动画图片，但是忽然间，似乎每个人都跑来邀我拍照。《生活》杂志打电话来，英国广播公司也是。伦敦西区一个剧团要我拍他们的演出。《新闻纪事报》和《星期日画刊》也打来了。《观察家报》也要我提供更多作品。拉金斯的电话响个不停，把大家都惹毛了。

虽然那是最有收获的时期，但我没有接案子的经验，也不知如何处理向我丢来的钱。当时周薪十英镑已是不错的工资，而《观察家报》付我的照片费是五十英镑，这是我手头最大的一笔钱，也引导我往前迈一大步——到银行开户。在芬特希尔的家庭生活也有所改变。星期天我母亲都会出外找《观察家报》，它在当地不是很畅销。电话也装了，好让我的新生涯不致干扰到拉金斯。

克莉丝汀到庞德街的公司上班，我们几乎每天到莱恩斯·柯那之家共进午餐，就像电影《相见恨晚》的特瑞沃·霍华德和西莉亚·约翰逊。我们边用便宜的菜汤和面包卷，边计划结婚事宜。然后我会冲到怀特查佩尔拍摄穷困潦倒的人，或四处抢拍青少年暴力事件。我甚至还为奈保尔拍摄他第一本书的封面。

我还是深感自己因学识不高而矮人一截。《摄影》杂志寄给我一篇评论，编辑在信中写道：照片中有许多出色的东西，其中最特别的是"非常世俗"。当时我想，这一定是很高的赞美，直到我在字典里查到这个词。即便如此，我还是鼓起勇气离开拉金斯，开创自己的道路。我的特约工作主要来自《新闻纪事报》，《城镇》杂志和《观察家报》。比起以往，我更有自信沿着舰队街走进《观察家报》的报社。事实上，那是个奇怪的地方，一切似乎都很拮据，档案架和窗户仿佛已有多年未清理，整栋建筑的光线像是出自伦勃朗的手笔。然而，在这一片暗淡中，我邂逅了报社那些既可爱又古怪的人物，如和蔼可亲的编辑大卫·雅斯托和珍·布朗，我发誓她只到我手肘高度，而且她的禄来和徕卡相机还是用购物篮装着的。

那期间我开始到英国各地旅行采访，住铁路旅馆，看着那些人在昏暗的餐厅用早餐，每个人都小心翼翼，不敢让刀叉叮当作响。我开始感觉到内心有某种尊严油然而生，全国性的报纸信任我唐·麦卡林，叫我去拍摄重要事件，又把照片刊登出来，底下还有我的名字。

我学得很快。在舰队街，你必须加紧脚步往前冲。你养成更快的感受力，因为速度非常重要。你总是想比身旁的人快。那是一种节奏，而不是训练，而我一直觉得不可思议，舰队街怎么会挑上我这么一个未经琢磨的人，直接把我插入更高电压的插座，就要我去看、去做我自己都没有把握的事。

我家的财务状况改善了，母亲把我们住的地方买下来，不久又卖掉，带迈克尔搬到空气比较干净的剑桥郡魏斯比齐。离开前，她安排好让我租下最高的两层楼，因为克莉丝汀和我结婚了。

结婚的时机不算好，我们穿着新衣服搭火车离开利物浦车站，要到无聊的东海岸度蜜月，却和一大堆要回营区的阿兵哥挤在一起，非常不舒服又引人侧目。我们回到每周房租五十先令的家，然后我布置了新壁纸和木兰花瓷器，我觉得那会使芬特希尔路高尚一些。我也装修了一间兼具暗房、厨房与浴室功能的房间。铁皮澡盆放在火炉边，好方便取热水。除此之外，我们只有几件家具和一架可移动的电视机。客人上门坐在椅子上时，我们就坐在床上。克莉丝汀的父母觉得女儿沦落到全世界最不像样的地方。住我们楼下的人懒得把空牛奶瓶放到屋外，我们听到他们把瓶子放在水槽里用铁锤打碎。

我开始抱着怀疑回顾芬斯伯里公园，但也不是毫无眷恋。我不觉得我背叛了自己的根，但我知道自己还没全然融入这个世界或另一个世界，正处于不稳定状态中。两个世界都不容闪失。我很怕和满肚子学问的记者相处，也日渐明白摄影记者的地位远低于文字记者。我天生就不向这种态度屈服，而且，即使我强烈察觉到眼前的天地日益开阔，仍觉得困惑。

在早年那些建立自信的日子，有两个报社记者帮了很大的忙。菲利普·琼斯·格里菲斯，本身也是优秀的摄影记者，他介绍我使用宾得 135 单反相机，我买了一台二手的，被降级的那部禄来 120 双反相机则安静地躺在书柜里。那部新玩具很轻巧，可以举在眼睛前面取景，还可以换镜头。《观察家报》的文字记者约翰·盖尔激励我像他那样尽可能冒险犯难。在一个风雨交加的晚上，我们采访英吉利海峡游泳赛，因为太危险，主办单位已经要参赛者别再下水，他忽然问我敢不敢和他一起下海玩。他被汹涌的海浪抛上抛下，同时大叫："下来啊，麦卡林，你他妈的胆小鬼！"有如瓦格纳的鬼魂在夜里呼喊，至今我脑海里还回荡着他的大嗓门力促我追上的叫喊。

我和克莉丝汀在花都补过我们俗气的蜜月。就我来说，我是在巴黎下定决心要过冒险生活的。说到底，专业的新闻摄影，巴黎才是大本营，这里有《巴黎竞赛》画报，还有像马格南这样伟大的图片社，所以，若我还想认真看待我的工作，便不能忽视巴黎。这一切都是一个法国佬引起的，他勾引我漂亮的妻子，而我就像在芬斯伯里公园葛雷协会干的那样，对他饱以老拳，再送上不雅的威胁，当然他听不懂我的臭骂。这场面把我的小妻子惹哭了，我们到咖啡厅坐下，我闷闷不乐地翻阅杂志，然后看到了一张东德军人跳过铁丝网的惊人照片。那时柏林危机和柏林墙才刚揭开序幕。突然间，我看到了我的摄影必须走的方向。我大声说出："我一定要去柏林。"

我那位妻子没有被吓到，也没怨言。的确，她鼓励我去做，我欠了她太多声感谢。她永远支持我，虽然当时她还没想到日后她将不断为食物忧虑。我不断出发，一次次走向越来越远的国度，走向危险，好像想要自杀一般。

我们缩短第二次蜜月行程回到伦敦。我赶到《观察家报》，但是他们对我去采访柏林没啥兴趣。我对编辑丹尼斯·哈克特说："好吧，但不管怎样，我明天还是要去柏林。"我已满腔热血。

光是机票就让我荷包见底，四十二英镑，我一个月的收入。我带着哈克特语气有点怜悯的介绍信去找《观察家报》驻柏林通讯员，很快就置身柏林艺术家聚集区的豪华饭店，与猖狂而生气勃勃的帕特里克·欧唐纳文面对面。他总是佩戴一朵康乃馨，脸上有条明显的疤痕，他后来告诉我，事情发生在"二战"期间，那时他是皇家禁卫军军官，有一回他的坦克车冲上横过马路的电线，他很不聪明地站了起来。

他说："我将带你好好看看柏林，你有兴趣吗？"

我岂止有兴趣。我无法拒绝跟着当代的伟大记者杀进柏林最热闹的夜生活，即使喝一杯啤酒就足以让我头晕，而我真的就这么醉了。此外，当时柏林仍未经历战后重建，还是勒卡雷的柏林，也还是 20 世纪 30 年代的地下社会情调。在一间酒吧里，我们看到一丝不挂的女人骑马走在铺着沙子的擂台场上。帕特里克兴冲冲地想爬上那匹马，身着长大衣的男子把我们给请出场。我们就这么疯了一整晚，从这家酒吧到那家酒吧。

第二天一早我去找帕特里克，他完全没被前一晚的放浪形骸影响到，还戴上一朵新鲜的康乃馨。我们前往腓特烈大街，看他们用炉渣砖筑起柏林墙。美国士兵架着机枪，神情紧张地站在门廊前。我拿出我的禄来和宾得小相机拍照。

　　凭着那些柏林墙的照片，我真正打进舰队街的新闻世界：《观察家报》跟我签了每周两天十五基尼[1]的合约。这是很大一笔钱，我终于可以在柯尔尼·哈契巷购置小房子。一年后，我第一个儿子保罗在这屋里出生。那些柏林照片也获得"英国新闻奖"的最佳系列报道奖。我能感觉到自己的抱负越来越大，体内的血液奔腾不已。我像是学成下山的选手，摩拳擦掌，只等着迎接大竞赛，只等着全世界的认可。在二十八岁的年纪，我雄心勃勃，还有《观察家报》与《照相机》杂志的图片编辑大力吹捧，我已准备好接下国际大事的任务。没过多久，这样的机遇降临时，我还不知道那次的体验会是如此强烈。

1　基尼（Guinea）：一基尼等于一镑一先令。

美国与东德边防，弗里德里希大街路口，柏林，1961 年

西柏林人看向柏林墙的另一边，柏林，1961 年

柏林墙另一边的东德士兵，1961 年

09 首次试炼

我想在塞浦路斯一试身手。然而，在到达尼科西亚，走进雷得拉皇宫饭店的酒吧时，我对自己仍没什么把握。我和这群自视为精英的国际媒体大军素不相识，他们看起来当然也没什么兴趣认识我。有几张脸带着期待转过头来看，又一下子撇开了。他们是在找老朋友，脖子上挂着相机的无名小卒新来乍到，他们可没兴趣搭理。当有个家伙走过来找我说话时，我松了口气，心生感激。他说："刚到吗？"然后就开始帮我恶补。塞浦路斯自我当兵之后发生了很多事，而我只略知一二。塞浦路斯已经独立，希腊裔主教马卡里奥斯当上了总统，希腊人和土耳其人的关系从很差恶化到糟透了。当地还是看得到大批英国士兵，但已不再是大英帝国强权的延伸，而是担任内战的调停者。偏远的土耳其村庄发生了很多暴行，而且，我这位新朋友认为情况还会更恶劣。

我们又聊了一阵子，我忽然明白我这位指导者对我的兴趣不只在专业方面。他是同性恋者。这么一个肌肉发达的专业战地记者竟会有性取向的问题（当时的社会还是很蒙昧的），我毫无心理准备。我后来才知道，不是只有异性恋者才具有能力与勇气，但当时我匆匆结束了对话，另外找别人聊天去了。

我找到一位瘦高个儿，名叫唐诺德·怀斯，《每日镜报》的摄影记者。另一个好人是《观察家报》的伊凡·叶慈。叶慈一直在写希腊东正教教会的报道，冲突忽然爆发，打断了他虔诚的研究，他也立即就地成为采访记者。就这样，我和教会记者一同踏入我第一个战场。

正牌的战地记者都受到刻意误导（我后来才发现，正牌战地记者经常如此），在英国皇家空军安排下参加导览团，从空中环岛一周。

伊凡和我被留下来，得自己想办法。我看不出来会有什么大事，动乱地区似乎都如此，同样的，我是在日后发现了这件事。除了回我以前服役的埃皮斯科皮与拉那卡皇家空军基地等老窝闲逛，好像也没什么更好的事可做。伊凡得赶回去赴晚餐约会，但光是可以看到阿波罗神殿，就足以让他兴致勃勃地跟来了。

利马索尔与埃皮斯科皮附近没什么看头，除了屋顶上瞪大眼睛的大批英国伞兵。他们侦查到希腊人正在动员，担心会出事，但不知道会出什么事。事发之时，我们正从利马索尔的郊区赶回，好让伊凡来得及赴晚上的约。

我们经过土耳其区，就在这时候，听到可怕的"啪啦啪啦"声。

"该死的，排气管坏了。"我火气来了。

我们下车走到车后后，却发现排气管完全正常。我听到的是两挺布伦机枪从车顶扫射而过的声音。

"天哪，伊凡，我们陷入战火了。"

当时已接近傍晚，而我们还在土耳其区的深处。我对伊凡说："我想留在这儿，这里看来像是会有事情发生。"

我把车开出去，让伊凡搭上出租车，然后回到原地，正要停车时，看到一群人手持武器蹲伏在马路上。他们穿着老旧的英国大衣，头戴蒙面毛线帽。我走向前问警察局在哪，他们朝我扑来，我在土耳其护卫的严密监视下进入警局。经过几个小时的讯问，警察放了我，半夜把我带到医院。这原本是小区活动中心，在战时改建成医院。

一夜睡不安枕，我很早就被叮当声吵醒，原来是一颗子弹打中我床后的窗户铁栏杆。接着枪声大作，越来越频繁。子弹呼啸而过的音量远比我预期的大，枪林弹雨的真实感远远超过了好莱坞电影胆敢表达的任何东西。

畏惧、害怕与某种兴奋混在一起，令我浑身颤抖。当时我还不知道究竟发生了什么事：约有五千个武装希腊裔民兵偷偷包围了利马索尔镇上这个小型土耳其聚居区，并从街角和屋顶开枪。为了安全，土耳其居民已经疏散到公共建筑物里，并计划反击。

我走出来，进入这场枪战的中心，躲在装甲车后面，误以为它可以掩护我。这个位置很有利，我拍到了那张日后引起很多讨论的照片：一个土耳其枪手跑步现身，影子清楚地印在墙壁上。

我当时冒了个险，日后再也没胆这么做。我下定决心面对恐惧，不为其所动。战场一转移，我就跟着往这儿跑，往那儿跑，到处跑。我绷紧了神经，感到自己完全被猛烈的战况给围住，肩上扛着沉重的责任感——我是现场唯一的记者，一定要把眼前的事记录下来，传到全世界。我从这条街跑到那条街，设法不漏掉每幅重要画面，并想办法尽量靠近。结果是，我卷入了记者（尤其是拿相机的记者）绝对不愿面对的处境中。我有几张照片是在狙击手的射程内拍到的。

那实在很疯狂。战斗持续一整天，我觉得好像过了一辈子那么久。在某条街上，我看到收容无辜居民的电影院遭到猛烈射击。我看到有人误入战场（这可能发生在你我身上），跑进街角的商店。有些人搞不清楚发生了什么事。有个老妇人困在交战双方的火网中，旋即倒地，一个老人出来救她，我想是她先生，那看起来有如她只是提着菜篮子跌了一跤。她躺在血泊中，而他也被同一个狙击手射中，倒在她身边。

我看到妇人顶着床垫挡子弹跑来跑去，就像她们戴着头巾挡雨。

我心惊胆战地看到一栋建筑物抵挡不住战火，里头防守的土耳其兵与居民如洪水涌出。妇女和儿童也开始跑了出来。我记得自己放下相机，冲过

利马索尔，塞浦路斯，1964 年

火线，把一个三岁小孩抱到安全的地方，他母亲在他身旁尖叫。几年后，我发展出一套守则，好在战场上把自己拉回去拍照。但那天工作时，我没有理论可循，一切全凭直觉。

我了解塞浦路斯冲突的部分起因，也想借那张枪手照片表现出来。那只是东地中海地区大胡子式、半黑道的种族仇杀暗流，或人们所说的男子气概。在这里，情况非黑即白，只有情绪上的事实，没有值得怀疑的灰色地带，或需要考虑、同情的问题。这种易受挑动、以侵略与复仇为自豪的男性骄傲与尊严，原本就已一触即发，如今全都在艳阳的炽热中付诸行动。

然而，跟那场枪战比起来，更令我永志难忘的是我与战争大屠杀的首次平静相遇。事情发生在一座土耳其小村落，名为阿伊欧斯－索左梅诺斯，离尼科西亚约十五英里，里头都是石屋与泥屋。我在村落外下车时，看到牧民正把牲畜赶出村子放牧，四周非常安静。我拍到一个漂亮的女孩子，大约十八岁，戴着头巾，手上拿着双管霰弹枪。她庄严地走开，头抬得高高的。我听到远处的哭声，也闻到烧焦味，察觉出附近有人死了。我听到人声，便爬上小丘找人。几个英国士兵站在一辆装甲车旁，我走上前去说"嗨，嗨"，仿佛我是在萨默塞特乡间散步后遇到他们。

其中一个士兵说："早，想看看死人吗，兄弟？那边有一个。被霰弹枪打中脸，不是很好看。"

我心想，天啊，我有胆子面对这个状况吗？

我走到那人脚前。他双脚张开，而我的眼睛顺着他的身体看到他的脸，残存的脸。我看到深棕色的眼睛直瞪着，有如看着天空。我回想起父亲过世时。我心想，死亡就是这样。我心想，这很糟，但还不算太糟，我还可以忍受。

我走开时，那个士兵说："喔，那屋子里还有两个。"

我走到那石屋边，敲了敲窗子。一片死寂。我转了门把手，打开门。温暖湿黏的热空气被清晨的寒意给赶了出来。我看到的是场黏糊糊的屠杀。地板上布满了血，有个男子趴在地上，另一个直直仰躺着。他身上没有任何伤口，或者说，看不出有伤口。现场悄无声息。我进到屋内，关上门，闻到有什么东西烧了起来。在另一个房间，我发现第三个死人。有三人死去，父亲和他的两个儿子，一个二十出头，另一个稍微大点。

大门忽然打开，有个女人领着众人进来，我稍后才得知她是最年轻那名死者的妻子。两人几天前才结婚，礼物还放在前面的房间，全在枪战中给打烂了。破掉的杯子、盘子、玻璃器皿和饰品，都是亲友带来的结婚贺礼。

现在我的麻烦大了，我想。他们会认为我闯进他们家。我已拍了照，我的罪行不只是法律上的私闯民宅，还冒犯了死者及大家的情绪。那个女人捡起一条毛巾覆在她丈夫脸上，然后开始哭泣。

我记得自己说了些笨拙的话：原谅我，我是报社派来的，而我不敢相信眼前所见的一切。

我指着手中的照相机，请求他们让我记录这场悲剧。有个老人说："拍你的照片，拍你的照片。"他们希望我拍下来。我这才知道，这里的人大部分都希望能表达和记录他们的哀伤。他们非常强烈地表达哀痛。不只土耳其人和希腊人如此，这是地中海住民的习俗，一种表现得非常外放的哀悼。

知道自己获准拍照后，我开始用非常严肃且具尊严的方式来构图。这是我第一次拍摄这种意义非凡的题材，让我觉得仿佛有张画布在我面前，我一笔笔画出，致力于讲述一则意图控诉的故事。

我后来才明白，当时我是想按照戈雅为战争作画或素描的方式来拍照。

最后，那女人跪在她年轻的丈夫旁，抱住他的头。我当时还很年轻，却也了解那种痛苦，我发现自己很难抑制夺眶而出的泪水。我走出屋子时失魂落魄。我脱水了，嘴唇黏在一起。

我想，在那一天我长大了。我稍微能够摆脱个人的怨恨。我觉得生命对我特别苛刻，让我被迫疏散，给我芬斯伯里公园，在我还小的时候夺走我父亲，等等。那天在塞浦路斯，当我看到别人失去父亲，失去儿子，我觉得我可以在这经历中看到自己，我的遗憾不再只是我个人的东西，而变成普遍的情绪。于是我可以说："好吧，我并不孤单。"

第二天，在另一座村子，我拍了一个土耳其家庭，他们家的牧羊人在山丘上遭到射杀。可怜的牧羊人当然是好欺负的活靶。他们正在做一副勉强堪用的棺材，牧羊人的儿子在一旁看着，那是个小男孩。我当年迎接从医院送回的父亲遗体时，年纪大概就这么大。在仪式般的奇特庄严感中，他们把那颗打穿牧羊人的子弹送给我。这类经验是一种试炼，但我同时也觉得是一种恩典。他们用一种无法解释的方式教导我如何去成为一个人。

塞浦路斯为我带来自我认识的启蒙和所谓同情心的萌芽。我发现自己对别人的情绪体验能够感同身受，并静静地接纳、传递出去。我觉得我有一种特别的洞察力，对于眼前发生的事情，我能够分辨、瞄准其本质，并在光线、色调与细节中看到这个本质。我也发现自己有极强的沟通能力。

在我的照片中，我希望捕捉到一种不朽的画面，能够代表整个历史，并具有仪式或宗教画的影响力，好烙印在世界的记忆中。虽然当时我还无法实现这种想法。

不久后我便知道，我第一次拍的战争照片有某种冲击性。这些早期的照片获得录用，《观察家报》在往后几周又两度把我派到塞浦路斯。

悲恸的土耳其妇女，塞浦路斯，1964 年
作品获得当年世界新闻摄影比赛（WPP，荷赛）"年度照片"

十八岁的土耳其少女，塞浦路斯，1964 年

土耳其妇女与她丈夫的尸体，塞浦路斯，1964 年

查佩尔市场，伊斯灵顿，伦敦，1963 年

10　素行不良

　　我年少轻狂，不怎么尊敬舰队街的保守派。他们什么都批评，从我不入流的穿着到我的相机尺寸，还抱怨我完全没有能力辨别何时何地拍照才恰当。我出城时会在车子行李箱里放把霰弹枪，遇上盗贼时才好应付。这个习惯很令别人吃惊，觉得我不怎么守正道。

　　年纪和我更相近的人则对我有些好奇。他们看得出我有点才华，但是不懂我这么无知又顽固，要如何发挥天赋。他们企图教育我：“不对，不对，唐，你全搞错了！不行，你千万不能那么说……”最后我开始听他们的，也意识到从我口中吐出来的话有多吓人。但有些事我永远学不会。我无法忍受被称为“我的摄影记者”，好像我只是文字记者的个人财产。我也痛恨各种形式的编组，因而常惹上麻烦。有一次，我发现采访马堡大厦“英联邦总理会议”的摄影记者全排成一排，有如系着皮带的猎狗。有些带着老式单张底片大相机的记者嘲笑我的 135 小机器，并命令我定机位，别跑到前方破坏他们的画面。我为什么要听命这些人，或被当成流浪汉揶揄？当那群首相、总理到达时，我开始冲到这里、那里，到处拍特写。我坏了他们的所有规矩，换来他们的咒骂。

此外，我太常跨越采访线，差点遭开除。1964年工党一掌权，我就被派去拍摄哈罗德·威尔逊。我抵达下议院，《观察家报》专栏作家肯尼思·哈里斯将在阳台上访问这位新任首相。我从首相的政治秘书玛西娅·威廉斯那里拿到预先安排好的详细采访计划。两个人俯瞰泰晤士河谈话时，我就站在威斯敏斯特大桥上，一准备好要拍照就打个信号。我站定位置，此时，一阵风把首相的头发吹得到处飞。肯尼思·哈里斯拿出他的梳子，机敏地把威尔逊的头发梳回原位，而我则兴高采烈地发狂抢拍。

我回到办公室后，把所有底片交到暗房冲洗。暗房的小伙子们将肯尼思·哈里斯替威尔逊梳头发的底片洗成几张16×20的照片，还朝我咧嘴一笑。16×20的照片对所有报纸来说都太大了，但拿来当恶作剧海报倒是很棒。很不幸，其中一张照片落到报社副总编辑肯·欧班克的手中，而我则被叫到他的办公室去解释。

"我是很欣赏你掌握快门的时机，"欧班克说，"还有你身为摄影记者的洞察力，但我还是很痛心，别人因为完全信任《观察家报》才给的机会，却被你给利用了。因此我要当着你的面把底片剪掉。我真该开除你。如果这些照片公之于世，后果得由报社承担。"

我并不是因为拍了那些照片而挨骂，他们是气那些放大的照片到处乱摆，任何人都可以拿走。如果照片流出这栋大楼，会损害威尔逊政府，也会危及《观察家报》的名声。我受到该有的训诫，整件事很快就平息了。

和弟弟比起来，我的麻烦算是小意思。在我拍摄首相时，他惹了点小麻烦。迈克尔小我七岁，是芬斯伯里公园更具国际视野的新世代。他被迫在威斯毕奇躲了一阵子，又设法回到伦敦他那帮兄弟那儿。那帮人马开了日后欧洲足球流氓的先河。有一天他从欧洲回来，满身淤青，一只眼睛张不开。他们在比利时奥斯坦德市一家咖啡厅外推翻一辆雪铁龙老爷车，被警方给逮到。迈克尔逃离了现场，却在街角撞上一批正要拿出警棍的增援警察。他设法逃脱了，但也遭到一阵毒打。

他觉得他可以加入法国外籍兵团以躲过警方追缉，就像日后的《火爆三兄弟》那样，但我没把他的轻率提议放在心上。在穷困的芬斯伯里公园，居民可不习惯做那么前卫的事。然而，他真那么做了。不久后，我收到外交部的正式来函，问我知不知道弟弟的下落。看来比利时当局急着要引渡他。我把那封信直接丢入火炉。

至少他还保有某种自由，我在芬斯伯里公园的许多伙伴都还关在监狱里。他们会写信跟我要书，一次寄一本，狱方只许寄这么多。我无法摆脱在两个世界间摆荡的不安，《观察家报》办公室那自诩知识分子的气氛也令我不自在。我很高兴有通电话再度派我去报道战争，当时我已经开始认为那是我的地盘。这一次是到非洲。

To make you hear, to make you feel, to make you see.

——Joseph Conrad

第二部

进入战场

刚果，1967 年夏

11 与雇佣兵同行

我飞到刚果，带着满肚子惴惴不安。对这片食人族的前领地，我听过许多邪恶的传闻。约瑟夫·康拉德[1]称此地为"黑暗的心"。当时为 1964 年 11 月，情况是：总统卢蒙巴已遭暗杀，支持他的邪恶叛军开始残害当地白人，并劫持传教士当人质，而白人雇佣兵正前往解救。这一切都发生在几百英里外的北方，我得想办法到那里去。那地方叫斯坦利维尔[2]，日后变得恶名昭彰。

我降落在刚果首都，热腾腾的人间地狱利奥波德维尔（现名金沙萨），也是唯一能通往斯坦利维尔的地方。我发现这里和我的目的地相隔将近一千英里，中间是没有道路、无法穿越的丛林及鳄鱼横行的河流。和其他新闻记者一样，我一头冲进利奥波德维尔闷热的廉价酒吧，怀疑自己究竟要如何离开，还有，这种世界尽头的处境是否并不代表无路可走。

对那些好命当上文字记者的人来说，这家酒吧本身就说尽了刚果所有的悲惨故事。军火贩子、狡猾的矿藏勘探人、搞试验的药剂师、烂醉的雇佣兵、

---

1 约瑟夫·康拉德（Joseph Conrad，1857—1924），波兰裔英国作家，著有现代主义小说《黑暗的心》。
2 斯坦利维尔（Stanleyville）：现名基桑加尼（Kisangani），刚果（金）东北部大城。

被困在当地的飞行机组员，还有比利时农场主人，工人不听话就把他们的手臂砍下来的那一种，以及世上最邪恶的亡命之徒，全都聚在这里。偶尔有卑微的非洲"小传教士"找上他们，说自己有多么熟读圣经，请求他们赏赐一点食物。

对摄影记者而言，这些传闻都派不上用场，所以他们迫切需要新闻。约瑟夫·德锡尔·蒙博托的恐怖之名不胫而走。他掌控了军队和治安，下令禁止任何记者离开利奥波德维尔，据说已有一名记者遇害。

同时，北方的乱事变得相当棘手。流言四起，传言反叛部族"辛巴"（即"狮人"）在斯坦利维尔的大广场上大啖政府官员的肝。冲伯总统派出一支部队前往援救，里头有比利时伞兵、蒙博托在刚果部队里的人马和各种国籍的雇佣兵，全由一个爱尔兰人率领，人们称他"疯子"麦克·霍尔。这军事任务进行时，斯坦利维尔的所有日常交通都停摆了，只有军方可以自由离开利奥波德维尔，这让我想到一个点子。

我打一个外籍雇佣兵的主意。他在我下榻旅馆的酒吧喝酒，肌肉发达、个子矮小，戴着士官臂章，看起来神秘兮兮。他有一对不寻常的眼睛，透露着：这人若给惹毛了，会很难搞。

"你是英国人吗？"我问他。

"是啊，我从伦敦来的。"

我告诉他我是《观察家报》的记者，这倒不全然属实。事实上是德国《快客》杂志派我来的，但我觉得《观察家报》的名号对非洲的英国人比较管用。"我去斯坦利维尔的机会有多大？"

"你嘛，门都没有。"那个士官答道。他看起来没有敌意，我就继续问他。

"你们什么时候出发？怎么去？"我问道。

"我们两天后飞走，搭大力士运输机，美国飞机，美国飞行员。"

"我有可能弄到军服吗？"我又问。

他看看我，笑了。我觉得他开始有点喜欢我这个抱着疯狂念头的蠢蛋。

他和所有雇佣兵一样，脑袋已经变得有点疯狂。

"可以把我带上去吗？你们睡哪里？有几个人？我弄得到靴子吗？"

我不断问他问题，然后在不知不觉间，诡计成形了，而这个士官朋友（他叫艾伦·墨菲）也愿意帮我。

到了约定时间，也就是出发前一晚，我溜进雇佣兵的营房。那是餐厅改装成的宿舍，在刚果河对岸一间破破旧旧的旅馆里。我穿着墨菲帮我弄到的服装，包括丛林靴、卡其色军服与他们称为"第五突击队"的绿扁帽。我静静躺在一票打呼的人旁边，睡得不怎么好。外头下着雨，雷电加交。

墨菲之前就跟我说，"如果这事穿帮，你要自己想办法。我会尽量帮忙，但如果搞砸了，我可不认识你。"

五点钟，我在半梦半醒中，这些话还在我脑子里回荡。天色半明半暗，大雨滂沱，身边那些人嘀嘀咕咕，我搔着头，穿上了靴子。前往斯坦利维尔的想法忽然变得一点都不吸引人了。

墨菲走过来，用他不寻常的眼睛前后打量我，像只做记号的公狐狸。他一声不吭。

外头有部卡车熄了火，雇佣兵爬上车，其中一人配着德军的铁十字勋章。我们很快就被运到军用跑道，从卡车后头跳下来时，我觉得自己的腿都软了。

一个穿短袖衬衫、领子敞开的人喊话："排队，弟兄们，排队。"他个子矮小，但很有威严。我确信眼前这人是我生平首见的中央情报局特务，也确信自己卷入了美国在刚果的秘密大行动。

他对照板子吼出名字。我只听得出墨菲这个名字。每点到一个，就有人出列上了飞机，一架巨大的大力士运输机。很快的，现场只剩三个人，发抖的那个就是我。我感到自己正在缩小，而我装着相机的军用包包（不比学校书包大多少）似乎胀大到不可思议。玩完了，游戏结束了，我这么想着。我沮丧地想起蒙博托警卫的名声，并思考该怎么应对才能确保自己能安全出境。

"你叫什么名字？"

我像军人那样（但愿如此）粗声粗气地报出名字。他从上到下仔细看了名单，然后又看了一遍。马上要出事了，我觉得，事情要爆开了。他抬起头严厉地看着我。

"没在这上面。"

"应该有啊！"我吼着。

"怎么拼？"

那名字的发音像粗犷的爱尔兰人或苏格兰人，是爱惹麻烦的雇佣兵会有的那种名字，大声拼出想必充满魄力，因为他突然说："好吧，上飞机。"

我紧张到了极点，一度难以站立走动，随即兴奋到难以自持。爬上飞机时，我情绪很激昂，心里还偷笑。我不只耍了刚果政府，还摆了中情局一道。

这种心情在航程结束前就阵亡了。飞机的引擎减速，准备降落斯坦利维尔时，我的心情也跟着下沉，不安感再度袭来。接着这架 C—30 的机尾舱门放了下来，我的第一印象是死亡的刺鼻味，我在塞浦路斯就已明白它所代表的意义。

比利时伞兵比我们先抵达斯坦利维尔，已杀死很多人。可怕的肿胀尸体躺在太阳下，戴着白色口罩的人正默默从长草堆里抬走这些尸体。我们还来不及下飞机，斯坦利维尔的死亡恶臭就给吸进了飞机里。

走进烫死人的热浪时，我明白过来，这里更糟糕，比我在塞浦路斯目睹的一切都要糟糕得多。我听到爆裂的响声，那是小型武器开火的声音，偶尔还听到沉沉的重击与碎裂声，迫击炮发射了。战斗还在进行，残杀还未止息。在非洲，要停战很难。

我们在史坦利饭店走下卡车，那里大量供应免费啤酒。雇佣兵经常借酒壮胆，我也需要来一杯。我灌下一杯啤酒后，一辆吉普车就来了，在枪声中，我听到车门甩上，有人厉声下令。人们开始往外跑，墨菲装作不认识我。

"你的装备呢？"我还犹豫不决时，有个军官过来问我。

"我从卡提玛[1]来的。"我胡诌一通。

我坐在吉普车里，戴着别人塞给我的钢盔，还有一把我不想碰的步枪。有人说我们要去河对岸执行他们口中的"清理战场"任务。"清理战场"，机场四周之所以有肿胀的尸体，这就是部分原因。我开始反省，我把自己拖入了困局，一个最丑恶无耻的巨大陷阱，毫无权利、法则或豁免权，还和世上最残暴的一群人混在一起。

雇佣兵在码头边分组，准备渡河，旁边是一大堆等着放流的木材。木材旁有二十个年轻非洲人，每个人都坐着，每个人都在流血，有的看起来像十七岁，有的或许更年轻。他们都遭过毒打，有的看起来像被活生生剥了一层皮。我后来知道这些人就是"狮人"，在利奥波德维尔被称为"辛巴"。他们在这里一律都叫"年轻人"。我并没有摆出太专业的样子，只是走上前去，匆匆忙忙拍照，就马上把相机收起来。

"这是怎么回事？"我问雇佣兵。

"喔，他们待会儿就要杀死这些人。你等一下就会看到他们。里头有个很恶劣的黑人宪兵队长，彻头彻尾邪恶的王八蛋。他准备要干掉那些人。他一整个早上都在朝他们开枪。他会把他们带到河边，朝他们后脑袋开枪，然后把他们踢到河里喂鳄鱼。"

看到这群人悲惨地坐在那里等死，我受到难以抵御的冲击。

身为一个惹麻烦的目击者，我也了解到自己岌岌可危的处境。小型武器发出的爆裂声越来越激烈，我可以看到非洲人争先恐后地离开渡口，慌慌张张，脸色憔悴，四处张望，拼命跑，好尽可能远离对岸。雇佣兵扛起重机枪和布朗宁机枪，开始登船往回走。我一直看着那群等着处决的年轻人，有的被绑着，有的没有。我发现一项关于战争与杀戮的全新事实：人类壮大自己以逞凶，借由羞辱、拷打、折磨受害者来压抑自己的卑懦。受害者则等

1　卡提玛（Katima Malilo）：1935年英国殖民当局在纳米比亚建立的城镇。

斯坦利维尔（今基桑加尼），刚果，1964 年 11 月

斯坦利维尔（今基桑加尼），刚果，1964 年 11 月

着被杀。

我们站在码头边，有个人说："老大要你们到河对岸去。"他接着问我："你有枪吗？"我说有，然后回到吉普车里，坐得低低的。我看到所有雇佣兵灌着抢来的威士忌，好鼓起勇气、消除恐惧。

接下来那个英国军官问我："你说你来利奥波德维尔之前在哪里？"我又跟他说卡提玛。

"不对，你不可能在那里。"

我想我最好从实招来，至少尽量说实话。我跟他说我替《观察家报》工作。

他去找无线电联系麦克·霍尔，然后回来找我，一脸严肃地说道："你麻烦大了，年轻人。我们要把你交给宪兵队，交给杀死这些人的那些黑人。"

我惊慌失措。虽然我跟菜鸟记者一样自大、不知死活，但心里有个狡猾的黑影说："等着瞧，如果他们可以如此对待这些可怜的王八蛋，而且也没人知道你在这里，实在没有理由不除掉你。"

半小时后，消息传来，"大佬"要我到对岸去。我和吉普车、布朗宁机枪、雇佣兵一起搭浮桥船过河，身上已没了步枪。我非常担心自己会落入宪兵队之手，几乎没留意到子弹扫过河面。

河的对岸乱成一团。雇佣兵抓来好几百人，正在挑出他们觉得可疑的辛巴战士。在我看来，他们并没有用心挑。

我被带到一处空地，后来得知，这里隶属八个比利时修女的教区，她们上周被辛巴战士给杀了。地上躺着许多筋疲力尽的雇佣兵，显然刚刚才打完仗。后来我在小医院里找到一架医生用的显微镜，试验玻片碎成了几千片，看得出他们费了很大的力气破坏。

我被带到霍尔面前，他说："我没时间和你说话。你在这里过夜，明天早上我会把你交给刚果政府。我别无选择。"

天色暗了下来，我又饿又渴，疲累且忐忑不安。身上既没水也没军粮。相机还在，但年轻狮子战士的底片被没收了。即便我侥天之幸，只被踢出刚果了事，也没有成果足以证明自己的努力。

有个雇佣兵走过来，给了我一些食物。但我还来不及说半个字，就有个军官阻止说："别给这家伙任何东西。他不配，他跑来这里，利用我们单位伪装成雇佣兵。屁都别给他。"

"去你娘的食物！"我说。

我睡在地上，像个胎儿般紧抱着相机。隔天早上战火已熄，我看见一些雇佣兵被运回对岸。经过一段漫长如永生的时间，但或许只有几个钟头后，我又被带去见霍尔。这回他看起来比较放松了。

"这大大违反我的本意。"他说，"我准许你跟我们走。我们要到下游去，辛巴绑走了三十个或四十个修女与传教士，我们要去看看能不能把他们找回来，救他们一命。不过我还是得说，你冒了一些险，而且，假如你落到别人手中，情况可能会对你很不利，非常非常不利。但我佩服你的精神，所以欢迎你跟我们走。"

我松了一口气，之后就得意忘形，想讨更多便宜。霍尔提出条件：我得首先把自己当成士兵，其次才是摄影师。我会拿到武器，但除非有人下令，否则不许开枪。幸好一直没人叫我开枪。我们要找的那些传教者大多是比利时人或加拿大人。接获的消息是，带队的传教士叫卡尔生，在比利时伞兵夺回这座城镇时死于交叉火网。还有五十个传教士和修女下落不明，可能被掳走或遭到杀害。

我们再次渡河。在那堆木材旁，另一批"年轻人"又被狠狠修理了一顿，等候枪决。我拍了他们和迫害他们的人。

我们组成一支小车队往下游走了二十英里，有两部大卡车和几辆路虎吉普车。见识过河边的处置方式后，我并不期望我们能找到活着的传教士，甚至尸体。

现在我和艾伦·墨菲可以放心交谈了。和其他家伙交朋友的念头令我毛骨悚然。那天晚上一个自称是医生的南非纳粹带头煮现宰的鸡，我决定靠饼干打发这一餐。

一路上雇佣兵审问村民的方法还不算严苛。他们问出的消息都指向一个名为阿桑迪的地方，大约在五十英里外，当地以一座传教所闻名，但已遭辛巴蹂躏。要前往那里，得以小型突击艇渡河。渡河时，雇佣兵拿布朗宁机枪朝一艘疑似敌军的独木舟扫射，把他们吓开。

我们到达阿桑迪，包围了传教所，没遇上抵抗。事实上，我们没遇到半个人。接着，有个哆嗦着的比利时传教士出现了，告诉我们有几个黑人修女躲在传教所后头的房子里。起初她们不敢开门，最后还是又哭又笑地跑出来，还带着几个生病的刚果儿童。

传教所外面有座临时搭建的祭坛供奉帕特里斯·卢蒙巴[1]，正面的玻璃门有金箔环绕。那是辛巴叛军建造的，据修女说，他们每天在那里杀死敌人，献祭给卢蒙巴。两个雇佣兵踢开玻璃门，拿一桶棕榈油把祭坛给烧了。

烈焰冲天之际，一个爱尔兰雇佣兵挨近我身边，问我可否为他和比利时传教士拍张照片。他说："我没那么虔诚，但跟传教士合照能让我妈开心。"

我们得知被掳走的人质大多被叛军关在一栋长长的矮房里。从河边过来时，我们错过了那房子。我们往回跑，有点担心会遇上埋伏，任何能躲人的地方都先拿机枪打烂，以确保安全。但实在没必要，辛巴战士早走光了。

到达那房子时我们听到了哭声，然后是尖叫声，最后变成开心的尖叫声。白人修女与传教士蜂拥而出，还不敢相信他们的苦难结束了。人质没有全数获救，在顺流而下的途中，有些人已遭到强暴及砍杀。

救出传教团使雇佣兵获得短暂的光荣，但事实上，我们是粗野的乌合之众。我和霍尔的相处变得比较轻松，甚至和那个不给我食物的死硬军官也处得不错，但我对这群人不抱任何幻想。回到斯坦利维尔后，我和名叫彼得

1　帕特里斯·卢蒙巴（Patice Lumumba, 1925—1961），非洲政治家，刚果共和国（Republic of the Congo）首任总理。

的罗德西亚雇佣兵住进一间征用的房子。他是无可救药的珠宝强盗，在杀死老婆的情夫后加入了外籍雇佣兵。彼得还是属于最有人性的那群。他们的夜间消遣是先靠色情老片激起性欲，再到外面找当地女人，做爱前先让她们用沐浴露泡澡。

要干这一行，不一定非得是个种族主义者，但他们似乎很歧视其他种族的男人。

一晚，我被一连串像是从屋子里传出来的枪声给吓醒，一身冷汗。

"彼得，到底发生什么事？"我问道。

"没事，老兄，睡你的觉。只是某个蠢王八蛋的枪走火了。"

我睡不着，一大早就摸到厨房找东西吃。两个非洲男孩躺在一大摊血泊中，他们是帮忙煮饭与打扫的杂工。两个人都死了，身上满是弹孔。

我打听这事，发现是个性格善变的南非低阶军官喝醉酒后凶性大发，杀了他们。那两个男孩一路跟着雇佣兵团前往斯坦利维尔，他自己的说法是，两人一直在偷武器。无论此事是否属实，在未走一个法律程序前，实在没有必要在凌晨三点钟枪毙他们。我向上级军官报告此事，说那个南非军官应该受到训诫，但反倒使自己变得不受欢迎。他们不怎么客气地要我离开。

我完成任务，把照片寄去德国，然后跟《观察家报》讲了我的刚果经历。我的朋友约翰·盖尔用这些故事写了篇报道，标题是《飞到斯坦利维尔》。那篇报道造成的冲击极为惊人，然而，我隐瞒了艾伦·墨菲在我的冒险过程中扮演的角色，理由很明显。

十五年后，我在一次不幸的事件中再次听到艾伦的消息。他在伦敦东区和两个警察打了起来，其中一个警察遭枪杀，而他也送了命。在审讯中，他母亲跟我一个跑犯罪新闻的记者朋友说，他的儿子"救过唐·麦卡林一命"。我想，从某方面看来，他确实救过我。

蒙博托推翻冲伯总统后不久，我又重返刚果两次。蒙博托把自己打造成非洲最邪恶的人，满手血腥。我的行动受到限制，几乎无法执行任务，尽管如此，在一座名为包鲁斯的小镇上，还是有个烂醉的雇佣兵拿枪想押我做人质。第二次是在 1967 年，我从卢旺达非法入境刚果，加入由"黑杰克"施拉姆少校领队的一票叛逃雇佣兵。他们在布卡夫镇被刚果军队包围，企图徒手开辟一条飞机跑道逃出去，一种虚假的英雄主义在抵抗中油然而起。这件事被报道成小型的"奠边府战役"，透过新闻传遍了世界。我与雇佣兵在布卡夫待了十天，与他们一同感受突击、在街上遭扫射的恐惧。然而，即便和他们一起共患难，我还是很难敬佩他们。

我和名叫阿列克斯的雇佣兵同屋，他不久前才在刚果监狱蹲了十九天。他咬牙切齿地告诉我，他要为他被关的所有日子献祭一个非洲人。过没几天，他达成了他的目标，人看起来轻松多了。

与我同行的记者约翰·圣乔荷告诉我一个"酒会"的故事。酒会是为家中遭洗劫后返家的印度人而办的，雇佣兵装成正在等他们的样子，然后逼他们喝威士忌，要他们说出黄金藏在哪里。有一个印度人抗议说根本没什么宝藏，立即遭到冷血枪杀。

那些雇佣兵是逃出来了。红十字会联合了（我猜是）美国中情局等机构做了一些协议，才确保他们平安离境。他们在小小的荣耀气氛中走出包围区，但在我心中，他们永远不是英雄。

12　搜索摧毁

　　结束首次刚果之行后我回到伦敦，才知道该年稍早在塞浦路斯拍的照片已经赢得世界新闻摄影比赛的"年度照片"——摄影记者的最高荣誉，而我是头一个获得那五百英镑奖金的英国人。我大为高兴，不只为了那笔钱，也觉得这个奖可以让我有更多机会去做想做的工作。同时心里也开始感到不安，觉得自己是借着刻画其他人的悲惨与苦难而得奖，这心情在之后的岁月中越来越沉重。

　　不用说，这个奖的确在工作上帮了我不少。我成了国际级的摄影记者，有任何冲突爆发需要报道时，总能优先获派。很快，我被送去已跃升为全球头条新闻的战场——越南，而且一拍就是十年。

　　在越南，我发现在枪林弹雨中拍照有很多技术困难，其中最危险的是测光。在速度上，拍照可以快如连珠炮，但要正确掌握光线，就得定下来斟酌片刻，因此成了静止的枪靶。装底片是另一项高危险动作。我最初几趟越南之行都拿尼康F相机，没有可掀开的机背，装底片时只能把机背整个拆下来，搞得手忙脚乱。在战火中，我通常平躺在地上，相机放在胸前，凭摸索装底片。如果我抬起头来看相机，可能早就性命不保。

越战死了很多新闻记者。有四十五人丧命，还有十八人失踪，几乎可以确定已经殉职。这里头同时有文字记者和摄影记者，但摄影记者占多数。摄影记者必须亲身踏入战场，危险性高出不知多少倍。没有任何采访战争的方法能保证安全。西恩·弗林，埃罗尔的儿子，听说是骑着本田摩托车，带着珍珠柄手枪，张扬地上战场；而为《生活》杂志工作的拉里·伯罗斯，才华横溢的英国摄影师，则有典型的专业精神，且文雅腼腆。两人都在失踪名单中，被认定已经丧命。

你可以采取一切预防措施，如戴上钢盔，穿上防弹夹克，躺着装底片，但说到底，还是无法抵御最坏的状况。若你踩到地雷，或上错直升机，就完蛋了。然而史上吸引了最多记者的战争正是越战。部分原因是人们对新闻有很大的胃口，但也不仅如此。越战有种特质，让那些前去采访的人上了瘾。迈克尔·赫尔[1]在《派遣》一书中这么描述："越南取代了我们的快乐童年。"

1965年初，在《伦敦画报》的委托下，我首次进入越南。这高水平的老杂志没什么经费，希望我同时拍照与撰文，并为此向我致歉，但我倒觉得这很适合我。在飞机上我极力克服自己讨厌阅读的毛病，甚至连格雷厄姆·格林的《文静的美国人》都拿出来翻阅。

不错的预备，但这些都没能好好警告我越南那难以置信的酷热与潮湿，及机场告示上美国人所说的"境内疫情"。我抵达西贡，投宿在纯格雷安·葛林风格的旅馆——欧泰维先生的皇家饭店。欧泰维参加过法国外籍兵团，南北越分裂后继续待在越南。他们带我上去看一个房间，双人床看起来被很多人蹂躏过，但那可能是我添油加醋的想象。楼下酒吧里根本没有妓女，欧泰维先生也不准女人进入男人的房间，按照西贡的标准，这算是很古怪。他只有老旧的床，其他东西也都很老旧。至少客人不错。战争结束后，听说那栋

1　迈克尔·赫尔（Michael Herr, 1940— ），作家，曾任战地记者，以采访越战的回忆写成《派遣》一书，被誉为史上最好的越战文学。参与多部电影的编剧，包括《全金属外壳》《现代启示录》。

建筑改建成工厂，生产新的越南国旗。

其他国家在越南的势力和之后相比算不了什么，但也够引人注目了。记者想在南越采访，也别无渠道。若你要到某个战场，只能搭美军直升机。你必须取得美军驻越军援司令部的采访许可证，美军还决定了你可以前往何处采访。领了采访证，你也就成为荣誉少校，那让你在进出美军基地时很方便，但我想，万一你被俘，那文件可就不怎么令人愉快了。

我被分发到所谓的"老鹰行动"中，这任务是去扫荡受越共控制的可疑藏身处或村落。这些任务都有一套野蛮的程序：重装甲直升机先飞过可疑的越共地盘，引诱地面的狙击手开枪，一旦查出敌人的位置，就会展开搜索、摧毁。先密集轰炸，再火速将南越特种部队送过去，任务是把敌军赶出来。

我随着特种部队搭直升机到湄公河三角洲上可能有越共出没的芹苴，而飞行机组员全是美国人。

这是我第一次搭直升机进入战场。直升机低空掠过树梢时，我心情不由得激动了起来，只是不像特种部队那么兴奋。他们迫不及待地跳下直升机，几乎把我给踹了出去。

他们来到红树林沼泽区，开始小心翼翼地搜索前进。我们事先已收到警告，要留心一种很容易刺穿皮靴的越共装置，叫作"尖竹钉"。那是削得极为尖锐的竹签，一旦插进脚板就几乎拔不出来。

芹苴已经在望，我们再次加快速度。大约离村子五十码时，那一大群特种部队在三个美国顾问的催促下快跑前进。他们还未瞄准便提枪乱扫，口中发出令人血液凝结的叫喊，任何会动的东西，从狗到鸡，都躲不过枪林弹雨。

起先村子看起来像遭遗弃了，只有几头被空袭炸死的无辜水牛。接着有个士兵大叫一声，抓出全身湿淋淋的男子，他吓得全身发抖，紧紧抱着周岁大的幼儿。他一直躲在村子的泥河里，只露出头部。

士兵开始往地上刺戳，找出几个盖着棕榈叶的地洞。一家人从洞里爬出来，多数是妇女和儿童。我后来得知，这个村子常常挖地下壕沟，但这些洞都是被政府军给轰炸出来的。

士兵接着往田里搜索，找出更多男人。他们马上被当成罪犯，双手被用身上仅有的短裤反绑在背后。两个男子从我前方的竹丛里冲出来，跳进河里。我看到其中一个被手榴弹炸得粉碎，另一个拼命想爬上对岸，也被二十把步枪的集中火力给射死。

由于语言不通，我很难搞懂南越部队是以何根据下判断。在我看来，他们只是喜欢开枪扫射。我也认为，我所目击的一切不太可能达成美国越战政策所声明的目标：赢得越南民心。

村中所有男人都被当成越共地下党员的嫌犯，无一例外。他们没在芹苴发现武器，但我确信越共有本事把武器藏在难以踏进的稻田烂泥里。

我们载着满满的犯人起飞，直升机转弯时，我想到他们有多容易摔出去。在战事变得更加龌龊后，有些犯人就真的摔了出去。

黄昏时我们回到朔庄基地，又多了一批越共嫌犯。军方不让我拍摄审讯犯人的过程。

在后来的采访里，我发现自己拍摄的美国人比越南人还多。美国总统约翰逊投入越来越多的战斗部队好撑住他的南越盟国，至此，"顾问"的谎话也不攻自破。这场战争很明显是美国人的战争。

美国海军陆战队登陆岘港沙滩的那个古怪日子，我人就在现场。他们士气高昂，端着步枪 M16，像是要来一场激烈的你死我活，场面活像硫磺岛战役重演。然后，穿着越式长衫的杏眼女孩组成的南越欢迎队伍出现，坚持要送给这些未来的战斗英雄粉红与白色的兰花。不过，这些美国大兵要打的恶仗也只耽搁了一下子。在溪山与顺化等地，海军陆战队将面临最惨重的伤亡。

越南也孕育出它独门的惊悚幽默与黑色闹剧。我自己比较滑稽的经验发生在 1966 年，《快客》杂志派我和一个名叫霍尔斯特的德国记者去采访，他整天不停地碰鞋后跟、鞠躬，我只想躲起来。

霍尔斯特和我跟着搜索越共的陆军巡逻队进入丛林。那一天平安无事，除了下冰雹雨。然而到了晚上，我们在烂泥地里扎营，大雨仍倾盆而下，我们听到"咻"的一声，有颗炮弹飞来了。

我发现浑身湿透的霍尔斯特把我抱得紧紧的，还向我说："老天爷啊！那是什么东西？"炮击不断，每次霍尔斯特都紧紧抓住我寻求安慰，求我告诉他炮击何时会结束，一副我知道答案的样子。

接着，操练教官粗暴的声音穿过黑夜传来："喂，你们两个，马上给我安静！"

这吼叫有点用，但我心目中德国军人的钢铁形象也在这趟行程中幻灭了。

我和多数跑来跑去的驻外记者一样，路过哪座美军军营，就到里头的军官餐厅吃饭。那都是很乏味的地方：塑料桌椅与红色灯光，吧台是焦点，但也无法提振心情。这是人类的低压带，装满自艾自怜。如果你想瞧瞧烈酒与炮火交战的战况，可以去那里坐坐，你会看到军官拉着他们蔑称为"私酒"女孩或"斜眼货"的越南女人，倾吐着脆弱、哀伤、奇异的心事。这些女人到军营里伺候他们喝啤酒、洗澡，可能还做其他事。一般相信，她们也向越共汇报军情。

美军迷信火力，这令他们无视于历史教训，一再低估敌人。假如我们全盘回想奠边府战役，在大家的记忆中，这场战争是法军的失败，而不是越南人民军在武元甲将军领导下的非凡战绩。奠边府法军炮兵指挥官自杀，他曾说过，敌人不可能带着那么多大炮穿越丛林。

美国的势力更加强这种过度自信。美国人在越南的一切，从士兵的体型到堆积如山的弹药与垃圾，似乎把亚洲的所有东西都矮化了。美国以对抗全球共产主义为己任，对相信这一点的人而言，这给了他们牢不可破的信念，怀疑的人认为这代表耗费无度：国家资源的耗费、人命的耗费、精神的耗费。

我曾在某处读过，美国丢掉的食物足以喂饱五千万人，其中一大部分是扔在东南亚。我结束第三次越南之行后，立刻到印度北部的比哈尔邦。人

REPUBLIC OF VIETNAM

MINISTRY OF INFORMATION

PRESS LIAISON CENTER
15, Lê Lợi Boulevard
SAIGON

TEL : 24.261
24.263

CHỨNG THƯ TẠM

Số *396* /BIT/LLBC/CT

TRUNG TÂM LIÊN LẠC BÁO CHÍ

Chứng nhận : ....D.MC.CULLIN....................
Quốc tịch : .....Anh....................
Thông tin viên của : ....Illustrated London News....
Thông hành số 984344................ cấp tại : London..............
ngày : ....Ngày 17 tháng 12 năm 1965....

Đang làm phóng sự tại Việt Nam Cộng Hòa. Đương sự đã đệ đơn xin cấp
thẻ hành nghề tại Bộ Thông Tin ngày : .....15 tháng 2 năm 1965...

Trong khi chờ đợi thẻ hành nghề chính thức, Trung Tâm Liên Lạc Báo
Chí cấp chứng thư tạm này để đương sự tiện dụng.

Saigon, ngày ..15... tháng ..2... năm 196.5..
Phú Tá
Quản Đốc Trung Tâm Liên Lạc Báo Chí

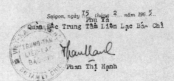

Phan Thị Hạnh

唐·麦卡林在越南的媒体通行证

湄公河三角洲，南越，1965 年 2 月

类社会间总免不了有些矛盾，我从一个投入大量资源杀人的地方，移到另一个没有资源维持人类生命的地方。

几乎整个比哈尔邦的五千万人口都饱受饥荒之苦。降雨量不足，几乎所有稻谷都毁了，而更晚收成的庄稼——小麦、大麦与蔬菜，则是连长都长不出来。我在摩纳和村工作，村民全是"贱民"，秋收只及平时的十分之一，水井则已干涸。

当你镜头前的人都快饿死时，不可能会有什么英雄主义。我所能做的，只是尽可能给那些饱尝苦难的人多一点尊严。你内心深处会有道难题，一种无力感，但若就此屈服也无济于事，因为你的工作是唤起帮得上忙的那些人的良知。

13 先是狮子，又是秃鹰

拍过几次战争后，我发现自己很难再回到《观察家报》的生活。烦躁不安的感觉笼罩了我，仿佛上路的时候到了。虽然我把《观察家报》看成自己的报纸、自己的家，但报社预算拮据，无法常派我到国外采访。通常我是以自由记者的身份接下别家刊物的工作，等到主要工作完成了，再为《观察家报》写些报道，拍些照。如此一来，报社不用花太多钱就有外国新闻可登，我也可以当我想当的那种摄影记者。这勉强算是理想的情况。

我在《观察家报》大多报道国内新闻。我记得被派往达特荒原，不是为了研究风景，而是拍摄阴森、偏僻的流刑场，那原本是用来关拿破仑战争俘虏的。当我正在拍一大群不列颠最危险、最死硬的罪犯关在同一个地方的场面时，我注意到有个年轻人愤怒地朝我挥手，我放下相机，发现他是我在芬斯伯里公园的老朋友。他之所以不爽，是不是因为看到我出现在这里，却不是以狱囚而是以访客的身份？我看不出来。

其他报道比较乏味，虽然琐碎杂务有时也带来难忘的时刻。有一次我接到非常坚定且确切的指示，去拍摄桑宁谷区附近的天体营。那个年代，《太阳报》都还没推出第三版照片[1]，所以你可以说，我正在开拓新大陆。即便如此，对那些订了上等报纸的家庭而言，我的照片还是得够庄重才上得了早餐桌。

我一到达，就有个健谈的肉感女人跑过来跟我打招呼。她一丝不挂，滔滔不绝吐出优雅的声音："你为什么不脱掉衣服？那会让你更舒服。"我的借口是《观察家报》希望尽快得到这些照片。她忽然间变得很合作："现在你想在哪里拍我？"她边喊边在水里跳来跳去，热切地朝胸部泼水。一整排裸露的臀部及胸部、凸出的肚子、顶着棒球帽的头，全排队等着吃裸体午餐。再过去点，有人在打排球。如果你没把自己绑好，那是最不舒服的球赛。有个固执的年轻男子跟着我走遍营区，再三劝我："好啦，脱掉啦。"我遵照报社要求，拍到一张能用的照片，那是一个凌空击球的男人，我想，应该也算是某种成就吧。那人自愿被拍，虽没让凉鞋掉下来，但对于遮住那不能在家庭报纸上炫耀的要紧部位，就没那么在行了。你没办法把拍摄天体营这工作看得比麦吉尔[2]的明信片还严肃，而我觉得自己可以冒更少的人身风险，做更重要的采访。

彩色杂志出现时，我对《观察家报》的不满已到了必须摊牌的程度。报社对这件事原本不是很热衷，但眼见《星期日泰晤士报》的杂志大有斩获，《观察家报》和《电讯报》在仓促筹备后，也决定发行自己的杂志以加入竞争。我不乐见这种发展。我喜欢黑白照片，比较好用，而且，在我心目中也通常能得到较具冲击力的画面，虽然往后我也为一家彩色杂志拍出一些非常满意的作品。

一决定要创刊，《观察家报》就开始着手引进擅长掌握色彩的人，在当年那还是稀有品种，通常在时装或广告摄影界，不然就是为地理杂志工作。有些我觉得应该分派给我的任务被转给了这组新人，同时，以前支持我的图

---

1 《太阳报》为英国著名大众报，第三版固定刊登煽情的大幅裸女照。
2 唐纳德·麦吉尔（Donald McGill，1875—1962）：英国名漫画家，以绘制海边明信片及具性暗示的明信片闻名。

片编辑也已转换跑道。新的图片编辑把我当成某种街头小子摄影师，派上用场的机会不多。我在 1965 年底默默离开，加入《电讯报》的杂志部，那是很可怕的错误，我丢下《观察家报》的渺小任务，跑去新报社接下更微小的任务。我唯一乐在其中的案子是探索亚瑟王传奇。我在西部花了很多时间，并爱上了这地区。我在格拉斯顿伯利附近的森林拍了很多照片，大多有种深沉、诡奇的色调，似乎和传奇很相衬。这个专题很受肯定，也经常刊登。

在我职业生涯发展中，《电讯报》最主要的贡献是把我丢到沙漠小岛上。《电讯报》杂志的隐士编辑——已故的约翰·安斯岱想到一个他觉得很有趣的点子，把我和年轻作家安德鲁·亚历山大扔到加勒比海的迷你小岛上，看我们能撑多久不求救。他们挑中英属维京群岛的内克岛。那岛有 1.2 千米长，0.8 千米宽，中间是长长的山脉。岛上住着蛇、蝎子和毛蜘蛛，最近的人类文明是 5000 米外的蚊子岛，美国人正在那里盖旅馆。我们只有身上穿的衣服、一把小刀、一把弯刀、钓鱼线和鱼钩、少量火柴、碘酒和一张帆布（收集雨水用），也就是遭遇船难的水手可能会有的东西。我们也拿到一面红旗，需要救援时可以升起。我们还带了 0.44 公升的水，而当地医生说，我们每天至少需要 3.5 公升。

我们搭了间草棚子，以罕见的预感命名为"恐怖小室"。被放逐到小岛的第一天，我们在正午的太阳下饱受热浪侵袭，精力旺盛地盖好棚子。这个滑稽冒险的消息很快就传遍群岛，几天后，一个美国参议员开着快艇出现，喊着："嗨，你们两个，进行得如何啦？要我送你们什么东西吗？"那个阶段，我们还不需要那样的打气。

安德鲁很博学，还会弹钢琴，性格和我天差地别，但至少在一段时间内，我们相处得还算愉快。夜里我们常聊到苏活区那些很棒的餐厅，在渴得要命时搞得自己口水直流。睡眠一直是件麻烦事，蚊子和其他昆虫要比我在越南或刚果遇到的更毒辣，更顽强。我们常捕到神仙鱼和炮弹鱼，用树叶包起来放在火底烤来吃。我们也拿刺梨来佐食，而这水果，如其名字给人的联想，是有毒的，但至少可以湿润一下口腔。

水（确切来说是任何潮湿的东西）是个大难题。等到我们发现椰子可以解决问题时，已经虚弱到无法爬上树去摘了。砍树嘛，岛上只有三棵椰子树，而且这违反了游戏规则。到了第九天，我们每人只有 0.2 公升水，到第十二天，就只够每人喝一口。安德鲁嚼食某种仙人掌肉解渴，但也没什么用。他在第九天的日志里写道："我们开始同情自己，想要喊停了。伦敦蓝领大发牢骚的特殊本领，唐全具备了，而我却沉默寡言得近乎病态，这种状况一定令他觉得很难受。"对我而言，更棘手的是安德鲁的轻微气喘。压力会使他恐惧得喘不过气来。我抱怨时，他变得紧张而易怒。不过，因为我们日益虚弱，这一切都成了慢动作。只有我们的争吵变快了，用几乎无法张合的干裂嘴唇来进行。

因为脾气失控，又无水可喝，我们升起那面红旗子，在第十五天一大早被带走。

那是一次假造的试炼，但总是一种试炼。我们都瘦了 12.7 公斤，我的检查报告说："他严重脱水，精神方面，反应迟钝且抑郁消沉。"我们对自己很失望：报社以为我们可以撑过三个星期，而我们想的是四个星期。

接下来发生了一件事使我们心情大振。报社的图片编辑亚力斯·洛觉得自己可以表现得更好。他发电报到伦敦，带有这样的意思："可怜的演出啊，亚历山大和麦卡林，我和当地的流浪汉愿意重演一遍。"这两个活宝上了那座小岛，把相机掉进海里，砍倒一棵神圣的棕榈树，然后升起红旗，才三天就玩完了。但我们的壮举没有留下永久伤害，安德鲁后来成为杰出的政治专栏作家，而我终于被三个跳槽到《星期日泰晤士报》的老同事给救了。其中之一是插画家罗杰·劳，后来制作了电视节目《酷肖》；但安排我和该报美术编辑迈克尔·兰德会面的是美术设计大卫·金。我第一次出《星期日泰晤士报》的采访任务时，迈克尔·兰德找来了我的记者老友彼得·邓恩和我搭档。

《星期日泰晤士报》有经费，也愿意花钱。彼得和我被派去北美洲，行程悠闲，至少得花上五个星期。以往即便是去战地，我也很少有机会待到两个星期以上。但报社也希望投资有其价值，我们一次要做四篇报道：商船队员的生涯、迈阿密的古巴流亡者，及一篇密西西比河的大幅彩色专题，还有一篇要报道芝加哥胆量过人的警察。不过这也表示他们对派出去的人有信心，这点我喜欢。

我以前只去过美国一次，时间也不长。那次是被德国杂志派到纽约采访 1964 年的哈林区暴动，但太晚抵达，一个暴民也没看到。这次的行程则不同。

我们搭上万吨货轮离开格拉斯哥，体验了长途旅行的酒宴和晕船。我记得彼得下楼到我的船舱，不确定躺着的我是死是活，他说："我那双新靴子在哪里？我要去修理那浑小子。"幸好我们在查尔斯顿下船时他还没找到靴子。反正和迈阿密的古巴流亡者打架，新靴子也不怎么派得上用场，我倒是在那里拍到汽车后备厢[1]里堆满机关枪的惊悚照片。听说那些军火都是用来争取自由的，但我们不怎么确定。我对卡斯特罗倒起了点敬意，因为被他赶出古巴的那些人看起来都像冷酷的恶棍。

新奥尔良是探索爵士乐的最佳城市。我们从那里搭驳船到路易斯安那州首府巴吞鲁日，彼得病了几天，我因此多了些时间和密西西比河相处。这是条美好的河流：浩淼、暴躁而难以驯服。我在河边拍一个老黑人，他说："到河里来，让我为你施行洗礼。"而在几英里外的上游，我花了一个晚上拍摄戴着白头罩、焚烧十字架的三 K 党。然后我们前往棉花庄园，挺着大肚腩的主人告诉我们："我确信我们都很善待这片产业上的黑鬼。"

在芝加哥，受命保护我们的两个警探把我们带到地下室，市立停尸间的负责人引导我们绕着"臭室"参观。他给我们看无人认领的无名尸，有些是火灾受害者，有些死于车祸，还有很多死在人行道上，才刚被发现。他

1　原文为 boot，双关，既有靴子之意，也指汽车后备厢。

男子监狱，芝加哥，伊利诺伊州，美国，1967 年

很惋惜我们错过一个几天前被送走的女人："你们应该看看那姑娘的胸部。"我认为那不是拍照的时机。我回到伦敦希斯罗机场时烂醉如泥，是因为芝加哥停尸间？或任务达成后松懈了下来？或者只是采用了新发现的技术？我不晓得。我连站都站不起来，几个救护人员把我抬下飞机，接下来我在机场医护室睡了十二个小时才恢复过来。

对我来说，《星期日泰晤士报》是道入口，通往"摇摆的 60 年代"。我的一些朋友成了名人，名人成了我的合作伙伴与拍摄对象，而他们又成为我的朋友。我把家搬到汉普斯岱花园郊区，住进一栋颇具风格的双拼别墅。某天来了一队意大利制片人，他们坐两辆大轿车，肩膀上挂着昂贵的大衣。当中有位男士年纪较长，卓然出众，满头灰白鬓发，竟是伟大的导演安东尼奥尼。他发现伦敦的时髦摄影师竟和家人一起过着简朴的生活，似乎有点惊讶。他向我简述一部电影的情节大纲时，我恍然大悟。他打算在英格兰拍摄这部影片，故事是一个摄影师无意间在他的底片上发现了谋杀案的证据。这剧情在生活里很不真实，跟我也没什么关联。但既然我们已经把愤怒青年的社会现实主义抛在脑后，风格就成了一切。其中一幕是那个摄影师英雄被一群美少女围住，她们扯着身上的彩色贴身上衣，放浪形骸。然而，当安东尼奥尼跟我说他在欧洲杂志上看过我的图片报道，他很欣赏，我仍觉得受宠若惊。我不确定他究竟想要我做什么，但还是陪着他到处勘察场景。他把伦敦南区一座沉闷公园里的所有东西都涂上了颜色，包括草地。我为他的电影《放大》(Blow Up) 洗放大照片，那部片子在文艺界备受推崇。

《星期日泰晤士报》的成功也是一种 60 年代现象。它原本是死硬乏味的保守派，后来转型成或许是全世界最有趣的报纸，而大部分的转型都是由一群二三十岁的人完成的，领导人则是年轻的编辑哈利·伊文思，来自约克郡，才气纵横且非常开明。战争年代的"不良世代"带着冲劲、奉献、怀疑论和对那个年代的独特反叛，逐渐崭露头角。和这些人相处，我觉得快乐且安心。哈利对新闻摄影相当热衷，我的工作变得很不一样。他总是很热忱，亲切但不干预，在他领导下，摄影记者的地位截然不同。而摄影组里有个皇室成员安东尼·阿姆斯特朗－琼斯，无疑也有所帮助。

我的工作大多在杂志部，当时的编辑葛弗瑞·史密斯很有见识，也知道如何尽量放手让记者有最佳表现。我在第三个孩子出生的隔天前往非洲尼日利亚内战前线，葛弗瑞送我太太一大束鲜花。有人用这种方式表示关心，你会为他多付出一些心力。葛弗瑞的智囊团，包括大卫·金、彼得·克鲁克史东（我在《观察家报》就认识他了）、弗朗西斯·温德汉、时装编辑梅丽尔·麦葵伊、美术编辑迈克尔·兰德，这些人尽情发挥，把那本周日彩色杂志从微不足道的附属品变成备受重视的力量。

我在《星期日泰晤士报》有权编辑自己的全数照片，在舰队街，其他摄影记者都享受不到这种特权，我想，在全球也都不例外。交换条件是每年我得出差两三次，拿性命去冒险。但我也有机会轻松一下，远离全球战场去拍些有趣的题材，如披头士乐队，或卡斯特罗的古巴。我拍过两次披头士，并立即被保罗·麦卡特尼的个性给吸引住。约翰·列侬比较难让人有好感，他常嘲笑认出他的路人。他固然才华横溢，但也带有刺人、挑衅的性格，对"爱与和平"的信徒而言，这很讽刺。小野洋子也不好相处，我在格雷律师学院路的《星期日泰晤士报》顶楼摄影棚（由史诺顿设计）努力想拍些照片，她却四处干扰。那次拍摄长达一整天，是披头士委托给我的案子，因为常有人跟他们要手边没有的照片，他们觉得很厌烦。我已经在外头拍了些外景照片，不想再听到她跟别人，而不是跟我说我应该站在哪个位置拍棚内照。

"他为什么站在那里？他当然应该站在这里。"她会走到我后面这么说，好像要把我给推开。不用说，我没移动。

在古巴导弹危机之后，我和艾德娜·奥布莱恩（Edna O'Brien）出发前往古巴。这次的搭档最令人意外。我比艾德娜早抵达哈瓦那，但她的小说《绿眼睛的女孩》改编的电影早已上映，戏院就在我下榻的市区饭店对面。在拍照上，那不是好兆头。在卡斯特罗与革命党人先前遭囚禁的监狱（现已改为理工大学）里，我没能拍到好照片。两个北越外交官监看着我，我也觉得很不舒服，他们似乎一直盯着我的美军野战夹克。卡斯特罗总统冗长的演讲经过扩音机放出来，我觉得就和排队用餐一样累人。

英国领事馆在草地上设晚宴向艾德娜这位著名爱尔兰小说家致敬，背景是大海，而仆人则穿着白西装不停地端来饮料——这仆人还比较像我的风格。我离开芬斯伯里公园太远太久了吗？

我和艾德娜一起在古巴庆祝我的生日，她献了一首哀伤的诗：《先是狮子，又是秃鹰》。艾德娜体贴又富同情心，从不抱怨我们在古巴的困境。或许她看到了爱尔兰和古巴的相似处——她自己的同胞正苦苦对抗英国人。总之，她带着对古巴与古巴精神的挚爱离境。我则只带着对艾德娜的爱。

唐·麦卡林、妻子克莉丝汀与他们三岁的孩子保罗，1966 年

14　耶路撒冷

1967 年 6 月，阿拉伯人和以色列人之间爆发惨烈的"六日战争"，而在那之前的两军对峙，给我带来一段异常沉闷的时光。《星期日泰晤士报》误以为埃及是战争传言的首要情报站，便把我派到开罗。我的伙伴是菲利普·奈特列，热爱报纸且致力于让报纸变得更有趣的众多澳大利亚人之一。日子一天天过去，即便是开战迹象微乎其微的地方，埃及最高指挥部也坚决不让我们接近。

我们每天固定从撒米拉密斯饭店散步到约兹罗运动俱乐部，菲利普到网球场练习反手拍，我下水游泳。漫长的午餐和晚餐时光则在游泳池畔悠闲度过。

除了尽可能懒散、大方地挥霍报社老板的钱，也没什么事可做，在采访新闻时这是少见的奢侈，但并不是由于我们玩忽职守。有一天，为了绕开军方，我们搭了出租车到西奈半岛，因为听到传闻说这里囤积的军火很可观。到了运河区，司机把车停在战地保安警察局，这地方不在我们预定的行程里。

一个中校亲切地接待我们，他看起来就像彼得·乌斯蒂诺夫[1]的翻版。

"欢迎来到苏伊士，英国绅士们。"他对我们微笑，随即把我们请回开罗。

在开罗待上两星期之后，菲利普认为开战的夸大说法已不攻自破，英国外交部和《星期日泰晤士报》国际新闻主编弗兰克·吉尔也持同样看法。开罗任务结束，我俩被召回。隔天早上，以色列的法制"神秘"战斗机与"幻影"战斗机攻击埃及在西部沙漠的多座机场。战争开打了。

开罗的经历是负面的，但非徒劳无功。在派遣文字记者与摄影记者上战场时，每个人都受到指点说要到以色列那一方，至少在那里还有机会进入战场。若我留在埃及，就摄影而言，我会完全错过战事。就这样，我在家里睡了一晚，又到了希斯罗机场，和一大群记者踏上旅途，前往塞浦路斯这个最接近阿以冲突的跳板。

下一步行动就不是很明确了。有的记者赶去租渔船，事实证明是个错误，其中有一人就在黎巴嫩度过了这场战争，孤立无援。最后他打电报回家："我是糗大了吗？查证。"[2]收到的答复是："尽快回到狗窝。"我们这些留在机场严密注意的人得到消息，以色列准备派飞机来接记者。

无疑，以色列人觉得他们可以从媒体的关注中获得更多东西。宗教信仰一致的上亿阿拉伯人已经准备好要打垮孤立的以色列，这种叫嚣产生一种效果，在那阶段，以色列被认为是冲突中受害的一方。

那一晚载我们到特拉维夫的以色列飞机是老式的双翼运输机德哈维兰"迅龙"。我们在丹恩饭店清点了一下，第一批人当中有四个《星期日泰晤士报》记者，我自己、另一个摄影记者尼尔·李伯特，及两个我之前没合作过

---

1 彼得·乌斯蒂诺夫（Peter Ustinov, 1921—2004），英国名演员，能演能导能写，两度获奥斯卡最佳男配角，1990 年被英国女王授予爵士称号。多次演出阿加莎·克里斯蒂笔下的比利时侦探波洛，波洛也是他在银幕上最具代表性的形象。

2 原文是"in doghouse"，有丢脸，闹笑话之意，字面上也有狗舍的意思。下一句的"狗寓"，原文"kenned"，本义即为狗窝。

的文字记者：墨瑞·塞尔，一个澳大利亚人，总是有本事最早到达。柯林·辛普森更是行事隐匿，最出名的事迹是巧妙揭发不老实的古董商和保险骗子。他不是正式的驻外战地记者，在这地区也没什么需要他证实的事。在马来西亚危机中，他是以正规军军官身份参战。

眼前的难题是如何分配战事采访。我们没有水晶球，更别指望别人下指令。我们都同意不要等军官向导来帮忙，墨瑞似乎决定要前往西奈，那里坦克大战激战正酣。我却不愿意到耶路撒冷以外的地方，我确信耶路撒冷会出现最伟大的战争照片。尼尔·李伯特和墨瑞搭档到南方，柯林和我开车到圣城。

清晨驱车前往耶路撒冷，一路出奇的平静，平静到我们以为自己可能彻底错过战争。在汽车收音机中，英国广播公司的新闻记者指出旧城已被攻占。我们沿着伯利恒路小心翼翼开往雅法门，却发现它还牢牢掌握在阿拉伯联盟手中。柯林飞快倒车，差点碾过路上未爆开的迫击炮，但我们都不晓得自己已经跑到以色列部队前面去了。

我们注意到路边有条很深的交通壕，从以色列的前沿阵地一路穿过山谷，通往锡安山上圣母安眠大教堂的庭院。我们从望远镜看到以色列部队进入一个像是隧道的地方，决定冒险再次开回山谷道路，在教堂附近下车，把机会押在以色列士兵这边。

几分钟后我们向前锋部队的指挥官解释，若他们要奋力一击，创造以色列历史，那么，《星期日泰晤士报》应该能够胜任也适合跟着他记录。他马上接纳我们的提议，带着我们一起穿过橄榄林。

我们加入的攻击营名为"第一耶路撒冷团"。我们跟着尖兵，排成一路纵队，躲在很有限的掩护物后面躬身进发。没时间匍匐前进了。后面的以色列士兵不断开火，目标是旧城城墙。起初，唯一的抵抗是自动武器零零星星开了火，多数子弹都令人安心地从我们头上飞过，但偶尔也有几发射得太近，发出"呼"的一声，令人寒毛直竖。我们的目标是粪厂门，但中途在阿拉伯军团新近遗弃的帐篷营地查看了一下，他们的装备还放在床上，折叠整齐。

后来柯林决定搭上一辆友善的坦克，我则和即将带头穿过城门的尖兵同行。柯林离开前听到一个军官说我很有胆量，敢这么靠近火线最前方，他笑了出来："他？他是苏格兰人，名叫麦卡林，只是太抠门儿，舍不得买长焦镜头而已。"

在那段时期，我的确觉得自己的命很硬，不会有危险上身。

柯林首先落败。我们向城门走去时，他的坦克开了炮，他吓一大跳，滚了下来，摔到一堆仙人掌中。当时我太过聚精会神，没注意到此事。一直要到耶路撒冷冷战役结束，柯林和我才又碰上了面。

我们急急忙忙通过粪厂门。我得全神贯注才能活命，情绪很快就亢奋起来，随机应变。

进了城门的头一百码路程，我们遭到狙击手猛烈射击，伤亡惨重。我们分散队形时，子弹从四面八方飞来。我发现我所在的位置有几道矮墙，虽然只有两三英尺高，总算是某种掩护。我较出名的照片里头，有一张是以色列军从墙后开火，就是在这里拍摄的。我们的位置太过暴露了，若阿拉伯人用了迫击炮，我们就毫无生还机会。

以军增强火力，我们缓缓推进，到了一个地方，都是小小的石屋，街道很狭窄，有的宽仅一码出头，显然是死亡陷阱。我们占据所能找到最宽的一条街。忽然有个约旦士兵高举双手跑到我们面前，他身上似乎没有武器，但那些狙击手让每个人变得风声鹤唳，草木皆兵。那个约旦人被打成蜂窝。带队军官叫他们停火，随即有个约旦青年和老人走出屋子，成为俘虏。这队士兵继续沿着街道前进，带头的给射死了，再走几码，第二个士兵也被当胸射穿。一个医生走向我，大叫需要刀子割开他的衣服，但我听不懂滔滔不绝的希伯来语，直到有人用英语说出"刀子"，我才急忙找我的小刀，而那人却已咽气。接着，那名就站在我身后的士兵被墙后的狙击手射杀。他被担架抬走，脸上盖着手帕。

以色列攻击的力道与速度逐渐生威。投降的人越来越多，当中有许多男人穿着睡衣。约旦士兵希望能被误认为平民，所以身穿睡衣而不是军服。以色列士兵嘲笑他们，但我没看到哪个以军虐待俘虏。他们似乎都很敬畏这座城市，无人劫掠财物，也没人亵渎神圣。我不止一次看到，以军士兵一旦发现狙击的子弹是射自宗教建筑，就立刻停火，无论那建筑是属于何种宗教。

城墙外传来坦克激战的声音。约旦军队把坦克开到高地，对着城里猛烈炮轰，以色列装甲部队向前迎战，交战很快结束。

在这么一阵混乱之后，我瘫坐在地上，无法动弹，也不知道当下要做什么。

一个以色列士兵叫我："你为什么还坐在这里？朋友，新的历史诞生了。你一定要到哭墙那边去。"

"哭墙是什么？"我问道。

我穿过一连串后街窄巷，找到了哭墙。那些小巷子如今都已拆除，让哭墙卓然耸立在开阔高地上。狙击手躲在这些杂乱的中世纪街道里，夺走许多以军性命，而以军此时则站在哭墙前，扭曲着脸，头往墙上撞着。我为这些虔敬的士兵拍了张照片。

"这一刻，我们等了一千年。"有人跟我说，此时我四周的士兵互相热烈拥抱亲吻，狙击手的子弹还不时从哭墙上弹跳开来。

我在岩石圣殿花了些时间，据说穆罕默德是从这里升天的。现在这里成为医护站与战俘集中营。我拍了更多战胜者嘲弄战败者的照片。

晚上我回到哭墙边，以色列士兵把收音机从约旦军队的车辆上拆下来，正团团围站着收听他们打胜仗的消息。车牌也给拆走了，充当纪念品。在新闻的空当，他们高唱爱国歌曲，直到后来有人下令要他们放低音量，因为那样很容易引来残存的狙击手偷袭。我看到两个以色列士兵被自己人杀死，他们在黑暗中跑向哭墙而遭到紧张的哨兵开枪射击。

夜色渐渐深重，也越来越冷。战事吃紧时我们有如置身炼狱，肾上腺

"六日战争"，以色列军队靠近耶路撒冷，以色列，1967 年 6 月

"六日战争"，耶路撒冷，1967 年 6 月

素激增；现在我们浑身虚脱，半死不活。我住进大卫王饭店，这是 1946 年那场暴行的现场，当时伊尔贡[1]的一颗炸弹炸死了 90 人，多数是英国军方人员。这里有几百间空房间随我挑。我累得没洗澡就瘫在床上，睡得像死人一样，隔天早上醒来发现床单上到处是红色尘土。我还记得当时心怀愧疚地想着自己给旅馆带来不便，然后就犯了个错，点了火腿蛋当早餐！

除非我做了什么很明显的蠢事，像是早餐要求吃火腿蛋，或表现出对哭墙一无所知，否则，人们似乎很自然地认为我是犹太人。另一方面，在以色列你会发现没有所谓典型的犹太脸。我跟着士兵一起进城，其中有几个是蓝眼睛、浅色头发。

我还有时间出席社交场合，和康奈尔·卡帕共进晨间咖啡，他是传奇摄影师罗伯特·卡帕的弟弟。罗伯特·卡帕为《生活》杂志采访越战时死于中南半岛。接着，我搭了便车回特拉维夫，决定尽快将照片送回去，然后在丹恩饭店遇到埋首耶路撒冷地图的柯林·辛普森。原来他又设法爬回那辆坦克，从圣史蒂芬门进城。他以为我已在第一波攻击行动中丧命，所以看到我时松了口气。

他花了一些时间在耶路撒冷寻找我的遗体，甚至还找到岩石圣殿的地下避难室去。

我原本担心机场的新闻审查，但是我直接走过去就通关了。我走得很快，他们没发现我是记者，以为我是吓得落荒而逃的观光客。

查验护照的官员问我："你为什么要离开？还有很多东西可以看，我们打赢了。"

整座机场欢声雷动。当然，我们现在知道了，耶路撒冷、西岸、西奈半岛、戈兰高地的伟大胜仗已埋下往后仇恨的种子，但在当时还看不出任何迹象。只有欢呼。

1　伊尔贡（Irgun）：以色列人在建国前成立的恐怖组织，主张以色列复国，主要在巴勒斯坦活动。

15　另一种沙漠战争

　　我在埃及首次遇到阿拉曼战役名将蒙哥马利子爵，那是"六日战争"爆发前不久，我自己也和他打了场小小的沙漠战。《星期日泰晤士报》设计了个噱头，把我们一起丢到沙漠，让他回到当年备受瞩目的舞台，好重新指挥他在"二战"期间的沙漠战役，用在刊物上。我被叫去帮他拍一张照片时，问题来了。蒙帅向后退了几步，神情僵硬。他和陪同的《星期日泰晤士报》高层讨论了很久，然后一长串命令下来了，我的外貌不怎么适合为陆军元帅拍照。似乎是我的鬓角太长，引起他的反感。

　　我请求告假返回英国。我绝不可能配合一个老顽固去剪短头发，不管他有多么传奇。我坚持不剪，结果照片还是拍了，鬓角完好无损。他喜欢敢和他作对的人。

　　我原本以为这趟出差会像是在度假。多年前我曾在埃及当兵，在那之后，这还是我首次回到埃及，但已不再是当年那个周薪二十七先令的小兵，而是享受公款旅游的国际贵宾。正式摄影师是伊恩·约曼斯，我在旁支持待命。出席阿拉曼战役二十五周年庆的还有杂志的美术编辑迈克尔·兰德，及《星期日泰晤士报》主编丹尼斯·汉密尔顿，他拘谨寡言，但很好相处，曾在蒙帅麾下担任初级军官。就是他撰写了一系列蒙帅回忆录，在报上连载非常成功，很受读者欢迎。因此蒙帅对我们来说有两重光环，他不只是备受尊敬的国家英雄，对发行量也多有帮助。

我看到截然不同的埃及。一开始，我们住在金字塔旁的米娜皇宫饭店，古老而豪华。相较于十二年前的第一次观光，这回我对金字塔有比较好的评价。在我房间里，饭店殷勤地安排了一架晶体管收音机、一瓶古龙水，还有一大块巧克力蛋糕，上头写着"欢迎来到阿拉伯联合共和国"[1]。第二天早上，我发现每个房间门口都有个埃及伞兵值勤。即便是亲苏反英的纳赛尔总统似乎也奉蒙帅为上宾，埃及多数高级将领也轮流向他致敬。

我们接着到亚历山大城，踏上红地毯，在乐队的喧闹中搭上美妙的匈牙利式老列车。我们几乎享受到皇家游行的礼遇，但也碰到相当尴尬的状况，《每日快报》的文字与摄影记者企图插一脚，那是伦敦舰队街最不择手段的时刻，想尽办法要在这次活动中分一杯羹。或许这不难理解，因为蒙帅被视为国家财产。我在他们身上看到自己，也同情他们，但这是《星期日泰晤士报》的场子，毫无通融余地。埃及当局郑重声明，强行送走他们。

我们这支壮观的队伍一直行进到艾尔阿拉曼。某天早上，一架苏联制直升机从天而降，一个穿着全套礼服的男子走过沙丘，手上端着餐盘，为宴会送来冷饮。迈克尔·兰德差点呛到。由于他战功彪炳，大家都忍住笑。没人对这个引人注目的事件露出嘲弄的神色。

我开始觉得，我只要坚持忍住笑，再来就没什么事了。但就在此时，首席摄影师伊恩·约曼斯忽然病倒。我的鬓毛在那一刻被放到历史的眼睛下检视，我发现自己正透过观景窗瞄着这个怪异的矮小男人，他骷髅般的头上有对惊人的半透明的湛蓝眼睛，此时也正回望着你。

---

1 阿拉伯联合共和国（United Arab Republic）：由埃及与叙利亚于 1958 年组成，1961 叙利亚因军事政变退出，埃及仍沿用此名，直至 1971 年。

当然，蒙帅本人就是余兴节目。大部分时间他都和奥利佛·利斯将军爵士（Sir Oliver Leese）在一起，后者最热衷的活动是在沙漠里挖仙人掌运回英格兰。利斯是个卓越的人物，身上有可怕的战争伤疤，当他为一件泳裤讨价还价时，那伤疤就成了展示品。和蒙帅相比，他显得相当有魅力。"来吧，奥利佛，"蒙帅会说，"让我们远离这些可怕的新闻人员，聊天去。"蒙帅出发拜会纳塞尔时，我们集合起来欢送他，他的告别词是："现在我要去见纳塞尔将军，你们搞新闻的不准跟来。"他很善于摆架子，也喜欢在别人伤口上撒盐。我不久后听到那个故事，丘吉尔对国王（乔治六世）说："有时我觉得蒙帅想取代我的位子。"国王答道："我松了一口气，我还以为他想取代我。"

我们抵达蒙帅与英军击溃隆美尔坦克部队的战场，结局却是虎头蛇尾。大部分战争遗物已移除了好一段时间，但仍很危险，到处都有德制地雷，足以把你的脚给炸掉。我们受到警告不要捡拾任何东西。某些地方埋了上百万颗反坦克雷和反步兵雷，很多平民因此受了重伤或死亡，给埃及留下许多截肢者。

蒙帅做了几次演讲后，我们又浩浩荡荡往回走，虽然真实世界里发生了一些令人不快的事件，其中之一是希腊的巴巴多普洛斯上校夺得政权。《星期日泰晤士报》从伦敦发来电报，要我立即前往雅典。但蒙帅可不接受。

他以一种拍板定案的语气宣称："唐不会去雅典，他会留在我的队伍里，没人能离开我的队伍。"我留在了他的队伍里。

有一天上午，我在海滩向旅馆的女清洁工露了一手倒立动作，并摔倒在满是酒杯与茶杯的桌子上，现场玩闹成一团。奥利佛一定跟蒙帅说我让女士们乐不可支。蒙帅严厉地告诫我："你必须回家宠爱你太太，你不可以和女士胡来。"

有天晚上，我们正聊到女人，蒙帅带着他那捣蛋的眼光走来。"你们知道奥利佛有个女人。"那是真的，奥利佛有个结识多年的好女人，但蒙帅为这件事打上红灯区的鲜艳红光。

蒙帅的逗趣都包含揶揄的抱怨。他铁定重复了十二次以上，说我们让他少活了两年，而对一个七十九岁的老人来说，他显然玩得很痛快。伟人一定是享有特权，可以有些怪毛病，虽然我觉得蒙帅的毛病比大多数人都还多。其中比较难以理解的小毛病是他对我的一些捉弄，而且不只在沙漠期间。我采访完"六日战争"返英后，他打电话来，邀我去他家。电话是我太太克莉丝汀接的。

"你是管家吗？"尖锐的嗓音轻快地询问着。一确定他打对了号码，他便要求我前往汉普郡郊外的伊星顿磨坊。我想，此行会很难受，但我也逃避不了。这像是皇室的命令。

我们在车站见面。他引着我走出车站前往停车场时，车站职员差一点就要向他立正致敬了。我们走向一辆可爱的老式路虎吉普车，我很讶异，他本人是我此行的司机。

"你还舒服吧？"他先问我，然后挂了挡，缓慢庄严地开起车，全程时速都只有七英里。他还冒险把一只手从方向盘上移开了一下子，轻拍着仪表板。

他愉快地说："这是真的木头，这个。两千英镑的细功夫，这部车子。"

午餐乏善可陈，设在一个淡色橡木装修的房间里，由一名娇小的女管家侍候用餐。饭后我被领到楼上一间完全相同的房间，连咖啡桌上都摆着同样的书。墙上挂着几幅画，蒙帅指着当中一幅说："那幅画是温斯顿·丘吉尔送我的，哪天我可能会把它给卖了。"

他的评语总带点戏谑的后坐力。提及"六日战争"的结果时，他说："我那些参与那场沙漠朝圣的朋友，多数都被革职了。"

"你要来杯啤酒吗？"一个不抽烟不喝酒的人却愿意倒啤酒给我，我想这是他很大的让步。

下午四点钟，蒙帅说："一分钟不早，一分钟不晚。"女管家送茶进来。托盘上除了茶壶和茶杯，还有一大块糖霜蛋糕。蒙帅没说话，只是仔细打量着她来去，像只老雄猫般盯着照章行事的女仆。他跟女人相处的时间似乎不多。他递给我一大块蛋糕，我快要吃完时，他又问我要不要再来一些。

"你不吃的话，老鼠会偷吃。"他闪烁其词，暗示"鼠辈"可能没有四只脚。

接下来三年，我至少拜访蒙哥马利子爵六次。他通常是透过丹尼斯·汉密尔顿联系我，而访问的仪式则大同小异。然而，有一回他要我拍摄他的花圃，对红色与白色的落新妇[1]赞美有加。又有一回，我很荣幸能参观他的车库，他打开巨大的门，露出在阿拉曼战役赢来的隆美尔的敞篷车。

通常我们都会聊聊我刚采访完的战争，而他通常很具见识，且一针见血。我记得他对越战春节攻势一役中魏摩兰将军遭撤职一事特别满意。他是唯一一个被我称为"阁下"的人，但我觉得这人已经赢得大家的尊敬。我对他的观感开始变得较成熟，而此时我看到了，在一切荣誉的背后，事实上他是非常寂寞的老人。

1　落新妇（Astilbe）：蔷薇目、虎耳草科的多年生草本植物。

蒙哥马利元帅送给唐·麦卡林的签名照

16　顺化战役

　　我从初次到越南起，便一直觉得美国人尽管势力庞大，却永远无法赢得战争。那种感觉在美军打赢顺化战役后更加强烈。

　　在那次事件中，我抵达越南的时间出了问题，或者说，时机是再好也不过。法国航空的客机接近曼谷时，我听到机长在广播中提到"春节攻势"：在农历新年假期的短暂太平中，越共攻入南越的上百座城镇与都市，包括西贡。令人震惊的事不断上演。一名越共敢死队员在西贡的美国领事馆前跳出出租车，在美国的大本营上开启第一轮战火。据说美国外交官从领事馆窗户开枪回击。四千个北越游击军扮成春节返乡客，也同时出现在西贡的防线内。游击军包围了南越军事总部、总统府与我们要降落的新山一国际机场。我们改降在香港，我坐在机场等待，直到消息传来，西贡没丢掉。那场具象征意义的领事馆战役持续了六小时，死了二十六人。我觉得我应该要在现场采访。在春节攻势的余波中，有三万七千人丧生。

　　我的朋友，美国摄影记者爱迪·亚当斯在战后余波中拍到那幅决定性的照片：警察局局长当街朝双手受缚的越共俘虏头部开枪。那张照片在美国人民心中成为转折点，影响甚至大过美莱村大屠杀。他们不再认为自己介入了一场光荣的战争。

我终于抵达越南，继而往北，走到溪山。在那里，南越西北方的山区，临近北越及老挝的边境处，十三年前法国军队在奠边府的惨剧正在一场激烈的风暴中重演。

在奠边府战役胜利者武元甲将军的指挥下，北越两支精锐的步兵师沿着胡志明小径逼近美军在溪山的大型基地，其中之一正是当年带头攻击法军的304师。这两师汇合了北越当地的六万大军，包围了溪山和一座扼控南北交通的小型战略机场。基地内的美国海军陆战队兵力只有越共的八分之一，当敌人挖着地道潜到军营铁丝网内一百码时，他们成了束手无策的活靶。他们唯一的希望是空中支持，其规模之大，是当年法军所无法想象的。巨大的B-52轰炸机每天在北越军队的头上丢下五千颗炸弹和几千吨的燃烧弹。

我飞到岘港，这座海边的超大型美军基地，但还是想到溪山去，虽然来自溪山的报道多到令我气馁。飞机飞去溪山运回伤员时，会顺道把文字记者和摄影记者送进去。记者利用美军的空中优势完成自己的工作，而我也打着同样的主意。但我在新闻中心遇到筋疲力尽的大卫·道格拉斯·邓肯时改变了心意，他是来自朝鲜战争的前海军陆战队中校，也是非常非常优秀的摄影记者，刚从溪山带回很多卷底片。有大卫专美于前，我跟在后面继续加码又有什么意义？

我听说美国想发动反击，好夺回被北越占领的南越大城——皇都顺化。那听起来是我的菜。

古城顺化筑有中国城墙，位于香江边，附近设为非军事区。这是越南的文化首都，等于牛津加上剑桥。在春节攻势中，五千名越共和北越正规军占领了顺化，北越国旗正在城垛上飘扬。当地有很多平民百姓，有人开始担心这样的地方竟将沦为战场。如果美国人想夺回顺化，免不了要上演海军陆战队的英勇攻击和贴身巷战。就像在耶路撒冷，采访古城战役的想法吸引了我。

天空乌云低垂，我搭上海军陆战队第五两栖突击营的护卫车队，开始往顺化移动。车队费力穿过深深的烂泥和大雨,经过遭炮弹击毁的残破房屋,及一列列逃亡的难民。天气非常寒冷。

我们来到顺化南边。消息传来,比我们早一步到的海军陆战队已经解放了南边半座城。第五突击营此时的任务是攻占香江北岸护城墙内的古城。

跨河大桥已遭炸毁,一大段桥面拦腰断裂。我面前就是顺化的北城,一片死寂,只见四处匍匐的北越正规军——人们口中可怕难缠的劲敌,虽然不是我的敌人。我从不觉得越共和北越人民是我的敌人,尽管我到达顺化时看起来和美军的海军陆战队没什么两样,但我并不听命于美国。我向来致力于独立的目击者,尽管并不冷静。

在等着要渡过香江时,我跟着海军陆战队的搜寻队走出去,他们四处查探城边的枪声来源,并查看战区附近看似废弃的房舍。他们以一种威风凛凛的气势巡走房舍,用身体四处冲撞,把武器摆弄得咔咔直响。我落在后头等候。

他们进入一间房子,又走了出来。我听到有人对另一人说:“里面什么都没有,只有一个死掉的越南佬。”

我进入那房子,走入黑暗的房间,看到一顶蚊帐吊在床上,蜡烛还点着。我靠近蚊帐,里头有具尸体以一种庄严的方式躺着。我望向他,心里想着这人个子真小,接着拉起了蚊帐,看到一个穿着肮脏衬衣的男童。我放下蚊帐,开始察看四周的状况。这是我第一次按下情绪的按钮。身处战场,我迟早都要按下那按钮。我离开搜寻队,心里想着那个小男孩,那个早夭的小生命,对这些人而言他算不了什么,只是“又一个死越南佬”。

我回到指挥部,找到另一支搜寻队。他们奉命清理战场,那是例行工作。他们走近碉堡和防空洞,大喊一声“手榴弹来了!”然后把手榴弹扔进去。有一家子受伤的越南平民就是从这样一个遭到轰炸的洞里逃了出来。

最后我来到河边,找到一个高大的海军指挥官,他是作战中心的负责人,正抽着大雪茄。

"早安，"我打了招呼，"我是伦敦《星期日泰晤士报》派来的，跟着海军陆战队一起来顺化。你能告诉我何时能上船渡河吗？"

他用最轻蔑的眼神低头看着我。"抱歉，"他直截了当地说，"你不能上我的任何一艘船。你要离开这个阵地。"

"喔，很遗憾，但我的确受到了批准，"我说，"我获准渡河，我是这个计划的一部分。"

"我管你那么多。你要离开我的阵地。你不能登上我的船。"

我知道再和这个人扯下去也没用。他是你偶尔会碰上的那类约翰·韦恩式的家伙[1]，只忙着欣赏自己的演出，无暇顾及其他。我彻底被拒绝了，正要走开时，眼睛瞄到更上游的河边，在此人看不到的地方，有些南越士兵正要登上登陆艇。

我低身冲过林木和花园，跑到浮桥边，比了一些手势后，有人友善地邀我上船。我排在队伍后头，猫着身子，屈膝摇摇晃晃地向前走。舱门升起，船向后退，掉头朝下游开去。我看到那个自恋的高大海军指挥官叉开双腿站着，仍抽着廉价雪茄，正在放眼环顾现场。当我们噗噗地开过他前方时，我站起来，举起两只手指头，给他看我最棒的微笑。

在河的对岸，我按预先计划进入了战场，走到推进线的前方，只是那时自己并不知道。军队将由推进线朝战场推进。我离开南越军队，发现自己已经进入老城墙，穿过了中国园林、水上庭园，绕过小水塘。一片平静。接着我听到轻武器的射击声，还有迫击炮弹飞来的轰隆声。我必须甩掉这种愉快的散步心情，提醒自己战争开打了。

我看到几个人在花园旁的路边找掩护。我看到绷带，血淋淋的绷带，血淋淋的身躯。他们是美军，我向他们跑去，躲在同一条水沟里，听到另一

1　约翰·韦恩（John Wayne，1907—1979），美国电影演员，在多部西部片中成功塑造了强硬粗犷的个人英雄形象。

边 AK-47 步枪的子弹咻咻地从我们头上飞过。

"怎么了？"我问他们。

"前面有一票狗娘养的越共。已经有伤亡了，我们正在等医护兵过来。"

不远处，离城墙很近的地方，我看到有人靠墙坐着，旁边还有个"医护兵"（他们是这么称呼医生的）。我指着那里，向跟我搭话的大兵问道："那里发生了什么事？"

"那个人肯定会获得国会勋章。他脸上刚挨了两枪。"

我爬到那个背靠着矮墙的士兵身前。他脸上满是鲜血和唾液，身上的大号军服逐渐洇红，双眼如炼狱般恐怖，痛苦地露出恳求的眼神。我举起相机，他的头由左向右摆着，要求我不要拍。我放弃了。

后来，战火暂时停了下来，我爬到另一组海军陆战队旁，他们找了顶钢盔给我。有个士兵从来没遇过英国人，他跟我说："让我给你做点特别的东西。"他不知从哪里变出绝佳的水果鸡尾酒。

我躺在水沟里，啜饮着这礼物，忽然间，最摄人心魄的炮火声逐渐大作，迫击炮弹不断射来，十分惊人。但我方的支持火力也是够呛。十五英里外的南海上，美军舰队以协同作战的模式把炮弹掷到我们前方，而我后来才知道，士兵们常整晚睡不着觉，担心炮弹打错目标。

美军还出动了"鬼怪"式战斗机，在我们头顶上方投下燃烧弹。攻击的目标是我们前方的城墙，炮弹却活生生投在我们后方。所以你的想象力就带着强烈的不安盯着大量飞下的炮弹。

忽然间，天黑了。东方人相信各种妖魔鬼怪会在晚上跑出来，有时证实那其实是越共和北越正规军，他们利用了人们对黑暗的恐惧。我累得什么都不怕，亢奋和肾上腺素会把你给榨干。你的神经，你的触角，都露了出来，在外头闲晃。通常它们会告诉你一切，也让你感觉到一切。我精疲力竭，但还是很激动，最重要的是，饿了。

我在越来越暗的光线里觅食。士兵都分到所谓的"口粮"，一种袋子，装着几样封装食物。我知道，即使在战场待了很长时间，你还是会觉得某些口粮很难下咽。我很快就找到许多被扔掉的混合食品，火腿加上青豆。

我拿汤匙挖出自己的青豆，牢牢记下，这是我生平第一次身处超大型战事中。我之前采访的越南及耶路撒冷战役，和这次比起来都只是小冲突。仅仅几个月前，"六日战争"结束之后，我还陶醉得很，嘴里说着我一星期七天都想做战地摄影师。顺化将给我一个可怕的教训。

美国人曾告诉我，这将是场连续几天二十四小时不休息的军事行动，然后几天变成了一个星期，再延长一星期，我突然间成了老头子，满脸胡髭，眼窝深陷。我睡在铁皮棚屋里，躺在桌下的地板上，夜里冻得直发抖。我从不脱下衣服，钢盔不离身，盖着防弹夹克当毯子。这件夹克是我在一所野战医院捡到的，他们把夹克从死者及伤员身上割下来，丢到火葬柴堆上。

有天早上我走出我的小棚屋，换了个新的方向，向右走而不向左。在这越南小棚屋波浪状铁皮屋壁的另一边，我发现一个死掉的北越士兵。他的嘴中了枪，子弹打穿了他的后脑勺，和我几乎是头靠头隔着铁皮一起躺了好几天。这种阴森森的情景几乎随处可见。你会找到尸骸或断肢。有一次我跑到路边去捡一样东西，却发现那是一只被坦克压扁的脚。人性的毁败和肉身的残坏形影不离。顺化这座美丽的城市正在变成瓦砾堆。

有一天早晨，我和一个海军陆战队员一同外出，靠近城墙时听到几发沉重的炮弹射过来。我们一起跳进墙边的散兵坑，这是北越军队为了抵挡海军陆战队入侵而挖掘的。我们缩在钢盔下，这个美国人说："王八蛋，这里有股恶心的味道。"我注意到坑底并不结实。即使我们是站在沙地上，还是太软了。我往下看，靴子边有排纽扣。我俩同时蹲在一具北越士兵尸体的肚子上，把他的肚子给压破了。即便炮弹四处飞，我们还是跳了出去，往不同方向跑，寻找别的地下掩体。

在这种战争里，你是走在精神分裂的旅途上。你没办法把眼前的一切拿来和生命中的其他事情相提并论。如果你已见识过真实世界的白色床单、舒适及和平，你会发现自己活得像下水道里分不清黑夜白天的老鼠，你无法将两个世界放在一起。真实世界里的判断没一样派得上用场。什么是和平，什么是战争，什么是死亡，什么是活着，什么是对的，什么是错的，你不知道答案。你只是活着，若你可以，就活过一天，再一天。

某天晚上，我和几个海军陆战队员在城墙下面搜索，忽然有人大叫"进攻"，那是中国制木柄手榴弹的名字，小小一个，长得像棒棒糖。我看见手榴弹躺在我和所有海军陆战队员之间，只有一个瘦高个儿站在我后面。我跳进地面的坑里，先是闷雷般的爆炸巨响，接下来碎片四射。我感觉得出有很多东西击中我的腿和腰。我的下半身开始麻木。就是这一次了，我想，我受伤了。我努力回想我读过的书里提到的受伤，想起罗伯特·格雷夫斯所说的：像是有人用力打了你一拳。我全身上下都受到重击，我想，我随时就要感觉到自己正在流血。我伸手摸到胯下，接着大声喊了出来，我想，那就像个孩子在叫妈妈。那是声嘶力竭的一声"医护兵"。

接着我顺着腿往下摸，没流血，也没伤口，只有麻木。我被碎片石屑击中，而不是铁片。唯一受伤的是那个瘦子，钢盔下方的后脑勺被手榴弹碎片打到。他倒了下来，鲜血从头部和颈部渗出。其他士兵都朝手榴弹掷来的方向开枪，因为这说明敌人很靠近。真的很近。然后支援部队来了，所有的 M-60 都朝那里扫射，重机枪一气齐发。

我们退回麦伦·哈灵顿驻扎的阵地。哈灵顿是三角洲部队的指挥官，现在正看着每个新的伤亡发愁。这不是清理战场的行动。他的连队在城墙边一下子就元气大伤，而他们还只打到墙边。某天我站在庭院里聊天，聊完才走到旁边另一座院子没多久，一发迫击炮弹就射中刚才的庭院，把那两个刚刚还在和我聊天的士兵给炸成重伤。

海军陆战队有个传统，他们不会丢下受伤或阵亡的弟兄。哈灵顿夜里会派人出去带回失踪的人。我曾跟过这样的夜间任务，觉得自己好像侵扰了某种非常隐私的事。他们带回两具尸体，那是我第一次看到西方士兵哭泣。

他是黑人，正为一个白人弟兄的死而哭。

　　我拍了张照片，另一个黑人海军陆战队员正朝城墙丢手榴弹，看起来像奥运会的标枪选手。五分钟后，这人投弹的那只手成了残破的花椰菜，被一颗子弹给打得完全变形。接替他投弹位置的人则立即阵亡。某天我拍了张照片，对象不是作战中的士兵，而是一个死去的越南人，他四散的遗物就摆在他四周，像幅拼贴画。那是仔细编排好的，甚至是设计过的，然而，却似乎是在诉说这场战争的人命代价。

掷弹的士兵，顺化，南越，1968 年 2 月

送往战地医院，顺化，南越，1968 年 2 月

美国海军陆战队员，顺化，南越，1968 年 2 月

随军牧师将一名老妪抱出交战区，顺化，南越，1968 年 2 月

受伤的海军陆战队队员，顺化，南越，1968 年 2 月

死去的越南人和他的随身遗物，顺化，南越，1968 年 2 月

17 战争的教训

有时我会爬到推进线前方，好固定位置，拍摄海军陆战队朝我进发的画面。有一次，前进的队伍忽然受阻，我趴进散兵坑里吃了满嘴泥巴，有两人就在我身旁被打死。排长的喉咙被一颗 AK-47 的子弹给打穿，我看到他努力将手指伸进喉咙里止血。他腿上有条肌肉给打得翻了上来。我匍匐到他身边，大多数人都已爬开，给我们留下活动空间。这个军官开始英勇地说要把敌人火力引到我们身上，以声东击西。

"听着，我们就别昏头了。"我说。

突然间，剩下的人都看着我，等着我领导。那个军官倒下后，年纪最大的就数我了。炮火太猛烈，想都别想要把排长扛到安全地带，所以我们顶住，直到 M-60 重机枪赶来，以火力掩护我们。

照我想来，这些海军陆战队的作战计划并不够深思熟虑。直线前进的冲锋太多了，像美国骑兵队一样不顾后果乱打一气。北越正规军狙击手利用高处的地利，简直就是手到擒来。海军陆战队凭着人数与火力的绝对优势，似乎终将获胜，但是代价呢？你可以看出他们对战争逐渐失去信心。在美国本土，舆论渐渐倾向反对战争，前线在打仗时也透露了这件事。有几个士兵告诉我，如果他们活着离开顺化，他们将写信给国会议员以反对美国介入越战。多数美国士兵很瞧不起躲在后方的南越部队。就连在顺化，你也可以看到南越军队劫掠百姓的财物，而他们来这里应该是为了要解救这些人。

某天，一个小孩子忽然出现在交战正酣的沙场上。顺化城内还躲着几千个平民，即使他们努力要从前线逃开。而这个小孩就这么出现了，位置如此逼近战火，匪夷所思。每个人都注意到他。士兵又变回了常人，而不是战士。看到这个迷路的小朋友，这些十九到二十二岁的年轻人大感心痛。他们温柔地把他护送到医护兵前，医护兵把他带进屋子里，为他清理头上脏兮兮的伤口，而我借着蜡烛光拍下这个过程。把小孩带离狙击手与迫击炮手，像是在做他这辈子最重要的接送。

顺化旧城最后还是拿了回来。美军投下铺天盖地的炮弹，让这胜利显得不怎么值得。顺化毁了，木头房子给炸飞，市区只剩瓦砾。他们为了拯救这个城市而摧毁了它。将近六千名平民命丧于此，比两边战死的军人还多。在七十七天的溪山包围战中，轰炸与炮击的火力超过五枚广岛原子弹。

然而，这还不是全部的代价。活人的心灵和死者的身体同样遭到戕害。待在顺化的最后几天，我听到铁皮棚子后面传来呜咽。两个陆战队员，不折不扣的乡下粗人，在一个越南人的脖子上套上绳索，拉着他走来走去，好像在遛一只穿着衣服的宠物。他们蒙住他的眼睛，塞住他的嘴，让他跪下或躺在泥土上，令他饱受痛苦与折磨。这种卑劣、凶残的情节，和我在刚果所见毫无二致，现在则由在亚洲的"自由使者"来执行。

我在顺化待了十一天，不确定此行教导了我什么。除了重新体会战争可以多么恐怖之外，我不认为还学到了其他任何东西。顺化当然让我非常羞愧，人类怎么有办法如此对待彼此？我想，此行以一种阴森的方式教导我求生，而这些新知识中，有一部分是懂得何时该离开。

战争刚开始时，有一位海军陆战队随军牧师找上我，要帮我做临终圣礼。他吓到我了，我断然回答他："不要，我不要做。"他给了我圣餐及圣酒圣饼，却不知为何把恐惧也植入我心里。我觉得这个人在这里给我带来非常悲观的结局。他令我毛骨悚然，我想我应该和这个人保持距离。

那天晚上我和朋友谈到这件事。我的情绪一定非常激动，因为他劝要我轻松点。他提醒我，家里还有人在想念着我。当时我被他的话给感动了，但是直到我回到英国，才感受到它的全部力量。当我在顺化出生入死时，我的儿子保罗在家里差点送命。他常玩弓箭，箭头是橡皮吸盘，他把吸盘放进嘴里卡住了喉咙，差点窒息而死。

离开顺化前，我向麦伦·哈灵顿道谢，感激海军陆战队为我做的一切——对一个手无寸铁的人所付出的情谊。他跟我说他会到伦敦看我。我当时做错了，我不相信他，我转身离开了。

我去了伤员处理站，那里有尸体袋，塑料的，还有尚未僵硬的尸骸。我看见那位吓到我的随军牧师对着我笑。

他说："你是要去岘港吗？"我告诉他是的，他说："哦，我也正打算去岘港呢。"

直升机来了之后他们说只有一个人的空间了，牧师建议我上去。

我说："不，神父，还是你上吧，那是你的地方。"

"别跟我争，我是你的长辈。"

我说："很遗憾回到这里，我被吓坏了。"

"不用解释了，"他说，"去吧。"

我上了直升机，一路沿着越南的海岸线飞。我说不出话，感觉好像经历了二十五年。飞机上还有一名摄影师，一位勇敢的法国女士，凯瑟琳·勒鲁瓦，她在顺化战役中混进了越共，后来她在战争中拍的照片震惊了全世界。她坐我对面看着我，我也盯着她看。我不想跟她说话，不想跟任何人说话。我的脑海中有凄厉叫喊，仿佛炮弹爆炸，战火仍在那里蔓延。流血、死亡和将死的画面仍在我脑中，我完全给吓蒙了。

我想在岘港好好洗个澡睡一觉，也许能恢复过来。然后就在媒体中心遇到了《泰晤士报》的弗雷德·埃默里。

"伦敦方面迫切地想了解这边怎么样了，你能跟我一起去说说你知道的情况吗？"他说。

"我能先洗个澡吗，弗雷德？"我说。

睡眠是一长串关于战争的噩梦。要回家我得先飞到西贡，然后到巴黎，在巴黎奥利机场我又发现自己处于待命状态。十点钟的时候还有一百多人没赶上飞机，后来我听到其中的一些人来了，是来看英法对抗赛的英国橄榄球球迷。他们唱着歌穿过奥利机场，往盆栽里尿尿，拽着因醉酒而非战争倒下的同伴。

几年之后我再度回到顺化，走过当年我曾无限接近死亡的战场，在那里我觉得自己是死亡的永恒伴侣。所有的事情看起来是如此的不合理，那些死去的人，那些残废的生命，他们经历的所有这些都毫无意义，就像所有战争一样。没有回报，没有尽头，没有欢乐。我记得在岘港有一条街叫无乐街，这条街后的整个国家都可以这样来命名。

海军陆战队员与一名被捕的平民，顺化，南越，1968 年 2 月

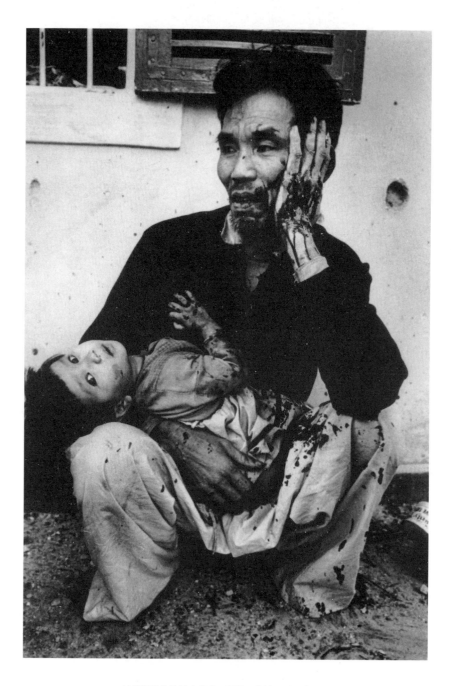

被美军炸伤的越南父女，顺化，南越，1968 年 2 月

等着离开前线的大兵被炮火吓傻，顺化，南越，1968 年 2 月

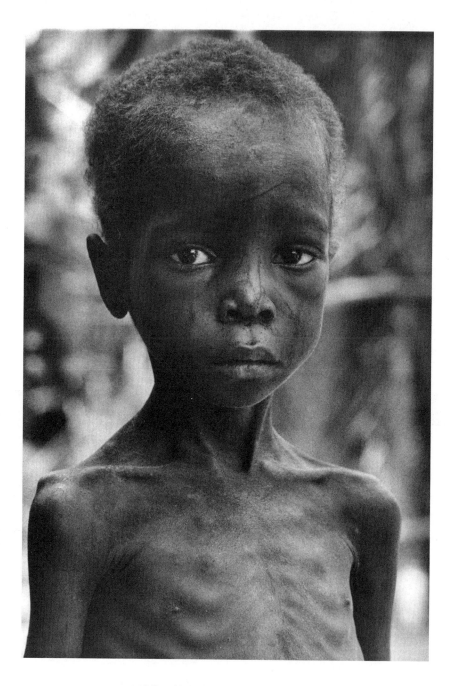

因内战导致的饥荒，尼日利亚，1969 年 12 月

18　比亚法拉的孩子

我双脚才踏上比亚法拉共和国的土地五分钟，就被关进监狱。我会飞来这里是因为听到一则报道，有个孩子的头被砍掉，他母亲把他的头颅装在吃饭用的钵里，来到伊博兰。我的记者朋友乔治·德卡瓦拉在飞往哈科特港的飞机上勤快地记着笔记，他为"时代－生活"工作。他们认为我俩是间谍。五个钟头后，我们费尽唇舌才获释。我自由了，开始投身一生中最令我激动的采访任务。比亚法拉建国不到三年，这三年间，我每年都来记录它的脆弱处境、斗争与衰败。

环绕着比亚法拉冲突的诸多感受，现在的欧洲人多已遗忘。但在1967年，强烈的情绪不仅笼罩非洲，也波及全世界。有段时期，甚至连我工作的报社《星期日泰晤士报》也差点为此分裂。

1967年5月30日，奥朱古上校宣布比亚法拉脱离尼日利亚联邦，这块从尼日利亚分裂出去的弹丸之地从此成为独立国家。这个新国家中势力最庞大的是伊博族，他们宣布独立的主要动机是对种族灭绝的恐惧。

乔治和我刚从伊博族的世仇——豪萨族的大本营北尼日利亚回来。那个带着骇人饭钵的妇女就是从那里逃出来的。在那些泥墙老城中，酋长仍实施封建统治。在我们刚离开的卡诺市¹这类地方，"异族区"里的伊博族移民遭到豪萨族与狂热的宗教极端分子的攻击、劫掠与残杀。据说死亡人数将近五万。

伊博族聪明且拥有丰富的自然资源，似乎足以逃离压迫，宣布脱离东部行政区而独立。他们的土地蕴藏了尼日利亚联邦的石油与矿产，对这些资源感兴趣的外国人显然并不反对伊博族脱离受英国控制且政局并不稳定的尼日利亚联邦，尤其是法国人。但比亚法拉有个致命弱点，他们无法保卫自己。所有重装备和绝大多数部队都在尼日利亚那边。观望几个星期后，戈翁将军统治下的联邦决定侵入比亚法拉。

比亚法拉势单力薄，似乎几个星期内就会崩解，但实际上抵抗既激烈又持久。随着艰苦的对抗旷日持久，背后的势力也趋向两极化。法国偷偷支持比亚法拉，英国政府表面上宣告中立，暗地里运送大量武器给尼日利亚。苏联干的事和英国一样，只是比较公开。

在英国，民众的想法也告分裂，这种分裂还反映在我自己的报社内：国外部站在尼日利亚的立场，他们担心"巴尔干化"———个非洲国家独立会导致更多国家效法；我工作的杂志部则非常同情伊博族。我们受到杂志灵魂人物弗朗西斯·温德汉（Francis Wyndham）的影响。他是一位优秀的作家，也是我的朋友，比多数人都靠近混战的核心—— 他认识奥古。哈利·伊文思倾向尼日利亚，但他是非常好的总编辑，不会压制另一方的中肯观点。尼日利亚内战期间，杂志刊登的都是同情比亚法拉的文章，完全和报纸的观点相对立。

这种英国人的微妙情绪，逮捕我们的哈科特港警察当然无法理解。在他们眼中，单凭我是英国人这一点就够可疑了，而我们还造访了他们敌人的心脏地带，就显得更加可疑。我们之前在卡诺市看到军方拿着棍棒巡逻，

1　卡诺市（Kano）：尼日利亚北部大城，豪萨族的世袭酋长国，已有千年历史。目前为卡诺州首府。

并惩罚劫掠者，以遏制当地的反伊博族情绪。同样的部队现在正出面逼比亚法拉投降。我们是该做些解释，但温德汉的关系比较管用。我们获释一个钟头后，便和奥朱古喝起茶来。

他高贵而威严，我想，是个绅士吧。与英语记者打交道也游刃有余。他在萨里郡的埃普索姆长大，并在牛津受教育，应付我们的提问时从容自在，只有一个问题让他迟疑了一下——我要求到前线采访。

我获得许可，但情况有点讽刺：我和当过伞兵的法国摄影记者吉尔·卡隆[1]同行。从国籍上来看，我们可能处于对立，而事实上，我们是很好的朋友。另一个讽刺是，由于英国暗中对这场战争"贡献"良多，我在这场混战中撞上的任何子弹都可能是由我自己缴纳的税金买单的。

两天后我们加入比亚法拉步兵营，该营正准备渡过尼日河，偷袭尼日利亚部队的后方。他们必须绕到敌军防线的后面，偷偷攻占一座重要的桥梁。该桥位于奥尼特沙，是往来尼日利亚与比亚法拉的必经之路。

我们看到那支部队时大感忧心。那是一支苦哈哈的部队，兵员六百人，很多人的屁股都露在裤子外。有些人有装备和制服，有些人没有。很多人的鞋子都不适合丛林任务。尖头鞋极受欢迎。有些挑夫头上垫着香蕉叶，扛着非常新式的火箭筒。他们也扛了许多篓啤酒，令我又惊又喜，虽然我觉得应该要带更重要的东西。

我们无声无息地渡过尼日河，进入敌人领土。一路上不准吸烟、不准点灯，一切都非常隐秘而刺激。军方有时会做做样子，好让记者有得拍，但我知道这次是玩真的。我们找到一座村子过夜，接着和士兵一起出发走过沼泽地。

行军速度慢得让人难以忍受，才三十多英里就走了四天，而且我们一

1　吉尔·卡隆（Gilles Caron,1939—1970）：法国著名伽玛图片社创办人之一，曾采访阿以"六日战争"、越战、尼日利亚内战、巴黎五月风暴、北爱尔兰冲突等诸多战争和事件，被誉为法国的卡帕。1970年在柬埔寨遇害。

天比一天虚弱。粮食早在抵达目的地之前就吃完了，到后来，吉尔和我啃起了椰子，好止饥解渴。然而，我对于什么东西可以当作食物还是有些保留。

发动攻击的前一晚，我走到灌木丛里小解，有个挑夫拿着晚餐来给我——我在办事时意识到有个人耐住性子但有些不爽地站在我身后，一转身，看到一个人端着一碗东西要给我吃。我看不出碗内那一坨圆圆的东西是什么。

"那是什么？"我有点警觉地问。

"是你的晚餐，先生。这是刚果肉，没血，没骨头。"弄半天，那原来是只大蜗牛，有小型金鱼缸那么大。

"我不敢吃。给你吧。"

那个人很高兴，馋涎欲滴地挖出那乏味的肉块。要不是这样，他那天晚上会没东西吃。这份餐点是特地为访客准备的。部队似乎要空着肚子上战场。

没多久，我对指挥这次行动的上校起了极大反感。他名叫汉尼拔，怪的是，他说的英语有约克郡腔调。他娶了英国太太，但还是很瞧不起英国在这场战争中的立场。这也使他讨厌我。吉尔的境遇完全不同，他非常受欢迎。到了第五天，吉尔和汉尼拔的友谊也减弱了。有些逃兵被抓到，当他们集合起来时，那仅剩的关系也完全消失无踪。这些逃兵的下场很出人意料。

在树林里的空地上，汉尼拔把士兵集合起来排成方形，活像拿破仑时代的方阵。下达次日攻击令之后，那些逃兵被带到前面接受惩罚。三个可怜虫被迫趴在地上，而几个有官阶的军人（由他们身上较完好的军服可以看出）砍回了几根六英尺长的木棍，回来时还边走边拗着玩。惩罚是打二十五大棍。三个受难者在泥地上打滚，咬紧手指头强忍住叫声的那一幕，让吉尔的军人荣誉感倍觉受辱。

鞭刑结束后我们口干舌燥，也确实需要补充体力，我问吉尔要不要干个几瓶先前看到的啤酒。我走到卫兵面前，他在一旁看守着啤酒箱。

"那些啤酒，有可能给我一瓶吗，朋友？"我装出一派单纯老实的样子。

那个人咯咯笑，接下来他们全都笑了起来，笑到喘不过气。在这交战前夕，营区却被笑声给湮没了。我呆站在那里，从这人看向那人，完全不晓得什么事令他们觉得如此好笑。终于有个人用手臂抹了抹脸，然后解释："那不是拿来喝的啤酒，长官，那是敌人的啤酒。"

我还是摸不着头绪，问道："你说什么？敌人的啤酒？"

"我们把它点着，然后朝敌人丢过去。"

我回头找吉尔，心头的不安大增。

我说："这次的行动太疯狂了，那根本不是啤酒，那是汽油弹。他们要拿装汽油的啤酒瓶对付北约步枪。"

第二天早上，空气中弥漫着恐惧的死寂。我对吉尔说："这一切肯定今天就玩完了。"

"但愿如此。我希望这档子事赶快结束，尽早回去。"

大约早上九点钟，迫击炮的炮弹开始落下来。在非洲，一天通常是在凉爽的清晨展开，九点已经是相当晚。很多人到处乱跑，情况非常混乱。伤兵也已经从前线退回来，其中有个人边走边用双手手掌抱着肚子，而肠子则从指缝间露了出来。我往前线走去。

我在小型武器的浓烟与爆炸声中看到一幅骇人景象。一辆吉普车着了火，那是尼日利亚的军用吉普，后座的女人遭烈焰吞没，从头到脚都烧了起来。这具活人火炬缓慢地前俯后仰，张开嘴巴发出声音，没人救她，那景象令我饱受煎熬。

"看在老天的份上！想想办法，什么办法都行，快结束她的痛苦吧。"我对一个军官说。

他用英国陆军军官学校的口气慢条斯理地回答："我为什么要救她？她只是个贱女人。"

我跑到吉普车前面。司机已经死去，有个比亚法拉人抢着要在血液与火焰毁了司机的衣服之前把它们给扒下来。

我们前面有些人被推了过来。他们是俘虏，尼日利亚的士兵，跟那几个吉普车上的人一样，都遇上了偷袭。

他们开始飞快地剥去俘虏的上衣，蒙上他们的眼睛。汉尼拔正在标定地图坐标，有个人过来问他："那些俘虏怎么办？"他的头抬也不抬，答道："枪毙。"

吉尔对我说："我真不敢相信。我原以为他是值得尊敬的人。"但汉尼拔重复那道命令。比亚法拉士兵面面相觑，带点困惑，小心翼翼地拉了拉他们的 AK-47。接下来又互相看了看。俘虏开始哭泣，双腿直打哆嗦。他们猛地号啕大哭，发起抖来，难以抑制。然后有个人的 AK-47 开火了，更多枪声响起。

其中一个俘虏似乎成了所有子弹的主要目标。他扑向地面，身体发出可怕的重击声和一种令人心惊胆寒的声音，接着有口气被吐了出来。那就像屠宰场里的动物。我惊吓过度，全身僵硬，动弹不得。有个俘虏侥幸逃过子弹，他泪流满面，徒然地恳求饶命。我站在那里，说不出话，也无法移动。吉尔也好像被钉在地上。过了好久，我们才说得出只言片语。

那座桥被攻下来，或者说靠我们的这一头被攻了下来。我们往桥上移动。至此，攻击都还算照计划进行，但尼日利亚部队已经重新集结并发起反攻。一个小时内，他们对着桥梁和周边发射了三百发左右的迫击炮弹。炮弹落在城垛状的巨大铁造建筑上，那轰炸声以及敲击的回音、子弹在铁桥上的弹跳声，到今天我还记得。

战况变得千钧一发，情势很快就明朗了，我们守不住新据点，转瞬就收到全面撤退的命令。我们知道任务已完全失败，便起身逃跑，尽速撤退。我很担心会在拼命飞奔的人潮中脱队。两个穿着越南迷彩装的西方人很容易被看成雇佣兵。涉入此次冲突的雇佣兵多数站在比亚法拉那边，尼日利亚则有苏联和英国的雇佣兵飞行员。

撤退一旦开始，被俘的恐惧便席卷了每个人。种族屠杀的恐惧又加深了一层——担心汉尼拔处置尼日利亚俘虏的方式会引来报复。此时已是兵败如山倒。

走路的伤兵、受创太重的伤兵、爬着的伤兵，都开始没命地抓住我们说："拜托你，长官，别丢下我。带我走，带我一起走，长官。拜托背我走，长官。"我在树林里狂奔时，他们抱住我的腿。

有些人躺在地上，眼球掉出来，眼窝不见了；有些人的腿被迫击炮打伤，躺在地上无法动弹。被尼日利亚军队擒获的恐惧令他们陷入绝望。

子弹和炮弹不断飞来。

这场撤退丢下了伤员不管，场面显得格外可怕。还能跑还能走的人只想保住自己的小命，我们不断往前冲往前冲，尽我们所能远离那座桥。

我们还在敌人的领土上。我们还得渡过尼日河，但至少要再走三十英里才能到达渡口。我们抵达一座村落，有个军官征用村内每一辆自行车，吉尔、我及一个先抵达的《电讯报》记者都分到了。有个熟悉小径的向导走我们前面，我们死命踩着踏板，冲过树丛和丛林里的步道，一路上骑得飞快，直到抵达河边。那里有艘大船正等着载我们到比较安全的对岸。我们到达船边时满身大汗，筋疲力尽。天色已黑。

我们上船，过河。保住性命的解脱感使得这次渡河成为我们记忆中最棒的一次。四周一片宁静，天上星河灿烂，但是这支寡不敌众、毫无胜算的比亚法拉军队伤亡惨重，气氛因失望与失败而变得非常凝重。

今天的事件还有些后话，快乐与悲惨兼有之。那些被我们抛下的伤兵，我打听不到他们的下落，但是一般而言，尼日利亚人打胜仗后要比传闻中来得慈悲很多。他们不会进行邪恶的报复，或滥杀，或种族大屠杀。他们很有规矩。对照之下，汉尼拔则成为战犯而遭到通缉。吉尔后来死得很惨，他在某个离非洲很远的黑暗丛林里被俘，遭遇类似我们所目击的暴行。

我尽我所能经常回到比亚法拉。我的渠道是日内瓦一家奇怪的公关公司，名叫"马克新闻"。想前往比亚法拉的旅客得通过他们的审查，除非你

麦卡林随比亚法拉士兵撤退，法国记者吉尔·卡隆拍摄

完全支持比亚法拉，否则无法入境。我变成这个机构所谓的可靠人士。当年这场战争幕后的筹划还不明朗，我一直相信比亚法拉有正当理由建国，但是随着我每一次到访，这信念也逐渐变得薄弱。

1969 年，我只身回去采访。我的计划是往西走到欧克帕拉前线，据报道，比亚法拉陆军 63 旅的 52 营正企图突破尼日利亚军的包围。我设法到达前线，但是一走下路虎吉普车，我就双腿发软，倒在沙地上。疟疾，或是很像疟疾的某种东西把我给击垮了。

我在一间茅草屋里醒来，一个比亚法拉妇女温柔地用温水帮我擦身体。茅草屋是野战医院的一部分。一个医生帮我注射，并道歉说针头先前已经用过了。我在高烧的晕眩中躺了两天，直到有足够气力依约赴会，到陆军指挥官的屋里吃早餐。

有些炸过的香蕉摆在我面前。在指挥官的劝食下，我很有礼貌地努力吞下去，因为今天就要发动攻击。就在这时，新一波的高烧与呕吐发作，我急忙告退，到外面沙地狂吐时倒了下去。事后有人跟我说，我的两眼骨溜骨溜地乱转。我又再度昏过去，醒来时发现有个女人拿树叶抹我的脸。

我泡在水里时，有个比亚法拉军官救了我。英国军官手杖让他非常有英国范儿，只差脚上穿的是大雨鞋。他喂我吃了些可口的米饭，好让我在两点钟部队推进时有点力气。

中午，弹药开始运来。他们运来迫击炮，好大的法国货，120 毫米口径，每门炮不多不少只有两发炮弹。接着他们发给每个士兵两发子弹，我一定是看得目瞪口呆，因为我的救命恩人史蒂芬·欧沙迪比解释说："我很抱歉，唐，但是我们的弹药不多。我们给每个人两发子弹，等我们向前进，就会抢到尼日利亚的武器，然后拿到更多弹药。"

接着那些男孩子接受校阅。我记得其中一个大概十六岁。他穿着一套不合身的老式条纹装，打赤脚。有些男孩子想逃跑，因而遭到严厉惩罚，史蒂芬拿手杖打他们的肩膀，或敲打、摇晃他们的头。所有人都挨了训。那个军官站得笔直,挥舞着双手,更像在国家剧院演出的乔纳森·米勒。哨音吹起,我们往前走,走进尼日利亚军轻武器最可怕的火网中,而我自己还烧得头晕眼花。

那就像有人拿巨大的鞭子鞭打树木。子弹穿空而过,射穿树干,射穿树叶,听起来有如音乐。那是枪弹火力呼啸而成的干寒西北风。接着迫击炮弹开始飞过来。不久就看到有人双手捧着裂开的肚子,有人满脸鲜血跑来跑去。

我身旁有个人在灌木丛下剧烈挣扎。他努力站起来的时候,我看到有颗子弹打进他嘴里,打掉他一边脸颊。我身边另一个人已经断气。我想装上底片拍照。有些意外事故来得太快,我有些惶惶不定。我看到指挥官弯腰对着一个阵亡士兵说话,好像他还活着一般。他在颂扬那个人的勇气,并代表比亚法拉感谢他。这个情景令人既感动又忧心。

我回到前线,到伤员集中的地方,又看到那套条纹装,此时肩头多了个弹孔。我看到有人用担架抬着伤员,草草绑成的担架。那里有辆老旧卡车,就像没有车窗与车门的露营车,车况糟到该送修了。伤员坐在车上自行抱着受伤的手脚,有个人躺着,肠子从他的指间跑了出来。

比亚法拉军队没有你在其他战争中看得到的医疗设备。这些人真是一穷二白。有个人脸上破了大洞也不能获得一针吗啡。比起其他部位的伤,头伤较不痛,但还是迫切需要处理。多数伤员伤在肩膀、上臂与脸,因为他们是四肢着地匍匐前进。

我问驾驶,为什么载了这么多伤员还不开走。

“没有完全挤满人之前,我们不能开走,长官。我们没那么多油料。”

在战场后方,我又看到欧沙迪比上尉,他相当激动。他的右腿中了尼日利亚部队的子弹,北约步枪射伤了他。他们帮他打了吗啡,并把他送到这间屋子。他已经产生幻觉,对我说:“唐,唐,我很担心。拜托你,唐,答应我你会去告诉他们要往前冲。他们会听你的。”

我无法叫更多人去送死,他们没半颗子弹,在地上匍匐的肚子无法对抗众寡悬殊的大军与炮火。显然他们并未告诉我真相，他们在二十英里宽的战线上并无任何进展。我也知道史蒂芬需要一些保证来安抚他激动的情绪。

我说："好的，史蒂芬。"

我走到外面，潜伏了一阵子，再回到屋内。他问："你跟他们说了吗？"我回道："有，史蒂芬，他们向前进了。"

我还受到疟疾后遗症的折磨，也害怕用过的针头造成感染。我的身体受够了，开始出现大片红斑。我在战场后方十英里处的大型天主教传教所里找到避难处。某位修女有个处方几乎立即治好我的发痒和红斑，我在传教所的床上睡了好久好沉的一觉。

通过传教会，我才看到比亚法拉最令我永生难忘的恐怖景象。他们指点我去乌姆亚胡地区的传教会，我可以在那里看到另一类战争的受害者：比亚法拉的孤儿与弃儿。他们都已经快要饿死。战争当然会中断各种农作物的生产。救援物资主要来自法国，但很少能进到这个地区。救援食粮都送进军人的肚子里。

我在传教会遇到肯尼迪神父，他是既坚强又善良的那种人。他带我到一间前身是小学的医院。战争使许多孩子成为孤儿，那里收容了八百人。我一进去就看到一个白化症男孩。挨饿的比亚法拉孤儿已经是再可怜不过，挨饿的白化症比亚法拉人，处境更是笔墨所难形容。濒临饿死的他还要遭受同伴的排挤、嘲笑与侮辱。我看到这男孩正望着我。他像是一具活着的骷髅，身上有种骷髅般的白色。他往我这边一点一点靠过来，穿着不合身又破烂的毛线衫，手中抓着玉米牛肉罐头，一只空的玉米牛肉铁罐。

他目不转睛地看着我，那眼神就某些观点来看，可说是引发了"邪恶之眼"[1]，使我饱尝愧疚与不安。他又靠近我一点。我设法不看他，设法把眼

1　邪恶之眼（Evil eye）：中东、南亚、中亚，以及欧洲等地的民间传说，幸福的人会招来羡慕嫉妒，这种羡慕嫉妒又会给他们带来不幸。

睛盯在其他地方。几个"无国界医生组织"的法国医生正努力拯救一个濒死的小女孩。这些医生走进黑暗地域的中心地带提供协助，因此而广为人知。他们在女孩的喉咙插入一根针并捶打她的胸部，设法救活她，那景象几乎令人不忍卒睹。她死在我面前。在我所有的悲惨经验中，在死于我面前的人当中，她是年纪最小的。

我的眼角余光还是看得到那个白化症男童。我捕捉到那白色的闪光。他又靠近一些，像鬼魂般缠住我。有个人给我受害者的统计数字，是此地惨剧的好几倍，相当可怕。看着这些备受穷困与饥饿折磨的受害者，我的心撤退到自己在英格兰的家。我的孩子年纪和他们差不多，和多数西方孩子一样，对丰盛的食物毫不在乎。我设法在这两种景象之间求得平衡，精神因此饱受煎熬。我感到有什么碰了碰我的手。白化症男童已经缓缓移到我身边，把他的手放入我手中。

我站在那里，握着他的手，感到眼泪夺眶而出。我对自己说，别看他，想想别的东西，什么东西都好，别在这些孩子面前哭出来。我把手伸到口袋里，摸出一颗麦芽糖，偷偷塞进白化症男童手中，然后他走开了。他站在不远处，以颤抖的手指慢慢剥开糖果纸。他舔着糖果，用大大的眼睛瞪着我。我注意到，他站在那里专心舔着糖果时，手中仍抓着那只玉米牛肉空罐子，好像它会忽然消失一般。他看起来已经不像是个人，而像一具不知何故还活着的小小骷髅。

饿童遭受的每一种折磨都鞭挞着我的心。有个英国医生抱着垂死的婴儿，他双腿无力，却想努力撑起身子。她的另一只手臂抱着一个鼻孔里插着喂食管的小孩。半盲的小孩肚子大得像啤酒桶（严重营养不良和营养失调所引起），靠两只像筷子的脚站着。有个男孩的手臂脱臼，仅以薄薄的皮肤相连，因为肌肉已经失去功能。其他儿童躺在自己的排泄物中等死，伤口布满苍蝇。

这超越了战争，超越了新闻，超越了摄影，但没有超出政治的范围。这无法形容的苦难不是哪一次非洲天然灾害的结果，这不是大自然的魔手在作怪，而是人类邪恶的欲望所造成。如果可以，我想把这一天从我的生命中拿掉，抹去这段记忆。但就像纳粹死亡集中营那些恐怖的照片带给我们的记忆，人类竟能如此对待自己的同类，我们无法忘记，也不允许忘记。我拍下那个白化症男童，所有看过照片的人都必须牢牢记在心上。

离开之前，我在茅草屋里发现一个年轻女孩，大概十六岁，一丝不挂地坐着，看起来病了，也相当虚弱，但很美丽。有人告诉我，她的名字叫"耐心"。我想拍她，便问陪同人员能不能说服女孩用手遮住私处，好让我能透过她的赤裸呈现最多的尊严。但她的景象把我身而为人所可能具有的全部特质都扒光了。在比亚法拉期间，同情心与良心的鞭子从未停止鞭挞我。

我们都受天真的信念之害，以为光凭正直就能理直气壮地站在任何地方，但倘若你是站在垂死者面前，你还需要更多理由。如果你帮不上忙，便不该在那里。对于比亚法拉人，我帮得上任何忙吗？或者，我只是在协助一场对他们没有任何利益可言的战争。醉心权力的狂热分子发动大家脱离联邦，完全没考虑到，当他们推着毁灭性武器前进时，会在身后留给人民多大的苦难与贫困。

这场战争，给我带来了前所未有的摧残与困惑。我看不出这场战争有任何哪怕是一丁点的正当性，或者我人在那里有任何的正当性，除非我能通过照片提醒人们，所有战争都毫无价值。

甚至连我进入那里的方式，即通过马克新闻公司的协助，也使我的立场脆弱可疑。这是一场人为的饥荒，肇祸者是分离建国及其引起的反应，是交战双方的贪婪与愚蠢，而最主要的，是创建这个分离国家的权谋者的不正直。

我从来都不觉得我对政治有多伟大的洞见，但当你看到我在那间传教会医院的所见所闻时，这已是无关紧要。无须对政治有多敏锐即可看出这有多么显而易见，那逼得你不得不接受。

理查德·威斯特写了一篇强烈支持比亚法拉的文章，连同我的照片刊登在杂志上，虽然我的照片没有任何立场。我非常希望这些照片能够为受困的医院和垂死的儿童带来救援。我知道我的照片带着某种信息，但究竟是什么信息，我却没办法说，或许我只是想让生活无忧的人难过、丧气。

不过，当时我们只知道，文字和照片都无法阻止尼日利亚战争机器向前推进。

我曾让自己的照片诉诸政治倾向，小小的一次。我有一张悲惨的照片，一个比亚法拉母亲以她干瘪的乳房喂哺小孩。杂志登出后，我把照片改制成一幅海报，弗朗西斯·温德汉为它加上恰当而煽动的标题："比亚法拉，英国政府支持这场战争。你们大家可以制止它。"海报做好后，我们涌向城市，在各地张贴悬挂。我妻子克莉丝汀和我特别留意我们家所在的汉普斯岱花园郊区，因为首相哈罗德·威尔逊的家也在这区。

几个月过去，比亚法拉的情势日益绝望。我很想回去，但有个问题，在《星期日泰晤士报》内部，亲尼日利亚和亲比亚法拉这两派之间的歧见愈演愈烈，谁是适合写这场战争的中立人选，彼此无法达成共识。经过许多带着仇恨的争论后，他们终于同意派资深的安东尼·特里出门。他入选的条件是：他是中欧特派员，对于非洲事务相对无知。

然而，他很快就判断出情势很糟。我们降落在乌利的简易机场时，机场官员想要征用我们所有的硬货币，拿一大堆比亚法拉纸币来交换。安东尼从外汇管制窗口离开时，身上塞满无用的货币。他看了我一眼，说："他们在这里玩完了，不是吗？这些家伙。"

我们到前线去。很明显，比亚法拉军队的士气已彻底瓦解。奥朱古将军带着他的加长版奔驰和许多东西跑了。一小撮高层领导人以人民的饥荒为代价追逐的是什么东西，参谋总部外头堆积如山的红酒空瓶就是明证。如今，我知道他们是投机的骗子。

奇努阿·阿奇比（Chinua Achebe）是比亚法拉真正的理想主义者之一，我带了些食物和其他物资给他的孩子们。他是小说家，写了一本名为《分崩离析》（*Things Fall Apart*）的书，那正是眼前的局势。他是个年轻人，一个值得尊敬的人，一个好人。我还记得最后一次看到他的情景。他毫无情感地接过礼物，他或许曾对一两个他觉得真正关心比亚法拉的西方人抱有好感，如今那情感已荡然无存。我觉得他的视线穿透了我，好像我不在那里。我也看得出他的哀恸，伊博族文化毁灭了，而他的感受就和我离开顺化时一模一样。

比亚法拉终究在 1970 年 1 月 15 日投降了，就在我采访回来的两天之后。在一片歇斯底里中，我们还是只能公平地记录道：拉各斯当局善待战败的伊博族。这也是那场战争唯一的慈悲。

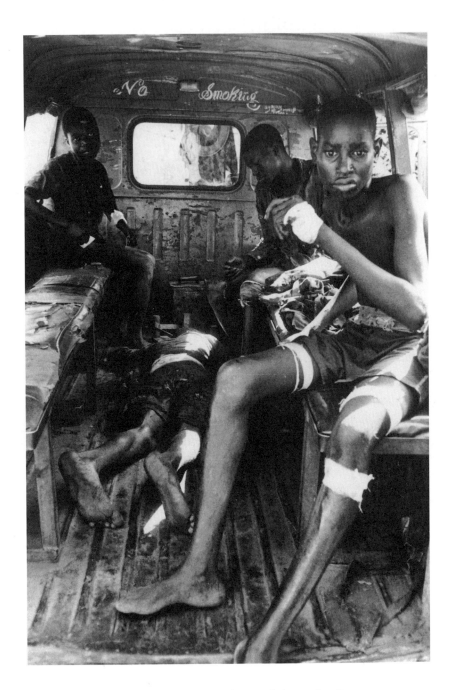

油料短缺的救护车，比亚法拉，尼日利亚，1969 年 4 月

阵亡的比亚法拉士兵，比亚法拉，尼日利亚，1969 年 4 月

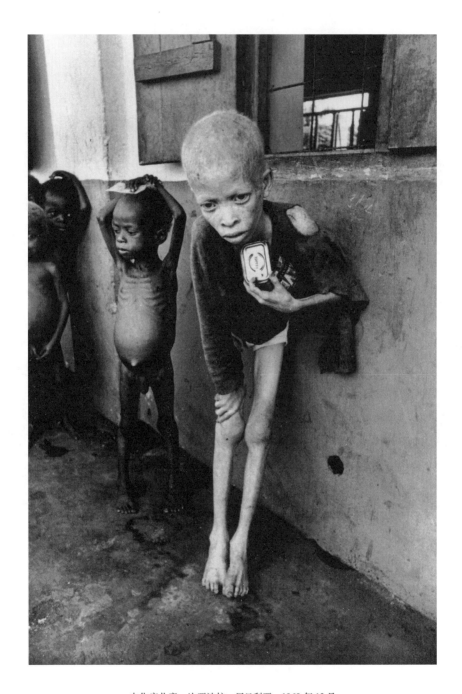

白化症儿童，比亚法拉，尼日利亚，1969 年 12 月

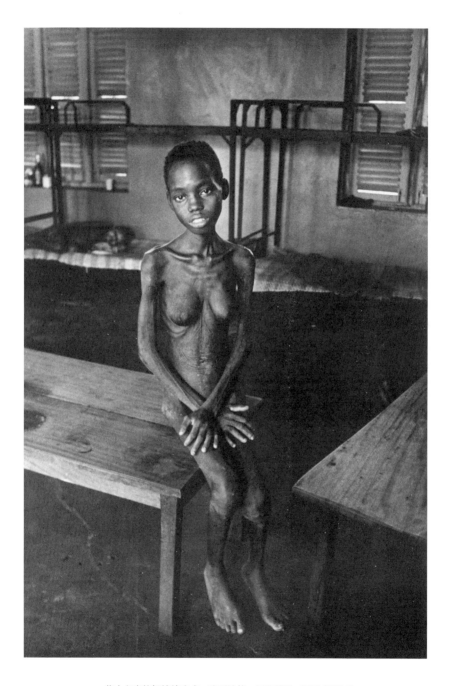

一位十六岁的伊博族少女，比亚法拉，尼日利亚，1969 年 12 月

麦卡林与部落王子，巴布亚新几内亚，1969 年，托尼·克里夫顿摄

19 吃人的人

即使我这一生花了很多时间上飞机下飞机，我对飞机也从来没放心过。要等到机轮着地，我才觉得自己像是被赎了回来，仿佛拿到一张新的生命租约。每次降落都是一种重生。

把我给绑住的，就是这种感觉，而不是实际的空中旅行。到三十五岁左右，我已经去过七十几个国家，大多是搭飞机往返；到我结束记者生涯时，我已去过一百二十个国家。不是所有旅行都和战争有关。我也喜欢探索其他国家，而且是国家本身，但有时我会觉得，我在战场上或许还比较安全。我和旅游作家艾瑞克·纽比及他妻子汪妲搭档时，就有这种感觉。

艾瑞克夫妇在"二战"期间相遇，当时艾瑞克被挑中到墨索里尼的意大利海域出任务。他的英国海军特种部队跑错了地方，他被俘后又从亚得里亚海附近的战俘营逃脱。汪妲是把他解救出来的反抗军成员之一，他们在亚平宁山区住了几个月，艾瑞克又被纳粹党卫队抓到。战后两人一起生活，这场探险则愉快多了。

我在意大利的萨丁岛第一次碰到他们，当时他们正缓缓绕着地中海旅行。我去那里是为了拍一伙劫匪的照片，他们绑架并杀害了一对英国夫妇。

任务没成功。我在绑匪所在的山城欧格索拉遭人追打，不是被绑匪追，而是一个拿叉子的老太太。不过那个场合促成我和艾瑞克夫妇的友谊，从而确定了我的旅游品味。

两人带我去印度，计划坐船顺着恒河而下 1200 英里，来一次舒缓而欢乐的旅行。探险伊始，艾瑞克前去采访尼赫鲁总理，也带着我一起去拍这位历史上的大人物的照片。在艾瑞克的《千里下恒河》一书中，他提到我从沙发背后的拍摄位置站起来，对印度总理说：“你一定觉得很难控制这个粗鲁的老家伙。”看来我的教养还有待加强。

之后我在土邦行政长官派嘎尔（Paigah）的招待下和艾瑞克夫妇一起参加老虎狩猎。艾瑞克有一把荷兰步枪，我带我的宾得相机。我们在树上等了十八个钟头，却没赶出半只老虎，倒是艾瑞克最后和一头发狂的黑熊对上了。艾瑞克干掉黑熊，转身又要对付它发火的伴侣，子弹却已经用尽。在那一刻，他以为他得毁了那把昂贵漂亮的步枪，因为要拿它当棍棒，但紧接着，那人人称之为“奥里”的长官走向前去，一枪撂倒攻击人的黑熊，而子弹就从艾瑞克的耳朵旁掠过。

“运气不错，”长官说，“我只剩下那颗子弹了。”

事后，艾瑞克就像童话故事人物那样问长官，他可以用什么东西回报救命之恩。

那个拥有一切的土邦长官奥里一脸渴望地说：“我真正想要的是《狗世界》杂志的圣诞节特刊。你在这里弄不到，因为有货币管制。”

我离开了，对印度的爱至今不变。在观光客涌入之前，克什米尔一直是世上我最爱的地方。湖面上开满了睡莲，倒映着喜马拉雅山。你住在印度王侯留下的大型浮雕船屋，那有如老式的牛津大学驳船，侍者还会送上令人垂涎的媲美比顿夫人的奶酪酥。

白天，艾瑞克和我常搭上锡卡拉小舟在几座湖上游荡，徜徉在翠鸟与浮岛间，有的浮岛上还有莫卧儿时代花园。锡卡拉上有帘幕和坐垫，样式介于威尼斯贡多拉和爱德华式撑篙船之间。整个地方是莫卧尔与盎格鲁—撒克逊文明的神奇结合，在我历经许多艰辛之后仍一直留在我心里，成为美好生活的最佳意象。

去过印度后我对食物就不大挑剔了。我还勉强自己吃过老鼠，但狗肉就敬谢不敏。我看过台湾妇女把狗肉挂在晒衣绳上风干。还曾在尼日尔与上沃尔特（基纳法索旧称）坐了十八个钟头的车，灰头土脸地横越沙漠，之后就和着温热的羊奶吞下鸵鸟肉。若有人连自己都吃不饱却还用佳肴招待你，而且拒绝只会惹毛人家，你就不可能不接受。图阿雷格民族在古老的生活方式中展现了人性尊严，留给我难忘的印象。已经七年没下过雨，他们被迫乞讨，主要靠外界的援助物资保命。他们游牧民族的生活方式可能在我有生之年就会消亡。

全球古老民族面对的威胁并不仅是干旱与灾害，西方文明的冲击也同样严重。我在新几内亚岛就很明显地看到此事。我和《星期日泰晤士报》澳大利亚帮里最活泼的托尼·克里夫顿一起去新几内亚岛，前往哈根山区记录新几内亚战士的氏族集会。三万名原住民穿着草裙，每两百人围成一群，随着撼动人心的鼓声在城镇四周鼓动起来。他们以不同色调的赭石与各种颜色的天堂鸟羽毛装饰自己，以往的兽骨穿鼻饰物已由最新奇的东西取代，像是原子笔、鸡尾酒塑料吸管、螺丝起子和铜质水管等，都被视为时髦的装饰。有个男人把裤子拉链绑在额头上，效果惊人。有人捐了一桶五加仑的美孚机油，好为大家添加装饰的豪奢感。原住民们大为感激，纷纷拿来涂在身上代替赭料，仿佛是在涂防晒油。

巴布亚新几内亚今日的生活更加受到酒等现代物品的污染。在20世纪60年代，那里还是一个人吃人的地方。我们走入热带雨林十天，到达波盖嘎与荷瓦这两个食人族的领域。六十个都玛族挑夫和我们同行，由一个澳大利亚巡逻员带队。我们把补给带到波盖嘎族的领土边缘，为后到的巡逻队建立粮食供应站，他们将测绘荷瓦族还不为人知的疆域地图，并作人口普查。

我们的挑夫和原住民战士一样，全都穿草裙。入夜后，他们搭起草棚，草裙就拿来当屋顶。他们还是用两根木头来起火。

他们的脚掌相当大，能够稳稳踩过架在溪谷上滑溜溜的独木，走山路的本领实在惊人。托尼努力想跟上，却跌在两根独木之间，是他的肚子救了他。为了报复我嘲笑他的腰围，他在我洗澡时指着我毛茸茸的胸膛说："天啊，老兄，你看起来好像爆开的沙发椅。"

说笑归说笑，我们和都玛人肯定都对彼此有所保留，气氛甚至有点阴森。虽然近来并无他们吃人的记录，但只要黑夜一来，令人不安的紧张感也随之降临。有天晚上，我向大家介绍我在新加坡买的橡皮蛇，并变了个戏法，把蛇从我的鼻孔里变出来，营地的紧张感立即一扫而空。被蛇吓跑的都玛人提心吊胆地回来后，托尼和我拥有新的地位：既是魔法师，又是开心果。

不得不承认，多数笑声是针对我们。在出发后第四天我们遇到几个波盖嘎人，那次经验让托尼觉得自己有如餐厅玻璃鱼缸里的鳟鱼。他们矮小而精壮，戴着下垂的拿破仑帽、人发制成的假发，用鲜黄色的纽扣花作装饰，此外，身上就只有狗牙项链和缝上贝壳与珠子的丁字裤。他们最近一次为人所知的人肉大餐是自己的两个族人，因为别的食物都吃完了。饥饿是吃人的主要动机。据说，目前在偏远村落每逢重要人物过世，仍会举行食人仪式。哀悼者吃掉死者，以吸取他的力量与才智。传闻石器时代的不列颠人也会这么做。以食人为目的捉人行为虽然罕见，但尚未绝迹。食人仪式消退的主因是一种棘手的脑部疾病，名为库鲁病，病情和痴呆症很像。

某天晚上，在我们旅途的最远处，我们队伍里有人打到一只几内亚食火鸡（鹤鸵），大小像只鸸鹋，重约四十磅，为了保育原本不该打的。都玛人拔去食火鸡的羽毛，用锐利的竹片开膛破肚，取出内脏后裹上蕨类与香蕉叶，放在火热的石头下烤熟。食火鸡肉很美味，极似牛肉。一个都玛人微笑说，人肉也是这样烹饪的。我暗自决定，即使我对当地食物已没那么挑剔，早餐还是要小心行事，到哪里我都带着麦片粥速食早餐。

我的旅游报道与战地任务总是很难精确划分。我到危地马拉采访一个文化专题，却不断遇上内战；被派到东非厄立特里亚采访革命斗争，最后却只能去旅行，非常非常痛苦的旅行。

　　叛军营区位于撒哈拉沙漠一百多英里的深处，无路可通，唯一的方法是骑骆驼，而在那之前要先取道喀土穆（苏丹首都），再非法入境厄立特里亚。和我一起穿越沙漠的是《观察家报》的柯林·史密斯，以及亲切的查理·葛拉斯，他后来作了一系列贝鲁特报道，并从当地绑匪手中逃脱，两件事让他声名大噪。

　　骆驼是不讨人喜欢的动物，傲慢，瞧不起人类，完全不愿意服从号令，移动起来有如波浪起伏。假如骆驼突然跑起来，你会觉得它们跃高又伏低，想把你从它们头上摔出去。

　　我之所以愿意忍受骆驼，是因为我迷上了沙漠。干与热蒸发掉了你身体的所有黏腻与汗水，所以你可以旅行几个星期不用洗澡，但就像沙漠教父[1]与Ｔ.Ｅ.劳伦斯所宣称，沙漠也涤净你的心灵。它触发心灵，让一种通灵的能量自由流散，制造了一个空间让你认识自己。沙漠的确有神秘主义的气氛，某种灵魂的声音。

　　不过，首先你的骆驼得守规矩。柯林的骆驼可不，即使鞭打它（当地游牧民族的标准手段），也无法叫它移动。这些动物只会以最吓人的方式吐口水，像发狂的洗衣机，柯林只能下来走路。我们终究没能抵达厄立特里亚前线，但已经一路颠簸到沙漠深处，除了转身一路颠簸回去，也别无他法。

　　后来我重返沙漠，这一次是和作家詹姆斯·福克斯同行采访乍得战事，而我弟弟迈克尔和法国外籍兵团正驻扎在当地。我已经好几年没见到他。法国外籍兵团不乐见军人与外界接触。我不知道他是否信守兵团的座右铭"忠贞至死"，或者只是受制于它。我曾在巴黎的法国国庆节匆匆看到他一眼，步兵麦卡林穿戴全套行头——军衔肩章、白色平顶军帽、白色马裤，和兵团

1　沙漠教父（Desert Fathers）：公元 3 世纪起住在埃及沙漠上苦修的基督教修士。

一起在香榭丽舍大道踢正步。他们配合令人厌烦的单调军歌，瞪大眼睛表演怪诞缓慢的正步，看起来像是死人在游行。

迈克尔那时二十七岁，已晋升士官，他的部队正在非洲心脏地带这个领土广大的内陆国家追击叛军。乍得北邻利比亚，东与苏丹接壤，南濒博卡萨的邪恶帝国（中非）、尼日尔和尼日利亚，比廷巴克图[1]还要深入撒哈拉两千英里。乍得政局极不稳定，当时有不止十二支部队朝旧称拉密堡的首都恩贾梅纳开进。法国曾经殖民乍得，并派遣外籍兵团和军队支持托姆巴巴耶总统镇压叛军。托姆巴巴耶宣称自己赢得95%的选票，却有一半人民反对他。税务官员的行动惹火了这些年平均收入只有十二英镑的人民，他们自发起身反抗。叛军的反抗行动很猛烈，亟欲输出自身革命经验的利比亚卡扎菲上校也支持他们。他们每十个人共享一把枪，因为缺乏军火，便就地打造各种武器，例如拿汽车弹簧做成带着倒钩的长矛，还用它杀死了五个外籍兵团的士兵。

詹姆斯和我抵达拉密堡时，麦卡林士官已随着战事发展离开首都。他的兵团驻扎在乍得南部的蒙戈附近，和第二空降师一起遇到了激烈攻击。来自首都的流亡人士和当地酋长组成"民族解放阵线"，想占领行政中心蒙戈与其他五座城镇，成功的话，就能把乍得分为两半。在法国与乍得安全部队的支持下，我弟弟他们已打退叛军，而情势也已缓和下来。

他们紧接着进攻北方的博尔库—恩内迪—提贝斯提区，那里临近利比亚边界，是片人口稀少的荒野，尽是沙漠与山脉，当地游牧民族宣称他们已起义反抗当局。我们搭乘法国运输机飞到北方最大城法亚—拉若，这架运兵机上载满了年轻而紧张的红色贝雷帽士兵，还有一个严峻的外籍兵团随军神父，有三十次跳伞纪录。看到他我浑身不舒服。

---

1 廷巴克图（Timbuktu）：马里共和国的大城，位于撒哈拉沙漠南方，历史悠久的伊斯兰文化古城，也是商旅的交通要道。

唐·麦卡林的弟弟迈克尔，二十三岁，1961 年

我们降落在沙漠中的简易跑道上，阳光炙热，狂风刮起漫天风沙。红色贝雷帽大军戴上防风镜与尖顶帽，看起来活像蒙哥马利的第八军团。他们正在集合出发，要坐一整晚的卡车到山区占领攻防据点。

这支外籍兵团粗暴多疑，沉溺在酗酒与没完没了的杀人扯淡里。我们朝法亚—拉若开去，与装甲车、运输卡车的残骸擦身而过，那是1943年法国勒克莱尔将军的部队行军通过利比亚时留下的东西。法亚很像孤立的19世纪法国要塞，炮管从城垛与泥墙中伸出，三色旗在头顶飞扬。撒哈拉的沙丘如浪头般涌上墙头，仿佛要收回失土。一个老人和他儿子向我们展现沙丘的奥妙——你滑下沙丘时会发出特殊的声音，如歌声般，音量之大，像是要填满整座沙漠。我的头发都竖了起来，那是我听过最不凡的声音。

经过一番折冲后，我们加入其中一支车队进入山区。我想要搭一部道奇卡车的便车，飞机上的那个神父就在车上。他探出车外，严厉地告诉我客满了。我上了另一辆卡车。三天后，我们车队互相掩护前进时，那辆道奇卡车从沙丘边缘栽落。神父大难不死，只断了三根肋骨。

我加入侦察部队，队里的吉普车和卡车会开到泥城小镇去搜寻骑士，那些人被认定为叛军，骑起马来如风驰电掣，最后总少不了一番艰苦的追逐。

进攻北方的行动结束后，我才在拉密堡的酒吧里听到我弟弟的奇异消息。

"麦卡林士官吗？这家伙有麻烦了。"那个红色贝雷帽说。

原来几个月以前我弟弟的副官出了件离奇的意外，而他也牵涉在内。那个军官一脸恍惚、飘飘然地走向迈克尔，把手枪插入迈克尔嘴里，要他举起手来。我弟弟警告他："小心，你枪可能上着膛呢。"副官告诉他别担心，为了确认，他把手枪转过来对着自己的太阳穴。他把自己的头轰掉一块。

那个法国士兵还听说，军方已经开过调查庭或听证会之类的。故事听起来很难置信，大家都认为一定是迈克尔开枪打了那军官。看来当时一旁并没有目击证人。他觉得我弟弟已经洗清罪责，但他不能确定。

詹姆斯设法搞定了交通问题，我们可以开往前哨。他把我弄上一架在各营区间运送补给的法国飞机。机上只剩一个空位，所以詹姆斯有点恼怒地留了下来。整体安排也不尽如我意，我必须搭原班机回来，降落后只能留一个多小时。

我们降落在荒漠中心一条风沙滚滚的跑道上。走入热风中，我看到接机队伍的一头，站着一个清瘦、黝黑、理着大光头、戴着墨镜的人。当然他没有戴法国平顶军帽，也没穿卡其布军服，而是运动便服。他看起来很粗犷，但我仍认得出那是我弟弟。

得知我只能停留这么短时间后，他表现出很多的肢体语言。他带我到跑道旁的竹棚子营区，说他已经为我安排了狩猎与巡逻节目。他还猛捶双手，那对他的手实在不公平，这让我发现我的弟弟已经比法国人更像法国人了。

关于他的官司和调查，他有个不寻常的故事要讲。他说，他没有因为开枪事件遭到惩罚，因为那个副官还活着。他倒在地上，白领巾逐渐变红，呻吟着说："我怎么了？"迈克尔说："你开枪打了自己。"后来那个军官伤势好转，为迈克尔作证。在记录上，这事件是自我误伤，迈克尔也洗清所有嫌疑。

午餐时迈克尔告诉我兵团的训练不像以前那么严厉了。他说，万一他离开兵团，他会去找个保安工作，有这么个关系网可以帮忙安排，就像英国的特种部队和雇佣兵体系那样。兵团和外籍雇佣兵的主要差异是收入，兵团的薪水不多。兵团的军纪也还很严明，雇佣兵只是乌合之众。

他告诉我，兵团会到当地部落买女人。在阿尔及利亚，军方每月提供四个女人给连里的一些士兵，在一些小隔间里，但迈克尔对此敬谢不敏。我弟弟和一个当地人协议好，每个月付五英镑给他女儿。他们秉持法国军方的优先级别：食物，女人，最后才是战事。但是在你眼前走动的那些女人，身上的衣物活像"牛津饥荒救援委员会"运来的，实在不吸引人。

他说，兵团最常见的疾病是痔疮，因长时间坐卡车在没铺路面的土路上颠簸所造成的。迈克尔的部队将驱车穿越沙漠灌木丛，到绿洲里的阿拉伯旧城区把叛军赶出去。城里全是泥墙，还有古老的棕榈树、水井。他们会在叛军逃跑时开枪射击。就像在越南，让人看到你奔跑是很危险的事。如果双方在城外撞上，搭车的兵团与骑马的战士就会在晒焦的平野上打起来。

我觉得很奇异，在这个高速战斗机与火箭筒的年代，部落战士与兵团之间还有这种古老的丛林战争。要这些几乎手无寸铁的古老民族与世上最强悍的士兵打仗，这场战争看起来也并不公平。

他们所谓的"选择性绥靖"似乎更像是猎杀人类的运动，而不是任何政治活动。

我即将离开时迈克尔说："我有很棒的礼物要给你，我打扑克牌赢来的。"接着他取出一把精美的猎枪，还带有望远瞄准镜。

"我以为你今天可以拿它去打猎，但现在没时间了，你把它带回家吧。"他说。

我不知道该说些什么。这个像是道标记，显示我们距离彼此有多遥远。我上一次用枪至少已是六年以前，从我开始拍摄战争，知道枪支会造成何等伤害后，便不再玩枪了。

"我拿这把枪回家做什么，在汉普斯岱花园郊区打猎？"我还是得说。

他对我的态度很不爽，但我无法接受他的礼物。离开时我心里想着，芬斯伯里公园肯定在我们俩身上留下某些奇怪的东西，我们才会沦落到这个鸟不拉屎的地方。两个麦卡林在非洲战场相遇，一个因无法久待而送出愧疚的心，另一个送出猎枪。

飞机起飞了，抛下那道灌木丛中的孤独人影，我觉得很不好受。我很快就要回到汉普斯岱陪伴妻小。接着我发觉我不该抱着怜悯的情绪，我的弟弟完全胜任他的职业，我才是受尽怀疑与分裂折磨的人。对迈克尔来说，战争是纪律严明的职业，对于我，战争已变成令人深恶痛绝的东西，而我却无法从它身边抽身走开。

20　任务中受伤

从一开始，柬埔寨就有种致命的气氛。我到达柬埔寨后，听说有三个美国电视台记者在丛林遭红色高棉袭击身亡。最令我忧虑的是，从尼日利亚内战时期就是我朋友兼对手的吉尔·卡隆，谣传已落入红色高棉手中。

我赶到法新社办公室打听他失踪后的最新消息，却只看到许多张阴郁脸孔，吉尔的旅行箱全都打包好了。他的行李本来寄放在旅馆，但主人已不可能去领取。

但即便危险无所不在，各国记者照样涌入柬埔寨首都金边。金边在受战火波及前一直被誉为完美之地。理查德·威斯特曾写道："我来此看到过去，真的很好。"即使这国家已卷入战争，还是魅力不减。报社记者受够了西贡戒慎恐惧的日子，被派到金边时简直觉得自己在度假休息。

高棉人也不同于越南人，温和多了，表情也比较友善。和西贡比起来，金边的一切似乎都小了一号，舒适些，美国人也比较少见，但处处感觉得到他们的影响力。

1970 年 6 月我第一次到金边，擅长在东西方之间合纵连横的统治者诺罗敦·西哈努克亲王终于跌下钢索，据说取而代之的朗诺将军比较符合美国利益。当年东南亚国家的政变几乎都有美国中情局插手的痕迹，而这次他们简直可以说就是帮凶。

尼克松总统领导下的美国当局已经在柬埔寨西部展开秘密轰炸，以便摧毁从北方经鹦鹉咀[1]到越南的潜入路径。当然受创最重的是柬埔寨农民，这已不是秘密。这种大规模的任务，主要由号称"悄声死神"的 B-52 高空轰炸机执行，连美国国会都被蒙在鼓里多年。

高棉共和国的军队没那么令人闻风丧胆的名声，但获得南越军方大力支持，而南越军方在柬埔寨的操作手法，与美国人控制越南人的手段如出一辙。虽然在柬埔寨大多是本地的红色高棉在活动，但大家照样把他们称为"VC"（越共）。北越军队与当地游击队关系紧密，但红色高棉日后以骇人的手段取得自己的独立性。

那天又湿又热，雨季快来了，我搭直升机飞到金边东部三十英里外的波萝勉。当地有消息传出，红色高棉游击队正企图切断西贡与金边的联系，动作很多。

在河边，你可以看到越南化的柬埔寨，就像从前我目击了越南的美国化。男童在兜售口香糖与香烟。我为了搭直升机而跑去跟一个越南将军交涉，他戴着美式棒球帽，抽着巨大雪茄，对我的请求，他回以美国俚语："Sure, no sweat（行，没问题）。"

我们快飞到前线时，飞行员认为降落到地面太危险，便在离地几英尺高处盘旋，让我们跳下去。我穿着全新的马莎百货沙漠靴摔到稻田里，两腿全被烂泥淹没。我那天一早离开金边时还是个打扮得体的摄影记者，但与现在若有任何相似之处，已是纯属巧合。

我在稻田边的堤防上看到很多士兵围着两个红色高棉俘虏，两人大概

1　鹦鹉咀（Parrot's Beak）：位柬埔寨东南的柴桢省，这块凸入越南国土的地区有"鹦鹉咀"之称，位于西贡西北约 65 千米。

都不到十七岁，手脚都被绑住。那天晚上我给他们一些巧克力和饮水（此举把俘获他们的人给惹毛了），他们以一种听天由命的态度接受。他们早就不指望能活命了。

柬埔寨白天时可能很迷人，入夜后西方人和东方人却同感阴森。越南人非常迷信又怕鬼。他们两两成对睡觉，不是出于情色理由。有个士兵对我说："喂，你要和我一起睡觉吗？"我感激他的邀约。

我俩就这么一起躺到最后一期稻作的残梗上，田里到处都是成双成对的人。我的伙伴拿出他的"土产口粮"：两包塑料袋装的生米，还摊开地铺好让我俩躺下。我们可以听到曳光弹、B-40火箭筒与中国制120毫米迫击炮弹的声音从波萝勉方向传来。

一架嗡嗡响的达科塔型老飞机袭来，盖过所有枪炮声，这款飞机有个出名的外号"喷火魔龙"。它机身下方淡红色的起落架突然爆炸成一片刺眼鲜黄，好像天空中一朵巨大的向日葵。带有降落伞的照明弹缓缓落地，照亮整个乡间，接着是烟火秀：那架炮艇朝被照亮的目标洒下一片火雨。然而由于某种奇怪的光学作用，看起来倒像是子弹往炮艇扫射回去。我半睡半醒，那看起来像是我所见过最壮观的烟火秀，一部既伟大又邪恶的剧作。

第二天早上，有一排柬埔寨士兵出现了，外表活像吉卜赛人。他们穿戴篮球鞋、肥腿裤和各种奇异头盔，配备AK-47自动步枪，还有一个掌旗兵傲然高举柬埔寨国旗。依照计划，他们会率先穿越稻田，查看敌人炮弹从何处打来，可能的话，再和一英里内某座小村中遭围困的部队接上头。越南指挥官不赞成我同行，但我兴致勃勃，非跟不可。

我们这一小排不过十来人，出发时越南军人正在辱骂柬埔寨士兵。我们走过三片干涸稻田，然后是积满水的田。突然间，漫天烈焰从一排树后方升起，接着田里的水像喷泉般在我们四周飞溅。我身旁的喷泉似乎特别多，八成是因为我比别人高出一个头。

我右边有条田埂，我设法躺在水里，头几乎全埋入水中，右手举起相机靠在田埂上。我决定说什么都要远离土堤，躲到无线电通信兵后面。我满心想着不能让头部受到伤，而那台庞大的无线电多少可以掩蔽。我惊慌失措，觉得有人在我的位置上画了条线，不管我怎么移动都不断朝我开枪。

稻田里到处是人，脖子以下全淹进烂泥里。我方完全没反击，表示多数人已经把武器给扔了。我从通信兵身后爬开，却撞到三个趴在水里的黑衣人。他们是红色高棉士兵，死于昨天的战斗，我注意到其中一人穿着汽车轮胎做的"胡志明千里鞋"。

我既担心能否活命，又挂心相机泡水。我再度回到田埂，仰身用背部爬了二百码到水田边，最后站起来跑最后一段路时，简直就像噩梦。我双脚有如绑上了沉重的铅锤，左闪右躲地跑着。迫击炮弹打到我四周，泥土像大瀑布般炸开，而我则背负着照相器材、湿淋淋的衣服和沉重的恐惧卖力逃命。

我们回来了。我筋疲力尽地倒在越南指挥官的脚前，抬头看他，他对着我微笑。他警告过我。我检查照相机的状况，发现有台尼康机身上有道AK-47子弹的完整弹孔。这个发现令我有种奇怪的感动。我对自己说，老天，你又逃过一劫，你又成功躲过死神。

这个好心情去得特别快。指挥官过来跟我说："我们准备好了。你准备好了吗？"老式的螺旋桨攻击机"天袭者"开始轰炸波萝勉的侧翼，以阻挡越共，南越"疯牛营"的四百人部队也开始进攻。

我跟着他们走过一片稻田，但一听到狙击步枪再度开火，就勇气全消。我趴到地上变成胆小鬼，但我无法原谅自己失去胆量，羞耻心驱使我往前移动。一个南越伍长走过来催我赶上部队。

"走，走，你跟疯牛营在一起。走啊，先生，走啊。"

这些疯狂的特战队员站起来不到五英尺高，但人多势众，进攻时看起来气势汹汹。我们走过更多稻田，然后下到小河谷，不知不觉间已走在进城的路上。此时才刚过早上十点钟，但感觉上好像一天都过完了。援兵到达也没让人士气大振，因为越共不断加强火力，朝城内发射更多迫击炮弹。我发现一间大型米店里挤满哭泣的妇女和儿童。在他们面前我感到自己很可耻，他们似乎也觉得我很可疑。我拿出薄荷糖，有些小孩起先很排斥我的动作，在他们心中我很邪恶，但其他小孩尝到甜味，露出了笑容。很快你就听到二十张嘴吸吮的声音。我发现自己拍照时泪流满面。

越共迫击炮仍炮火大作，增援部队开来了。到了傍晚，小镇内的士兵肯定超过千人。

凌晨两点钟左右，惊人的爆炸声响起。我勉强醒来，伸手抓住钢盔。两发迫击炮弹落在柬埔寨士兵睡觉的地方，有十来个人受伤。我走开了，真的够了。

我在阳光中醒来，听到了鸟鸣。这是好预兆，比任何和平条约都好。我知道越共一定离开了，但我还有工作要做。我发现我睡觉处一旁有张柳条矮床，上头有个死人，身上盖着白床单。我走近细看，只见他身边有两只小脚伸了出来，那是个漂亮的小女孩，死后两眼还瞪着。

我走开来，看到一座坑里有两个死掉的红色高棉士兵，他们看起仿佛是累倒在床上的情侣。对于官方的战争机器来说，他们只是伤亡数字的一部分，证实军方打了场胜仗。数字很不可靠，指挥官会以少报多，也常浮报数字，把丧命的百姓也算进去。南越宣称此役歼灭了 150 个"越共"，但我只看到约 30 具越共尸体。

那天早上我和几个越南伤兵搭第一架直升机离开波萝勉。飞行员仍顾虑红色高棉的地面炮火，转速还不够就急着拉高。直升机跌回地面时，我有很多时间回顾我的一生，但我只能看到士兵尖叫时脸上露出的金色牙齿填充物。飞行员设法稳住直升机，我们一路飞回金边，没再受到惊吓。

乔恩·斯温[1] 是《星期日泰晤士报》的金边特派员，他有张英国男学生的

---

1 乔恩·斯温（Jon Swain）：英国名记者，长期任职于《星期日泰晤士报》，电影《杀戮战场》中有个主要角色即以他为原型。

哀悼死于战场的小女孩，波萝勉省，柬埔寨，1970 年 4 月

面孔，也确实刚离开学校不久。他性格机警，又很能随机应变，也非常乐意充当地头蛇协助访客。我请他一有首都外围发生枪战的消息就通知我，几天后他打电话到旅馆说，离此不远有个地方叫塞波，当地有红色高棉活动。他那天下午得参加记者会，主角是崇拜希特勒的南越军事长官阮高祺元帅。他提议送我去塞波同驻扎在当地的柬埔寨伞兵接头，记者会结束后再把我接回来。有伞兵陪同我觉得比较安心，他们不管在哪国军队都是精英。

我们走的路线有很多路障，但友善的柬埔寨士兵让气氛轻松不少。距离塞波大概两英里时，我们碰到一票色彩鲜艳的巴士，让我有遇上英国流动游乐场的错觉。士兵戴着红色、黄色的领巾，别上胸花，穿着夹趾拖鞋——原来他们就是柬埔寨伞兵。指挥官说我们要去地方有很多越共。对我来说，这一切实在随意到不像是真的。

我们走上湄公河河堤，太阳穿过树叶，洒下一束束金黄光线。我们后面的卡车载着一袋袋米和锅碗瓢盆，不过我也看到他们卸下了机枪和迫击炮。士兵集合起来，然后开拔。红色高棉一定老早就盯上我们了。

我走在吉普车前面，和探路的士兵同行，河上吹来一阵风，刮走了我的丛林帽。我走到路中央捡帽子时，噼里啪啦的 AK—47 子弹像雨水一样打在我四周。我看到子弹打得马路上尘土飞扬，飞身趴到水边架着高脚屋的河堤旁。

我回头看，帽子还在路中央，一副就是不让我捡的样子。同时，有人开始从河堤上冲下来，其中有些身上已经见血。指挥官开始集合部队，看来是准备要反击，我也回到马路加入他们。

我蹲在吉普车后面，身边的士兵往前移动时，一阵猛烈的爆炸把我们给震倒了。我的耳朵嗡嗡作响，腿上传来刺痛，震波把我往后推。我耳朵痛得很厉害，然后发现自己聋了。我头晕目眩，觉得有什么烧了起来，低头一看，只见血从双腿和胯下流下来。

我想逃开，下意识抱起相机，连滚带爬下了河堤。有几人倒在我身上，踩过我的腿，那实在太痛，我知道自己一定受了伤。接着我手脚并用，拖着自己爬了几百码，掉入坑里，里头已有伤兵，其中一人肚子上破了两个洞；接下来又掉入爬满蚂蚁的坑。我感到双腿好像着了火。

我对吉尔·卡隆的命运记忆犹新，下定决心绝对不能被俘。我们和吉尔一样，步入典型的伏击圈，我至少得远离中伏地点三百码才会稍觉安全。我考虑把相机背包藏起来，从湄公河游泳逃离此地。游泳搞不好还能减轻腿部的疼痛。

接着我在阴沟后面遇到医护兵，他们正在设法缝补伤兵撕裂开来的鲜红肌肉。两个伞兵看到我，把我丢进屋子里，里面有更多伤兵。我当时没有多留意他们，只想赶快脱下裤子看看出了什么事。我的老二血流如注，但只被炮弹碎片擦破皮。右腿伤势比较严重，被四块迫击炮碎片给打中了，有一块插入膝盖关节内。左膝上方也有一道伤口。我的听觉还没完全恢复。

有人在我右腿上打了一针吗啡，接下来我只知道自己和其他伤兵被粗鲁地丢上卡车车厢板，上头没加顶篷。他们把卡车掉头往回开三百码，到我刚逃开的中伏地点，我吓坏了。他们要来拉走更多伤员，其中有几个跟我一样被同一发炮弹打中，伤势比我更重。

他们带回伤兵，开始往卡车上堆，此时红色高棉忽然开始另一波迫击炮攻击。司机跑了，我们被留在车上挨更多炮弹，伤兵不停大喊，东躲西藏。我认出身旁有个士兵就是第一波爆炸时走在我前面的那个人。我们挨了同一发炮弹碎片，但多数碎片打在他肚子上。

炮火猛烈，柬埔寨士兵不失英勇，继续把伤兵抬上卡车。他们终究找到了驾驶，并把他押回来开车。我们离开那里时，我难以形容自己松了多大一口气。

我们经过那座简陋的医护站，终于有件事情让我精神一振：乔恩·斯温信守承诺，开着他的黑色雪铁龙小汽车回来了，我还听到他叫道："好啦，大哥，会直接送你到医院去。我跟在你后面。"

耳聋和惊吓逐渐退去，我借着拍摄伤兵来忘却疼痛。我们迂回穿过林木蓊郁的金边郊区，闻到做菜的香味，已是傍晚时分。阳台上的人们木然看着我们车上不成人形的伤员。等我们离开他们的视线，他们回过神来发现战争离他们有多近时，惊恐才会开始出现在他们脸上。

我身旁那位腹部伤势很重的人坐了起来两脚乱踢大喊救命。几分钟后，我发现他又躺下，脚随着卡车的颠簸有节奏地敲打着。我知道他已经咽气。在那里跟着车晃的，差那么一点，就很有可能是我的尸体。我想，他是代我而死。

鸡在医院四周跑来跑去，斯温觉得这家医院不行，找了救护车迅速把我移到法国人开的私人医院，接下来十天我大多时候昏睡不醒。唯一令人高兴的是收到英国大使馆转来的电报。那是我在《星期日泰晤士报》的摄影同事托尼·阿姆斯特朗－琼斯打来的，祝我早日康复，透过英国外交大臣迈克尔·斯图尔特帮忙才送到。

救护车载我到机场，我发现《星期日泰晤士报》已慷慨地帮我买了头等舱机位。我忍不住想到，你得付出一堆可笑的代价，才获得这种礼遇。

在回国的航班上，我有很多时间回想我在战场上首次受的伤，但这件事好像也没什么深刻的内涵好想。从我开始出入战场到现在，看过的死伤一定已有好几千人。为什么是他们而不是我？

快要咽气的柬埔寨士兵，1970 年 4 月

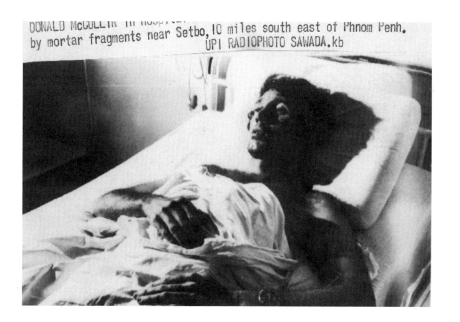

DONALD McCULLIN in hospit... , IC miles south east of Phnom Penh, by mortar fragments near Setbo, UPI RADIOPHOTO SAWADA.kb

受伤的麦卡林，著名日本摄影记者泽田教一拍摄

唐·麦卡林在金边的法国医院，1970 年

21 被困安曼

腿伤没把我留在英国多久。工伤的优渥补偿条款似乎不适用于战地记者，而我还有房贷要缴，也梦想在乡间买栋新房。

从柬埔寨历险回来四个月后，我又上路干活了，和同事墨瑞·塞尔一同到战火下的安曼。墨瑞有许多绰号，"骆驼"是其中之一，因为他在不见任何补给的困境下还能旅行很久。我和他在受困的洲际饭店里同房了十天，这期间，他这种本事特别管用。在饭店内，暖气、照明、食物和自来水等的供应都中断了。去外面，狙击手的子弹肯定要你的命。我们大多数时候都待在饭店里。

我们和几十个各国记者之所以被困在这里，是因为"贝军与费军战役"。贝军是贝都因部队，誓死效忠约旦国王侯赛因一世，口号是"安拉、国王、国家"；费军是费达因游击队，捍卫约旦境内人数众多的巴勒斯坦人。

冲突的重点是约旦该由谁统治，国王还是巴勒斯坦人？双方互相挑衅由来已久，战火一触即发。最后终于由巴勒斯坦人触发引爆点，他们劫持了三架西方航空公司的客机，包括一架英国的VC-10，都降落在约旦的前英国道森空军基地。这是不可思议的事情，彰显政府的无能，无力控制在自己领土上发生的事。

我前往道森基地拍照，飞机已成焖烧的残骸，乘客已经疏散，有许多人住进洲际饭店。我回到安曼市区时，约旦军队已经开上街头，正在攻击市内各个巴勒斯坦人据点。

我们饭店内有个瑞典记者腿上中弹；同条路不远处一家小一点的旅馆内，有个苏联记者被子弹打中眉心。电力和自来水都中断供应，我们被告知整座城市都是记者的禁区。因为饭店爆满，每个人都必须和别人共享房间，所以我得和"骆驼"亲密同居。

虽然我和墨瑞·塞尔差不多同期进报社，两人却不熟。他四十出头，在澳大利亚同事中，他年纪最长，也最复杂。他个头很大，大鼻子嗅到新鲜事的时候会抽动。常有人说他可以天花乱坠讲个没完没了，却让你猜不透他心里打什么主意。有人觉得他古怪，那是因为他从来都打扮得我行我素。他有一次参加文艺学会的茶会，却戴着机车安全帽，穿着胸前绣有"布鲁斯伯里重机车队"超大队徽的T恤。

他也曾跌一大跤，因为写了一本关于新闻界的小说《扭曲的六便士》，被控莫须有的诽谤罪，并遭到打压。书的开头是那首童谣：

有一个扭曲的人

他走了扭曲的一英里路

找到一枚扭曲的六便士

这样怎么够

来安曼之前，我只和他打过几次交道。在"六日战争"期间，对他很感冒，我担心他可能会搞砸我在耶路撒冷内部的渠道。1968年春，亚历山大·杜布切克发动了一系列改革，苏联坦克开了进来，我们本来计划要在布拉格会合。我到达捷克斯洛伐克边境，但是护照上"摄影记者"四个字让我吃了闭门羹。英国驻维也纳大使馆的一位外交官默契地告诉我，我得把护照"弄丢"，然后发一本新的给我，里头注明我是"商人"。但我仍不得其门而入，在国境外意志消沉，此时墨瑞慢条斯理地驱车到来，他虚构了个贸易展览的故事，车上则装满广告传单。

我们仅有的一次合作是前一年到越南采访美国的精锐特种部队绿色贝雷帽。多数时候，他采访他的，我拍我的，但我们的确在越南的禄宁会合过，那是靠近柬埔寨边境的绿色贝雷帽孤立据点。墨瑞采访了一个种植橡胶树的法国人，据说这人受雇于越共，这引来绿色贝雷帽的敌意，但也展现了墨瑞的专业态度。真要说起来，墨瑞在越南议题上其实属于鹰派，很少有记者撰稿时会那么同情一般的美国大兵，但他不是任何人的爪牙。

我们被困在安曼，墨瑞没一天闲着。先前在道森基地时，他在飞机残骸上找到一只焦黑的咖啡壶。他经常穿着大内裤坐着，全然自若地把咖啡壶擦得像新的一样，好像是航空公司雇了他来清洗。饭店里有个按照战俘营的严格规定运作的委员会，他不知耍了什么招式，把自己给弄了进去，并且在打磨咖啡壶时听取怨言。抱怨总是源源不绝，特别是食物只剩下猪蹄和大米的时候。大家也把矛头指向那些在断水前把浴缸储满水的——他们应该分大家用，还是有权独占全部的水？然而恶心的马桶才是大麻烦，最后是墨瑞的委员会组织起来，在饭店后院的安全之处挖厕所，才解决了难题。

多数时候，即便是往饭店外飞快地瞄一眼，也会引来交战双方连珠炮般的子弹。大家全低着头，但都听得到震耳欲聋的战火，有时不只是声音。穿着讲究的《新闻周刊》记者阿诺德·伯克葛拉夫回到房间更衣室时发现有颗子弹打穿了他所有的西装，总共十三套。

政府军花了两小时才勉强肃清洲际饭店对面那个半残街区，我看到他们带走四个狙击手。然后到了晚上，新的狙击手潜入，又花了三个小时肃清他们。就这样没完没了。

跟着墨瑞晃来晃去，听他说些机智的俏皮话，称得上获益匪浅。他认为搞新闻只需要三样东西：耗子的机灵、花言巧语和一丁点文字能力。但对我来说，目前的情势——和同侪黏在一起，没有独立行动的余地，却令人极不愉快。

到第五天，我决定靠自己的本事逃出去，但立即就被大门外巡逻的约旦士兵用枪给押了回来。隔天战火稍微小了些，我问墨瑞是否愿意牛刀小试，耍耍他那套小诡计，和我再闯一次。我俩都同意目标应是英国大使馆一等秘书的家，那就在几条街外，而且听说他每天都和国王碰面。

这次巡逻队没那么机警，我们偷跑成功，回来时已获得秘书应允，明天早上会有辆吉普车来载我们到皇宫晋见国王。我们搞到一个大"独家"。

墨瑞趁着供水恢复洗了个澡，吉普车到来时，他正在浴室内满身肥皂。我还得跑下楼梯告诉约旦士兵等墨瑞做完斋戒沐浴，也就是说，国王也得等一下。幸好他们照办了。

我们匆匆穿过大厅时，看得出别的记者已嗅出端倪。多数记者都协议好要分享一切消息，理由是所有记者都在逆境中做事，所以任何拿到手的信息都该共享才公平。我从来就不喜欢这样的协议，通常在这类讨论时都会溜开。我们走近大门，西装被打穿的伯克葛拉夫拦住我们。

"你们两个要去哪里？"

"不关你的事。"

"我要提醒你们俩别忘了我们有协议。"

"那不是我的协议，"我说，"我不和任何人协议。"

这段对话换来他骂了我一句"王八蛋"，我则答应回来后会去见他。坐困围城对人的脾气可没什么好处，墨瑞和我不可能为了协议赌上性命。

我们到达皇宫后发现侯赛因国王兴致高昂。他认为他赢了这场赌局，他说，他们已经击垮费达因部队，接下来就是收拾残党了。他希望立即恢复法律与秩序，包括解除洲际饭店的围困。

我们拿到这一切，但不算独家。英国广播公司《全景》节目的人员也在场。墨瑞还和BBC的某个人爆出莫名其妙的争执，我恰好在越南时知道那人，但不熟。墨瑞似乎认为 BBC 小组企图提早在星期五播放（这样会比他早曝光），而不是《全景》固定播出的星期一时段（这样墨瑞可以抢先见报）。那个 BBC 的人似乎认为墨瑞抄袭他的提问，不过我觉得这根本是胡扯，墨瑞哪需要盗用别人的问题？

那天晚上我们在一等秘书的家里聚会，稍事庆祝，他的夫人招待我们酒水。那是我们最守规矩的时候。然后我再度听到那项可笑的争执，忽然间争执急转直下，我经历了在整个约旦内战期间最心惊胆跳的一刻。

墨瑞抓住我的手臂，把我拉到花园里，在一等秘书的玫瑰花丛里撒了泡尿。一等秘书夫人却在这时走了出来，把洗好的东西挂在晒衣绳上。我尴尬不已，开始胡思乱想在外国领土上朝英国玫瑰撒尿也许会构成严重叛国罪。幸好外交官夫人没看到我们，或假装没看到。墨瑞丝毫不以为意，只听他还在抱怨我那朋友，说他好像有什么毛病。

那星期的后几天，我在洲际饭店的酒吧里看到墨瑞怒气冲冲地瞪着打字机。他说现在绝对没人能逼他交出采访稿，我很激动我们失去本周的世界头条新闻，但墨瑞心意已决。

似乎是新闻特写主编要他以"自杀之城"为标题写篇报道，把他给惹火了。墨瑞说，国内那些坐在办公桌前自以为是的疯子就是这副德性。他们的办法是先想出标题，不管现场的记者怎么说就直接把稿子乱改一通好配合标题。他继续发飙，说这座城市不可能自杀，多数市民还活着，而且多数建筑是石材盖的，也没有倒塌之虞。那人屁股从没离开办公室，若要他发稿去迎合对方的偏见，他不如死了算了。

对于他激烈的长篇大论，我感同身受，但不能因为这一切就不发稿。我说，即使我们不喜欢别人的作风，还是必须恪尽职责。我变得像童子军，但墨瑞根本只是在耍我，他早在我进入酒吧前就把稿子发出去了。

但到了最后，得意的是特写主编。我的照片，连同墨瑞·塞尔与布莱恩·莫纳汉的文章全不着痕迹地融为一篇稿子，以"在一座自杀之城里"为标题上报。

诺曼·刘易斯，2001 年

22 雨林里的灭族

我这辈子曾和许多记者吵过架，通常错不在他们。我有时确实乖戾暴躁，特别是事涉重大任务的采访方式。我有时会在压力下和文字记者变成朋友，有时则会翻脸，虽然通常都能在最近的酒吧里和好，但总会留下一些嫌隙。

然而，有个文字记者却一直都能使我有最佳表现。他的名字是诺曼·刘易斯，在某种意义上，我已成为他的门徒。诺曼是那种在街上和你擦身而过你却不会察觉的人。他身材高大，有点驼背，戴眼镜，留胡须，你很难想象你正站在世界上最伟大的探险家面前。他的年纪够当我父亲了，我们的情谊可能和这一点有关。我对他恭敬有加，完全出乎自然，他也不吝于向我展现仁慈关怀。我们有机会就搭档到世界上最偏僻的地方，长达十二年，却只有一次口角。

那次我们到委内瑞拉内陆探访帕纳雷印第安人，任务很艰难，等我们跌跌撞撞回到奥里诺科时已是精疲力竭。我把渡船推离沙洲，脚踝被扯掉一块肉；诺曼踩到渡船上的一根铁条零件，摔了个四脚朝天，前额被撞得血淋淋，伤口很深。

河对岸有别的交通工具，我们可以包小飞机回加拉加斯（委内瑞拉首都），如此一来就有充裕时间搭机回英国；我们也可以搭危险些的出租车，那是七个钟头的可怕旅程。以我们的状况，加上诺曼可能有脑震荡，我心里已打定主意要包机。但诺曼不信任小飞机，他认为小飞机太常失事坠毁，所以我们改搭伤筋挫骨的出租车。我快累死了，但七十高龄的诺曼仍泰然自若。

我在与诺曼搭档之前先受过一番训练。1968年他从巴西回来，写了篇亚马孙雨林里印第安人遭灭族的报道。矿产与地产的投机商人勾结腐败政客与官僚，以细菌战等残酷手段毁灭一个又一个部落，不断侵占印第安人的土地。印第安人的粮食来源遭下毒，送给他们的衣物也被事先植入天花病毒，因而爆发了传染病。

诺曼全方位报道了这桩骇人丑闻，却独缺照片。《星期日泰晤士报》的杂志问我可否进入受害的部落，拍下适合的照片好搭配诺曼的强烈控诉。在我离开伦敦之前，诺曼明确地跟我描述他的需求，更警告我这是相当棘手的采访。

我很快就发现这是不可能的任务。我困在里约，巴西官员每天都用"明天再看看"来敷衍我，我根本没办法接近印第安人。最后内政部有人建议我去拍摄卡迪威，这是擅长骑马的民族，常被视为"印第安骑兵队"，而且搭传教会的飞机就能找到他们。

虽然这不是我的目标，但我还是有兴趣跟去瞧瞧。我记得诺曼提醒我留心巴西的北美洲传教会里头有他所谓的"灭族倾向"。他认为传教会是凶手的作案工具之一，出手让印第安人失去土地、自尊，乃至身份认同。我自己没有虔诚的宗教信仰，但还是觉得这样的评断太苛刻。我在尼日利亚的比亚法拉和其他国家看过传教人员，他们似乎真是在为民众谋福祉。

我发现残存的卡迪威人只是几个病饿交迫的妇孺，骑着看起来更饥饿的马来传教所乞讨残羹剩菜。当地的美国传教士似乎对他们漠不关心，只忙着把圣经《加拉太书》翻译成卡迪威语，期望再过十年就能完成。

"但到时候他们不会全死了吗？"我问他。

"是的，他们会。"他说。

"那你的用意是什么？"

传教士想了想，说："这种事我无法解释，也无法使你了解。"

我开始稍微省悟诺曼的意思。

我实在很想到亚马孙雨林心脏地带的欣古河，有两个热忱的人类学家维拉斯·波阿斯兄弟在那里开辟了庇护所，让许多濒危的部落可以按自己的方式过活，免遭传教会染指。波阿斯兄弟和诺曼在这个议题上所见略同。

我在里约枯等几天后，终于找到门路。一个研究热带医学的医生正在四处访视，我扮成他的伙伴，搭乘巴西空军的飞机抵达欣古河。我向一个矮壮的灰发男人出示采访许可证，他说："这些不管用，我们不欢迎你，印第安人也不欢迎你。"

我觉得我的心情像是攀登珠穆朗玛峰，却在离顶峰六英寸的地方被赶下来。我万万没料到摄影记者和传教士都被归为秽物。飞机五天后才会回来，从我收到的敌意看来，我这几天大概连相机背包都不用打开了。

那天傍晚，波阿斯兄弟和工作人员坐下来正要吃晚饭的时候，我说："我离开里约前买了些东西，有奶酪、香肠和各种熟食，大家一起吃吧。"这个提议非常能打动长年吃米饭配豆子的人。此外，我抵达后，在这段短时间之内也表现出对印第安人的尊重，他们一定看得出我的行为不像观光客。总之，不管原因为何，僵局完全化解了。

我觉得非常荣幸能拍到这些部落，有些人数已少得可怜。特奇卡欧人两年前遭钻石开采者残害，人数从 400 人锐减至 43 人；卡玛伊罗人很有音乐天分，他们把音乐融入宗教，"我们用甜美的笛声向众神倾诉"。

我受邀参加一项仪式，女人只穿着极小的藤裙，近乎全裸地向雨神献出狂热的舞蹈。我和男人玩在一起，他们以各种鲜艳颜料与赭石彩绘身体，有些人高达六英尺，个个肌肉强健。我跟着孩童追捕昆虫，逮着一只长达七英寸的非凡蚱蜢。仪式结束时，波阿斯兄弟的全体成员送我一条很棒的印第安头饰，作为友谊的信物。

我把那只蚱蜢藏在相机背包里偷渡回英国，还赶得上回家过圣诞节。"我有一样很好玩的东西要给你们看。"我跟孩子说。蚱蜢现身时他们都高兴得大喊，但十分钟后它就死了。

那趟旅行使我和诺曼·刘易斯成为朋友。我们常常说要一起去探险，但真正搭档出门已是两年后。那时是1971年初，我想方设法扩大我的拍摄领域。我不想放弃战地报道，但也不想让人评论说老是在拍相同的影像。

诺曼切入探险的方法非常精准详细，令我大为佩服。他收集资料的水平高得不可思议。我总以为他有未卜先知的本事，其实他只是知识渊博。

在我们一起探险的第三天，诺曼说："明天你将在基督教堂的台阶上看到异教徒仪式。"的确够神奇，这是危地马拉内陆奇奇卡斯特南戈人献上的奇景之一。一个印第安人蹲在钟楼里敲打大鼓，取代了教堂钟声。

奇奇卡斯特南戈是诺曼大为称许的那种地方，白人的"文明使命"在此已逐渐绝迹。小镇上几乎全是印第安人，最近的职业医生在五十英里外，但大家似乎都很健康。印第安人的生活方式结合了西班牙殖民时期的建筑，构成独特的风格。至今我还记得，我躺在"玛雅旅舍"舒适的四柱床上写信回家时，心里想着：这才是生活啊。

诺曼喜爱生活里的琐事与妙言妙语。我记得我想向推销银制人像的小贩杀价，表现太外行，就请诺曼拿出他的语言天赋助我一臂之力。诺曼和他交谈几句后，转过头来笑着对我说："这人很聪明，他说他不是在卖菜。"其他的话就不那么令人愉快了。

我们在危地马拉市看到很多人剃光头，但与英国光头党[1]没什么关系，而是警方惩罚长发嬉皮的结果。偏远的蒂卡尔位于北半球最广大的雨林里，

1　光头党是20世纪60年代末期在英伦兴起的音乐及时装亚文化，并蔓延至全球。他们模仿工人装扮，理平头或光头，穿着闪亮大黑靴及背带牛仔裤，并受到牙买加音乐的影响。

是最伟大的玛雅文明古城，但突然出现五十个民兵破坏了景色。

当时危地马拉仍未脱离内战魔爪，山区有左翼游击队，都市里有右翼杀手。最恐怖的团体叫"以眼还眼"。夜间九点宵禁时间一到，大兵们看到任何动的东西就开枪。《自由新闻报》每天早上都会登出危地马拉市内发现的死者。

诺曼认为自己责无旁贷，要去挖掘危地马拉1954年以来的发展。当年左翼总统阿本斯的政经改革威胁到美国"联合果品公司"的庞大利益，美国中情局策动政变，推翻了他。如今98%的土地仍归少数家族所有（不到两百个）。诺曼说他敢打包票，危地马拉的香蕉共和国[1]地位依然屹立不摇，而且是最为血腥的一个。

不过，还是有些小乐趣令人觉得欣慰。我们航行的终点站是墨西哥湾的巴里奥斯港，一座几乎全是黑人的城镇。诺曼找到另一桩乐子，在下榻的旅馆，我们听到外头传来吓死人的尖叫声，就出去查看，在旅馆后面找到骚动之源：几十只关在笼子里的大老鼠。

诺曼带着他导师般的窃笑说："很有可能，我们正看着今天的晚餐。"

---

1 1904年，美国作家欧·亨利（O.Henry）首创"香蕉共和国"一词，以影射受美国控制的洪都拉斯。此后香蕉共和国就成了代名词，指政局不稳定、政府腐败、受国外强权控制、产业单一的小国家。

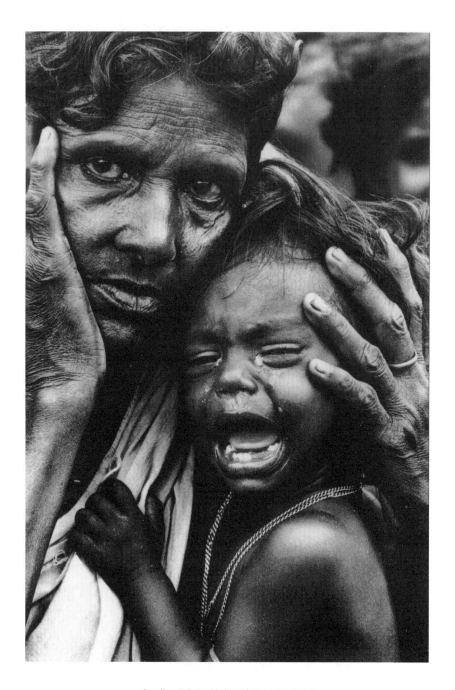

难民营，印度和孟加拉国边境，1971 年 7 月

23 躲在照相机后头

我第一本摄影集名为《毁灭的事业》，在 1971 年出版。虽然使用的纸张很廉价，印刷也很糟糕，我还是相当引以为傲。编撰过程让我有机会评断过去，也能放眼未来。

我不打算对自己的作品吹毛求疵，但我看得出来，即便依据最后的伤亡人数统计得知，受害最深的通常是平民，全书的重点还是战争中的士兵，而不是平民百姓。未来我想更多反映妇女与儿童在战争中遭受的苦难，没料到机会这么快就找上门来。

1971 年 3 月，我和诺曼·刘易斯从危地马拉回来后不久，东巴基斯坦[1]爆发内战。西巴基斯坦部队开来，打算粉碎孟加拉人独立建国的一切企图，他们的行径很快就引来印度军方干涉。

和多数摄影记者一样，我也不太想去。不是出于危险，主要是根本毫无危险可言。巴基斯坦人和印度人一样，有的是办法不让记者稍微靠近前线。我采访过 1965 年的印巴战争，根本是空手而回，只在远离前线之处拿到一

1　东巴基斯坦即今日的孟加拉国。

堆简报，勉强塞塞文字记者的牙缝，对摄影记者则毫无用处。如果他们还肯带你去所谓的前线，我敢说那是指上个月的前线。

我有信心不会被派去采访，就径自规划一家人初次的海外假期。我们敲定塞浦路斯这个对我而言别具意义的地方。我还是会看报上登出的巴基斯坦冲突，有天早上，《泰晤士报》的一篇报道吸引了我。报道提及可能有100万人逃离战火，并越过边境进入印度。这么多人同时失去家产、无家可归，可真是惊人的数字，更何况是在一个雨季随时会来的国家。我和《星期日泰晤士报》杂志部的迈克尔·兰德谈到此事，他让我自己放手去做。我有两个星期的时间，这次的截稿日期倒不是应报社要求，而是要配合家庭假期。

等我飞到加尔各答时，100万难民看起来就像是不攻自破的低估数字。我叫了出租车往北部走，情势很快就明朗：难民人数已经多到难以估算。马路塞满无边无际的人潮，健全的人搀扶着行动不便的人，行动不便的人抱着无法动弹的人，脚折断的人拄着拐杖。在那条路上，身心遭受各种残害的人都正朝着加尔各答前进。

我在北方50英里外的哈珊那巴德停下来拍照。那座小火车站挤进100人就很热闹了，现在却是8000个难民仅有的庇护所。铁轨沿线都是卷着细软的逃难家庭，看不到尽头。

我的落脚处邻近边境，有一队印度军人扎了帆布营，全体士兵都全神警戒。我第一个想法是我可以和他们同住，但他们说不可能，因为他们随时都会开进东巴基斯坦。他们改带我到马路那头的教堂。

那里的天主教修女说可以给我一张床，但有个条件：星期六晚上有个神父要来过夜，好主持星期天的弥撒，到时我得把床位空出来。这是一连串善事的开端，而这些善事让我熬过了那次灾难。

邻近农家借我一辆自行车，我随即蹬上出发寻找难民聚集的地方。他们在许多地方落脚，有些在陈年空屋，有些在印度人提供的帐篷，更多人在简陋的茅草屋里。他们都诉说着相同的家破人亡史。

我有种奇怪的焦虑感。雨季还没来，每天早上我踩着脚踏车出门时，天空都是一片湛蓝，几乎万里无云。在这个饱受干旱威胁的国度，雨季当然是上天莫大的恩赐，但现在洪水只会使难民的苦难雪上加霜。不管干旱或洪涝，结果都不是人类所能掌握。

我只剩下五天，而那天早上，我骑车出门不到一英里就感觉到第一滴雨打在我脸颊上。等我骑到几千个难民聚居的小茅草屋区，暴雨已经淹没了天地，其破坏力远远超过我的想象。已经很虚弱的人在倾盆大雨中崩溃。丈夫抱着死去的妻子，我看到男人女人抱着死去的孩子。医疗救助根本不存在，雨季来临还不到二十四小时，霍乱疫情就爆开了。

我常常觉得自己不该去注视拍摄的对象。我默默地走动干活时，他们从不曾令我觉得自己是入侵者，然而，我还是吓坏了，心也碎了。我有个执念，那些在英国生活安逸的人们应该看看这些人是在如何受苦受难。我看到一个妇人抱着她已死去的孩子一整天，到了黄昏她终于蹲下，放下孩子，那情景看起来比她紧抱着尸体更令人心痛。

在一间临时医院，我看到一个男人和四个孩子围绕在病床边，孩子的母亲口吐白沫、翻白眼。护士告诉我，医院给错了药，她已是生命垂危。最后她终究死去，那一家人悲恸难抑。

"现在怎么办？"我无助地问那护士。

她很有耐性地回答："这个嘛，我们要把尸体从这里搬到那边的停尸棚，好让那些人把尸体运走。"

死去的妇人被搬出淹水的医院，担架停放在停尸棚边。我拍照时，那家人涉水过来，躺在她身边。他们无法相信母亲已经走了。我觉得自己像是躲在相机的后面。我站在那里，觉得自己已不是人，已没有肉身，像个鬼魂般待在那里，在别人眼中已经隐形。你根本没有任何权利待在这里，我告诉自己。我喉咙哽咽，快抑制不住眼泪。

"先生，你们要往哪里去？"我以颤抖的声音问那男子。

他说："我不知道，也许到加尔各答吧。"加尔各答会如何对待他和他的家人，以及其他两百万难民？我把我口袋里的所有卢比都给他，不仅是要帮他，也是帮我自己。

我拍摄雨季中的难民四天后，相机开始出问题。皮背包裂开来，水渗了进去。同时我只喝茶吃香蕉，身体也虚弱得打战。我已经失去活力，我觉得我拍出了残忍的照片，它们与战争无关，而是来自战争受害者的炼狱。

从加尔各答飞回伦敦前，我前去拜访特蕾莎修女的"临终关怀之家"，看到她们为穷人所做的非凡善举。这地方有种庄严感，我拍了几张特蕾莎修女的照片，她和难民不一样，在镜头前似乎很习惯。

我离开时，下定决心要待在不幸者身旁，透过平民的眼睛更仔细地观察军事冲突。我需要的题材不假外求，因为冲突就在自家门口：北爱尔兰。

英国军方用催泪瓦斯镇压北爱尔兰示威者，其威力我可以作证。1971年底，我在德利城外的博格塞首次遭到催泪瓦斯袭击，失去了视觉。

那次示威变得很不堪，橡皮子弹和牛奶瓶的大量玻璃碎片满天飞。突然间，有种剧烈的烧灼感掐住我的鼻子和喉咙，逼得我闭上眼睛。我还记得我摸索着退出混战，慢慢把脸靠在墙上。

我以为只要进入完全黑暗的地方，再把眼睛张开，问题就会消失。这招不管用。我站在那里，眼前一片黑暗，眼睛、鼻子、喉咙、耳朵、嘴巴有如火烧，我感到背上一记重击，那是一发橡皮子弹。我身后一个声音说："王八蛋。没人性的王八蛋。"

有人草草抓住我的外套，拉着我离开那里。我觉得自己一定被军方逮捕了。接着我又听到身边那个声音，毋庸置疑，那是元音念得很奇特的阿尔斯特口音。我被带着走一小段路，到一个像是屋子走廊的地方。"没人性的王八蛋"不断从我身边传来，仿佛我那位看不见的伙伴只会说这几个字。有人让我坐下。我再次试着张开眼睛，却像是有人丢了火到我眼睛里，我还是看不见。

我朝黑暗讨要一块湿布，随即听到几个人吼叫："给他一块湿布，拿块湿布来。"我还听到背景中有动物死命地叫。一块发臭的抹布放到我手中，我设法稍微清理眼睛，只求看见四周。穿过燃烧的烟雾，我聚焦在我眼前的两颗圆球上。那是两颗眼珠，因为靠得太近，看起来像月球的特写。救我的人是个侏儒，就站在我面前。刹那间，我以为我是在费里尼的电影中醒来。他重复说着："你没事吧？他妈的王八蛋！"

他的眼睛也是泪流不止。我依稀可以看到他身后更多的人影，妇女、儿童、模糊的脸孔。屋外又传来一阵震天嘶鸣，有人说："那头驴子也中了毒气。"那座天主教小区的每样东西都盖上一层火辣辣的毒气。

身为记者，在阿尔斯特采访最强烈的感觉是，双方面前，你都觉得自己是背叛者犹大。我谢过侏儒一家人的好心，离开他们小小的屋子，然后这种感觉又出现了。我得通过街角那些英国士兵。我高举相机，以表明我的职业，却看到他们轻蔑的神情，听到他们低声的咒骂。对他们来说，我是他们敌人的党羽，而他们才刚用催泪瓦斯攻击了那些人。

民权运动的游行热烈但和平，比较像是"停止核弹"的示威。我三年前第一次采访这地方时，当天的秩序就是如此。天主教徒抗议英国政府在就业、住房与选举方面对他们不公平，然而在那下面隐含着古老的教派敌意。爱尔兰绿党为爱尔兰民族烈士和死于黑棕部队[1]之手的那些人算旧账，而北爱尔兰新教徒的血源则来自 17 世纪克伦威尔派来镇压与殖民爱尔兰的苏格兰雇佣兵。

1969 年 1 月 4 日晚上，历史重演，以新教徒为主的"皇家阿尔斯特骑兵"把天主教徒民权示威者引到德里郊外本托雷桥保守派的埋伏处。在那里，一大群人挥舞着狼牙棒、木棍与铁条，冲入示威游行队伍间，就像古代野蛮

1　黑棕部队（Black and Tans）：皇家爱尔兰警队后备队，1920 年至 1921 年皇家爱尔兰警队镇压爱尔兰革命的准军事部队之一，以其军服颜色而得名。南爱尔兰二十六郡于 1921 年 12 月独立建国，北部六郡因来自英国本岛的新教徒移民人口多于爱尔兰天主教徒，故仍归英国统治。

的皮克特人与苏格兰人冲过苏格兰边界山攻打英格兰人。这次事件让爱尔兰共和军有理由武装起来，他们原本就是硬汉，给逼上梁山后更加顽强不屈。

在博格塞的日子里，那些觉得生活受到体制压迫的温和百姓既亲切又万分热情地接待我们。我很肯定他们不想见到流血事件进入他们的小区，或在阿尔斯特蔓延开来，但如今情势已骑虎难下。英国士兵开进来维持和平时，一开始天主教徒把他们当成救星。没多久军队摇身一变，成为现状的保护者，百姓的态度也变了。天主教女孩一和士兵交好，便会遭到嘲笑羞辱；而天主教社区出现左翼的"爱尔兰共和军临时派"时，清教徒保守派也给激怒了，摩拳擦掌等着随时动用枪支炸弹。

我在1971年多次采访北爱尔兰，都选中博格塞，因为在一个比足球场大不了多少的区域，比在贝尔法斯特这类没特色的大城市要更容易出片儿。在博格塞，星期六下午只要酒馆一关上门，你几乎就可以确定要出事了。年轻人率先向军队丢石头，战况逐步升级到扔汽油瓶与放暗枪，接着军队就会反击。我拍到一张皇家盎格鲁步兵团冲锋的照片，它之所以轰动，是因为它清楚呈现士兵前进时有多麻烦。他们冲锋时穿戴防弹夹克、附亚克力面罩的镇暴头盔，笨拙的腿部与手部护具是武士造型，从家庭主妇的门阶前经过时，在她们眼中活像是日本武士。他们扛着这些中世纪盔甲，还得去追逐那些像猫一样能跑又能翻的小孩。

有一天我在博格塞被两个人拦下盘查，问我拿相机要干什么。我按照我的一贯政策，叫他们别管闲事。

他们对我说："识相的话，就听话滚开。"

我不为所动，并且说我这辈子还没给任何人吓跑过，现在也不想破例。

当天稍晚我回到下榻的城市旅馆（后来被炸弹夷为平地），在酒吧和其他记者谈到这档子事之后，一个粗犷的天主教服务生汤米找上我，要我放心。

"今天下午拦住你的那个人，我已经摆平他，你现在没事了。"

"你的意思是？"我说。

"他们是临时派。但你现在没事了，你不会再碰上麻烦。我跟他们说你是《星期日泰晤士报》派来的。"

此后我就再没遇到这类麻烦，但知道自己是通过了"爱尔兰共和军临时派"的检查才得以自由拍照，还是觉得不舒服。往返两边，从检查哨的军人身边走过时，我不再觉得自在。柯里根住宅区的情势日益紧张，年轻人开始纵火焚烧劫来的卡车，而我也注意到有个一把年纪的男子在我附近的前院占了个据点。我觉得他是狙击手，虽然在他静静着手准备时，我没看到任何武器。我的朋友跟我解释这是怎么回事，我顿时陷入进退维谷的境地。这里有个人准备要开枪，可能会打死一个英国士兵，但我却无能为力，只能走开，如我朋友所说，别出声，因为我受到严密监视。那天在德里没有英国士兵阵亡，但我也只是走运。在另一个场合，我看到一个士兵背后中枪，被担架抬出车库。我上前拍照，却遭士兵阻拦，他想拿防暴枪把我打回去。我了解他的心情，因为他看到我和这次肇祸的天主教青年们在一起。

这或许还不是全面战争，但在北爱尔兰采访新闻事件是极端危险的工作。除了被这边的人马误认为是另一边的人之外，我还随时可能被流弹、瓶子或砖块打中，而让头部受到重伤，就像任何无辜路人上街办事时可能碰上的情况。这个省份的平民生活处处充满危机，在一张很特别的新闻照片里有最生动的描绘：我跑着要逃离两方丢出的砖块，还有一辆英军装甲车误以为我是示威者而想碾过我。车子的轮子离地，看起来像要把我活生生吞入嘴里。丢向装甲车的砖块也朝我飞来。

在我亲身见识爱尔兰冲突的日子里，最后出了件出人意料的事。我打电话给博格塞的线人，问他周末是否有可能发生什么事。

"我想你最好自己过来瞧瞧。"他回答得神秘兮兮。

那个周末，《星期日泰晤士报》有别的差事要我去，所以我错过了那场日后被称为"血腥星期日"的惨案。在那个恐怖的日子里，暴动与枪火不断，博格塞有十三个天主教徒被杀。我应该要到那里去的，或许命运之神又插手了。

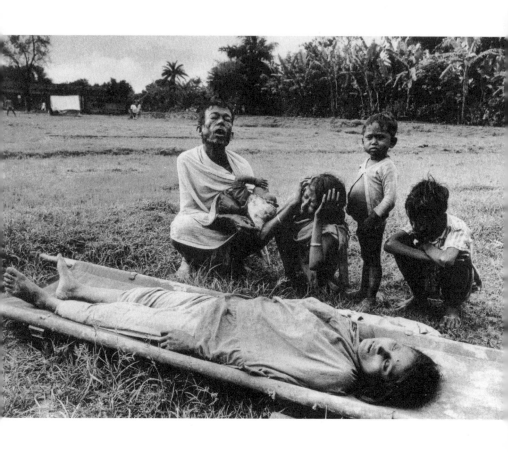

悲痛的一家，印度和孟加拉国边境，1971 年 7 月

疑似得了霍乱的孩子，印度和孟加拉国边境，1971 年 7 月

躲避英军的催泪弹攻击，北爱尔兰，1971 年 3 月

抬出遭爱尔兰共和军狙击手袭击的伤兵，北爱尔兰，1971 年 2 月

麦卡林逃离一辆英军装甲车，北爱尔兰，1971 年 3 月，克莱夫·林普金摄

英军镇压示威者，北爱尔兰，1971 年 3 月

英军街头战斗旁，一名市民正下班回家，北爱尔兰，1971 年 3 月

'No se puede mirar.' (One cannot look at this.)

'Yo lo vi.' (I saw it.)

———Goya

第三部

生死命题

24　伊迪·阿明的囚犯

克莉丝汀看到《每日镜报》上唐诺德·怀斯所写的报道，说我在他设法逃出乌干达之前已在失踪记者之列，那时她以为我已殉职。她知道唐诺德和我交情很深，也知道有些失踪的西方记者其实是被关进伊迪·阿明恶名昭彰的屠宰场——马肯纳监狱。

我到达乌干达的恩德培机场时，城市已经停电，情势逐渐紧张。政变的耳语已传开，阿明总统开始从自己的安全部门着手，展开血腥肃清。我在窄路上颠簸了十八英里才到坎帕拉，沿路都是遮天蔽日的丛林。腐败政权即将结束的所有征兆城里无一不备：公共事业停摆、管线工程失修、下水道阻塞、商店被抢或无货可卖。市中心的东方庙宇遭强行乞讨的非洲人包围，亚洲人的商店大多被洗劫一空。最后，阿波罗饭店被兀鹰般涌入的记者挤满，包括我在内。

我去到外国人聚居区，这是破烂拥挤的贫民窟，被阿明视为祸端的索马里人、刚果人、卢旺达人、布隆迪人，以及亚洲各国的人都在这里鬼混。我的经验告诉我，若有暴乱或骚动蠢蠢欲动，通常都会从这种地方爆发。我四处走动，边套交情边拍照，忽然被一个眼睛像蜥蜴的高大士兵拦下。他穿着英国工作服、袖子卷起的英式丛林上衣、丛林战斗靴和丛林软帽。

"你在干什么？"他恶狠狠地质问我。我告诉他显而易见的答案：我在拍这些人。他大声咆哮："你不可以来这里。"

"我可以。我有采访许可。"我说。

他瞄了瞄许可证，一把夺了过去。我想把它抓回来。

"不行！给我上车。"另一个士兵开车，驶到我们面前。我心想，会让你失踪的就是这种车。

"不要，我不上车。"

人群聚集过来，因为我已成为这街头场景的焦点，黑人士官正下令要白人听命，这是前所未闻的事。在那时，黑人不管权位有多高，都还不敢那样对白人讲话。那样做是要带头蓄意丢开对白人的尊敬。我再三拒绝上车，但即使百般不情愿，还是被推挤到车前，接着给扔上车拉走。驾驶兵表演了高速甩尾过弯，搞得轮胎吱吱叫，也差点撞翻一些围观者。

我被载到大型军营，然后待在房间里。我安慰自己，至少我不是在森林里某个不知名的地方。我设法维持冷静，装作若无其事。有两人带着档案过来，我看到档案就紧张了。他们把档案放在桌子，蜥蜴眼士官离去前，他们用斯瓦希里语交谈了几句。我露出微笑并坚定地开口。

"我可以问个问题吗，这是什么地方？"

"你为什么在这个地区拍照？"

"因为我在一家英国报社工作，而且我已获得许可。"

"这些照片是做什么用的？"

"用来显示坎帕拉的生活一切如常。"我装出最无辜的样子回答他。

他们要求我交出所有金钱和个人物品，我拒绝了。我努力用高亢有力的语调抗议："不行，我不会交给你们，你不可以拿走。我来这里是完全合法的，我也想知道为什么会发生这种事。"

他们离开一个钟头，要我冷静一下，再回来时忽然变得彬彬有礼。

"好了，我们要放你出去了，很抱歉把你带来这里。"

我大大松了一口气，答道："喔，听着，绝对没问题。"一旦你获释，最好不要再没完没了地抓着过去三个小时的鸟事不放。

他们载我回饭店。一路上我说了几句坎帕拉的女孩很可爱，只为了让大家融洽些。我甚至还问他们要不要来杯啤酒，他们回绝了，说他们有任务在身。过了几天我才弄清楚我当时被关在何处，他们的任务又是什么。我被关在马肯纳监狱的办公室，审问我的人是阿明的秘密警察。一如既往，我不喜欢一受威吓就退缩不干，所以我回到外国人聚居区，这次带了三脚架壮胆。

我在当初被捕的不远处遇到一群激奋的人，居中站着一个男子，衣着褴褛，满头大汗，发着酒疯，口气很冲。他通红的眼睛斜睨着我。

"你是谁？"

"没你的事。"我怎样都学不乖。

"把护照给我看。"

我拒绝。他说他是士兵。

"证明给我看。"我怀疑地说。

他把手伸进口袋，像要拿出证件，但我没看到证件，只有握紧的拳头迎面挥来。我踉跄后退，伸手抓三脚架。群众聚拢过来，我像个发疯的苏格兰链球选手般抢起三脚架，想在我和他们之间拉开一些距离。我看到一丝空隙，立刻像野兔似的朝街道飞奔而去，身后的暴民凑在一起追了过来，我成了过街老鼠，人人喊打。我全力冲刺，听到巷子里有个声音在叫我，立即跑进阴影中喘口气。

"先生，先生，跟我来。我知道你该怎么走回去。"我根本不认识这非洲人，但也别无选择。我满腹狐疑地跟着他，快步穿过拥挤的巷弄，身后暴民的声音依然清晰可闻。

我发现我回到旅馆区，眼前有条大马路通往阿波罗饭店，顿时松了口气。一辆大奔从街道那头开过来，我的向导拉住我。

"达达在逛街。"他说。

没错，车子停下时可以看到阿明·达达黑猩猩似的轮廓俯在方向盘上，然后车子又缓缓开动。

我的救命恩人催促着我："先生，你一定要离开这国家，不出两三天坎帕拉就会大乱。"

我深吸一口气，铆足全力冲向饭店，进门后已气喘如牛，肾上腺素大量分泌。老天，这工作要变成噩梦一场了，我想。

那天晚上，在这危险时刻、危险地区的受困饭店内，记者自然而然聚在一起拼命干杯。我记得我和大卫·荷顿喝酒，他心情很沉重。他说："我不喜欢这地方的情势，我要尽快离开。"

我敬重大卫对去留时机的判断。他见多识广，也不容易被吓到。真要说的话，他其实太大胆了，几年后他在埃及死于杀手的一颗子弹。也许他知道些什么我不知道的事，无论如何，我听进大卫的话，并认真考虑。我已经拍到一些好照片，虽然觉得还不够多，但我决定走人。不过怎么走？通讯已一片混乱，连英国航空都取消了航班，这里对机组人员来说已不安全。意大利航空还在飞，但会持续多久？我搞到一张意大利航空的机票，那天晚上八点起飞。

我们那票还没走的记者聚在游泳池边，在阿明无所不在的安全部队监视下来场临别之泳。我正想再次下水时，有阵奇怪的隆隆声吸引我们走向走廊。外头是几个纵队的装甲车，看来阿明已经动员军队。

后来我们得知，流亡的乌干达游击队已经在坦桑尼亚边境集结，准备推翻阿明，他们拥立遭阿明罢黜的米尔顿·奥博特。坦桑尼亚声望很高的总统朱利叶斯·尼雷尔支持奥博特，但入侵行动很拙劣，事情搞砸了，阿明决定回以偏执的极端手段。

第一个征兆就是我们饭店外来了装甲车，电话与电报的线路被剪断。我赶忙在游泳裤外套上衣服，和唐诺德·怀斯撤退到另一家旅馆，那里与外界或许还能通信息。我回阿波罗饭店取回照相机时，发现这地方已被乌干达军队包围。我停住不前，看着人们被带出来送上军方卡车。有个欧洲人被持枪士兵围住，他走了出来，被迫趴在大众卡车上。我想，如果他们觉得非得这样羞辱人不可，我将会非常不好过。

我想过放弃相机，尽快闪人，但随即看出这太冒险。逃跑时被抓到肯定没好下场。

我泰然自若地走进大厅，仿佛对一切成竹在胸，而眼前的事都与我无关。一组英国航空的机组人员僵立在那里，脸色苍白又忧心忡忡。我们交换了惊恐的眼神，但没说话。忽然间我被高大魁梧的非洲士兵包围，阿明的努比亚卫队令人一看就发毛。他们问我房间号码，我很有礼貌地告诉他们，然后他们押着我到柜台结清账单，我把这看成好预兆，竟朝自己宽慰起来：意大利航空，我来啦！

"我们要到你房间收拾行李。"

他们有四人陪我到房间，开始乱翻我的东西。一本摄影杂志里有几张我在比亚法拉拍的照片，他们看到那个皮包骨的濒死白化症儿童，竟咯咯笑翻了。我想这些人不只是邪恶，他们还疯了，脑袋有问题。

我又被架着下楼。我问他们要带我去哪，他们说警察局。我抱着一丝希望，期待他们会把我递解出境。

警察局像是菜市场。不管黑人白人，只要稍有反对阿明之嫌的人都被抓来这里，人多到我们都要坐在彼此的膝盖上了。我看到《卫报》的约翰·菲尔霍挤在人群中，还有一个面熟的路透社记者和一个《电讯报》的人。我身旁是个德国少年，在乌干达住了一段时间，会说斯瓦希里语。

他忽然哭起来，我问他怎么了，想安抚他。

他说："我刚听到警卫说，我们都要被送往马肯纳监狱。那地方很可怕，没人能活着离开那里。"

"不会的，我确定那消息有误。"我说。

有个人穿着短夹克（后来我得知他是阿明的秘密警察），指着我和菲尔霍等人，大声用英语说："这些是什么人？"值班士官告诉他我们是记者，他听到这字眼很不屑地说："记者，他们是肮脏的家伙。"

我们这些记者被挑出来，带往路虎加长吉普车。在阿波罗饭店外被推到卡车厢板上的那个人也在场。他们大吼大叫要我们上车。一阵推挤加上挨了几拳后，我们被丢上车，人和行李在厢板上乱成一团。车子猛然开动，往左方冲出去。我打消最后一丝前往机场的希望。

我们在堆货场下车，四周都是走廊。大门外空啤酒罐堆积如山，不是令人安心的兆头。穿制服的人懒洋洋地靠在走廊上，扔着啤酒罐，聊着女人。警卫喝令我们下车时，这些人放下啤酒罐，手里拿着棍子朝我们晃过来。从现在开始，欺负弱小的步调要加快了。

"下来，坐下，把鞋子袜子脱下来。"

我们当中一个当过殖民地警察的人站起来说："你说什么！"有人"砰"的一拳打中他下巴，把他撂倒在地。"见鬼的你干吗呀？"又是"砰"的一拳。我在比亚法拉和刚果看过这手段，但不是对白人。我飞快脱下鞋袜，开始真的怕了起来。我们蹲着围成半圆，像胎儿那样躲避有如雨般落下的军棍。我感觉到背上被靴子踢了一脚。老天，我们要被杀死了！

我们被赶进警卫室。一个大块头非洲人飞过来撞入我们之中，那是个受到同袍处罚的醉酒士兵。稍后，天色渐暗，我们被带到中庭，面对墙壁站着。我确定我们要被枪毙了。有个警卫是初次拿枪押着白人，他吃吃窃笑起来，我知道人在修理即将遭到处决的犯人时都会这么笑。我想我就要死了，我的生命将在此结束，在非洲一处黑暗肮脏的屠杀场。

我等着行刑队的其他队员，双腿几乎站不住。四周有很多慌张的跑步声。其他人来了，菲尔霍和《电讯报》记者被带走，我们则留在那里。

最后他们终于带走我和那个当过警察的。我觉得不是双腿在带着我走，我像是浮了起来，仿佛我那受到压迫的灵魂坐上了魔毯。在这种行尸走肉的滑动中，我依稀听到钥匙的叮当声，一扇门打开，我看到面前有另一个白人。他温和地说："我是鲍勃·阿斯托[1]。坐下，喝杯水，你看起来很需要喝杯水。"

那是我有生以来最需要的一杯水。我后来才知道这人来历极为阴险，但当时他的嗓音有如甜美的音乐。恐惧已将我身上每一滴水分吸干，我觉得我好像在卡拉哈里沙漠待了一个月。

阿斯托说："你被关在非常危险的地方，真的糟透了。"

"别告诉我，别告诉我。"我说。

原来我们身在马肯纳监狱的贵宾间里。我完全不知道接下来会发生什么事，我看着这间天花板挑高的房间，再过去是一排小囚房，囚房前方的铁栅活像动物园的笼子。所有囚房都客满了，还有行军床给多出来的囚犯。贵宾间的犯人有特权，不必锁在囚房里，可以在囚房之间走动，也可以到小小的公共区域。

在几个白人囚犯中有个英国籍教师，他戴眼镜，头上有道肮脏的伤口，是给步枪撞出来的。还有一些亚洲人、非洲人和一个心事重重的坦桑尼亚人。有个人被关在囚房里，身边有一堆大部头的精装书。听说他是乌干达首富，阿明用监狱特权和赎金来榨干他的财富。

这些故事和其他更吓人的细节是阿斯托告诉我的。几乎可以肯定菲尔霍和《电讯报》记者已被关进死刑区，大铁锤是那里的抢手刑具，既便宜又无声无息。有人告诉我，接连有十九个人被锤死，第二十个死囚被迫充当刽子手，他自己的头则由警卫锤烂。阿斯托拿着可怕的暴行照片到处给人看。

这一切都发生在不远处的另一区，那里的警卫很容易就可以过来抓你。阿斯托指着我们这一区最近发生的惨剧痕迹：床垫上的血迹和墙上的抓痕。他向我说着越来越恐怖的故事，而路透社记者则一直朝我使眼色。

1　鲍勃·阿斯托（Bob Astles,1924—2012）：英国人，曾在奥博特总统的政府中任职，阿明执政后获阿明的信任，成为阿明政权的核心成员。阿明倒台后返回故乡英国居住。2006年得奖电影《末代独裁》（*The Last King of Scotland*）中的叙事者盖瑞岗即以他为主要原型。

我们遭受的羞辱和对未来的恐惧令我心惊胆战。四周一片黑暗，我躺在沾着血迹的床垫上寒毛直竖。忽然间，步枪的碰撞声打破了寂静，接着是甩门声。有个犯人被丢到房间外面，接着是可怕的重击声。

一点钟的时候，枪支的碰撞声与敲击声又靠近了，就停在我的囚房前。那坦桑尼亚人遭到可怕的凌虐，我听到阵阵咆哮声、拷打声与啜泣声，后来他被拖走了。

黑暗中，鲍勃·阿斯托懒洋洋地说："没事啦，他要被抓去砍了。那可怜的家伙反正也没救了，他们打断了他的手臂。"他细说坦桑尼亚人遭受的惩罚，那遭遇和忠诚度受到怀疑的前殖民地警察差不多。尖叫声穿过黑夜，从外头某处传来。

我断断续续打着瞌睡，等待甩门声再次响起。屈辱、恐惧与绝望在我脑中此起彼落。再看到曙光真是令人高兴，但同时也觉得心惊胆寒，因为明白过来自己要面对同样恐怖的另一天。

我听到又一道碰撞声响起，心跳加速。房门打开，两个非洲人提着一只热气腾腾的垃圾桶进来。两人都遭过毒打。一个身上满是鞭痕与淤青，另一个有一只眼睛被打得水肿而凸了出来。狱卒在他们身后出现时，我努力打起所剩无几的精神。

"你们拿了什么东西给我们？"我说。

"你的早餐。"狱卒说。

垃圾桶里那些冒着邪恶蒸汽的东西原来是茶，茶很少尝起来这么棒，还有硬饼干可以配着吃。我们很幸运，阿明监狱的囚犯经常是饿死的。

我蹲在地上咬着硬饼干，那路透社记者想提振士气，苦笑着说："昨天晚上我听到他们用斯瓦希里语说了件好玩的事。警卫告诉狱卒，白人逃不掉，因为他们已拿走我们的鞋袜。"不管有没有鞋子穿，只要有机会逃走，腿折了我都可以赤脚跑过一英里长的炭火和碎玻璃。

我们盥洗时（另一项贵宾特权）阿斯托窃听不到。路透社记者悄声说：

"那个阿斯托一点都不正派，他不是站在天使这边。"

阿斯托是乌干达境内最令人害怕的白人之一。他已爬到权力中心，担任阿明的首席顾问，近来听说他和阿明起了争执，但一般人都不相信。路透社记者认为，如果他没和阿明起冲突，他出现在我们中间就更恐怖了。我问阿斯托他为什么在这里，他含糊其词。他说："我是和其他人一起被抓来的，阿明疯了，他就是疯了。"

我花了几个钟头注视铁窗外的鹭鸶与小织工鸟，有时它们会因为一群秃鹰落下而四散飞开。

"秃鹰经常来，来找运尸卡车。"阿斯托说。

接连四天我透过铁窗往外看，一辆辆卡车载着尸体离开，都是被处决的人。那是我生平最漫长的四天。

一个戴着大型丛林帽的魁梧军官拿着鞭子走到我囚房前，身旁喽啰的武器有木棒、刀子、匕首和鞭子。他们挤进来后我全神戒备，心里想着，完蛋了！

"你是新闻记者吗？"

我正眼看着他说："是，我是。"

"我给你这表格，你得填好。我不要你写声明书，我要你填好表格，你不填就等着挨鞭子。"

我跪在他前面，在地板上填写，除此之外找不到别的地方写。我填上姓名和护照号码，同时想着我脑袋随时会爆开。那军官丝毫不掩饰愤怒，我想到我随时都可能会以那最脆弱的姿势被打死。我再次站了起来，他不爽地检查我写的字，每看过一处细节就瞪我一眼。

阿斯托从不漏过大小事，他坐着前后摇晃，笑着说："你现在没事了。"我不相信他，但这些话让我生出一丝希望，不过很快就被打消。

我被带到堆放场上的小屋取回我的刮胡器具。里头有堆积如山的鞋子和悲惨的小箱子，有些用鞋带绑在一起，有的只能算是包袱。我看到我的行

THE REPUBLIC OF UGANDA

THE IMMIGRATION ACT, 1969

DEPORTATION ORDER

(Under sections 8 and 14 of the Act)

WHEREAS ...... DONALD MCCULLIN ....

of (address in Uganda) ....

....

Passport No. 971584 .... Nationality ...... BRITISH ....

....

Home address ... SUNDAY TIMES, LONDON, U.K. ....

....

has been deemed to be an undesirable immigrant by virtue of section 8 (1) of the Immigration Act,

AND WHEREAS by virtue of the said deeming, the said .DONALD. MCCULLIN ....

....

has become a prohibited immigrant;

Now THEREFORE by virtue of the powers vested in me by section 14 of the Immigration Act,

I HEREBY DIRECT that the said .... DONALD. MCCULLIN ....

....

be deported from and remain out of Uganda indefinitely;

AND I FURTHER DECLARE that this Order shall be carried into effect by the removal of the said .... DONALD. MCCULLIN ....

by deportation and while awaiting to be conveyed to the place of departure shall be kept in custody.

GIVEN UNDER MY HAND this ...... 20th .... day of SEPTEMBER ...., 19.72.

Donald McCullin

GPRU—1700—10M—8-72.

.... (A. G. K. OROTH-OPUMBI) ....

MINISTER OF INTERNAL AFFAIRS.

阿明独裁统治下的乌干达给麦卡林签发的驱逐令，1972 年 9 月李箱，在这堆废弃物中看起来闪亮如新。

"不要动它。"警卫说。

我觉得很沮丧，又惊又怕地想着，我见识过这场景，也在照片上看到过：在奥斯威辛等纳粹集中营里，刮胡刷子和眼镜堆积如山，人们从华沙犹太人区带出来的箱子就是这副模样。那个房间令我大受打击，远比看到别人在我面前遭枪决还大。我回到囚房时浑身无力，全身发臭，衣服又脏又破。

这区来了两个新囚犯。阿斯托说："这两人是恩德培机场的海关官员，他们也要被砍了。他们知道自己离死不远，希望能作场礼拜仪式。你要参加吗？"

我们围成四方形。我站一边，阿斯托站我对面，两个躲不过死神的非洲人站第三边，戴眼镜的教师则站在角落。他们开始唱歌，真的，再没有比一个非洲人唱赞美诗并由另一个非洲人和声更美好的声音了。英国教师被头上发炎的伤口、内心的恐惧和此情此景的彻底哀伤给击垮，逐渐靠着墙滑坐下去，我看着他，嘴巴张开，却发不出任何声音。

我听到钥匙叮当声响起，连忙跑回囚房，路透社记者紧张地蹲在我身边。但他们没带走任何人，只推了一个人进来。

我出去见那人，桑迪·高尔[1]，英俊挺拔又干净，他的模样让我大感安心，精神也为之一振。他告诉我唐诺德·怀斯已给递解出境，接着问我这里怎么样。我照实说："真是噩梦一场！"

第二天有人在我们窗户外面挖了六个坟坑般的洞，我心跳加快，心里想着，他们根本不会放我们走，这根本就是骗局，他们要杀了我们。那群秃鹰又在屋顶上定位。

然后警卫告诉我们："你们获释了。"

---

1 桑迪·高尔 (Sandy Gall,1927—)：英国名记者、作家，采访过诸多战役，获颁阿拉伯劳伦斯纪念勋章、英国皇家爵士勋章。

阿斯托站起来说："那我呢？我没获释吗？"

"啊，没有，"他们告诉他，"你没有，鲍勃。"

他似乎很乐观："也许明天吧，也许。"

我们被带到小屋，我从那堆悲惨的小山里救出我的行李箱。我感到我快跳了起来，但是你得压住欣喜，还有人被关着，你不该在他们面前露出开心的样子。

我们走向大门，莫名其妙的喊叫声追上我们。那个蜥蜴眼的努比亚族军官在大门值班，桑迪的优雅、干净与镇静冒犯了他，他火大了，走过来说："你盯着我看干吗？我们还有时间打你一顿，就是现在，趁你还没离开。"

桑迪把头发往后拨。"我没盯着你看，老兄，我跟你保证。"他说。

我们开始等，耳边是可怕的鞭打声和喊叫声。接着卡车发动的声音传来，我心里油然而生莫大的喜悦，同时还有潜伏的恐惧。万一到头来仍是一场空呢？我已听说有人从马肯纳走出去，却被送到坎帕拉市外的森林里，阿明在那里处决主教和其他教会人士。或许直到现在我们都还被蒙在鼓里。

在恩德培机场，他们给了我这辈子最想要的文件：从乌干达递解出境的证明。约翰·菲尔霍和《电讯报》记者与我们重逢。他们被关在处决区旁，我们麻木地听到他们证实大铁锤的故事和更加残忍的暴行。我们把脏衣服丢了，在飞机上桑迪说："我想该请大家喝香槟吧。"浓雾太大，航班改降在曼彻斯特。我们搭火车回伦敦，接下来的四小时里和通勤的上班族背靠背挤成一团。英国铁路局的餐车没挂上，即便如此，那也像是天堂。

平静祥和的田野，围绕着我们在彼谢普斯托福德镇旁的乡野新宅，伊迪·阿明的乌干达似乎是另一个世界。马肯纳的消息也传到这英国乡间：克莉丝汀以为我被杀了，激动过度，身上长出一大片红斑，两年之后才消退。

25　十三号公路之前的握手

我从乌干达返家，稍后还要回东南亚烽火连天的战场，但中间马上就发生一件社交小插曲。对我和家人来说，这行程很像处罚，但几个月前我就接受了邀约要前往北京，不得不去。它不太像采访任务，比较像是躬逢历史盛会。

在"文化大革命"的背景之下，中国人信心满满地接待英国贵宾，同时也热忱回应尼克松总统的初访。美国正想要结束在亚洲这场劳而无功、怨声载道的战争，这就促成了中国在其中扮演关键角色。这些伟大的政治议题对我来说还不及拍到握手照片重要。英国突围的先锋之一正是我的老板汤姆森爵士，旗下有《泰晤士报》和《星期日泰晤士报》。在我去坎帕拉之前，他就找我担任正式摄影师，在英国与中国正式建交时拍下他与周恩来总理握手的历史时刻。访问团成员还有主编丹尼斯·汉密尔顿、《星期日泰晤士报》国际新闻主编弗兰克·吉尔、日后成为《泰晤士报》副总编辑的资深特派员路易斯·赫伦，还有汤姆森爵士的儿子肯尼思——报业帝国的继承人。

从外形看来，我们的老板不怎么像打算到北海去开采石油的跨大西洋大亨，他身材偏矮，五官朴实，最抢眼的是深度近视眼镜上的一圈圈玻璃，据说那是为了看清财经专栏的细小字体而特别定制的。他一贯的方针是指派强势的总编辑，自己尽量不出手干预。他虽然素有吝啬之名，却还是出资让旗下两份刊物大肆扩张。在他接近八十高龄时，有个初生之犊不畏虎的年轻记者问他，他一生中是否错过什么事。汤姆森爵士认为他很遗憾自己没好好受过大学教育。但也不尽然，他补上一句，因为"结果我就会变得跟你一样，为我这样的人工作"。

我们大多坐卧难安，想睡却又睡不着，忍受了十九个小时的飞行，而我们的发行人丝毫没有不舒服或焦躁的迹象。飞行中，他从头到尾都在看一本书，摆在他鼻子前不到三英寸之处。我很好奇，想知道他觉得自己应该补充哪些必要知识，好和伟大的中国共产党领导人对话。我不断伸长脖子想一窥书名，但只看出那是麦克莱恩的惊悚小说。

红色军乐队演奏《伊顿船歌》和电影《国王与我》的插曲，迎接我们抵达北京。在那伟大的日子，我小心遵照指示，预定时刻还没到便早早穿上西装，这身打扮对我而言可不寻常。我甚至画蛇添足地刮了胡子，一个不小心，脸给划出血来。我拿卫生纸贴在伤口，也抹了大量的须后水，全都无效。当电话打来说礼宾车已在门口等候时，我抓了一份朴实的革命的报纸就冲下楼梯。我在寒风中扯下黏住脸颊的纸，把脸伸到车窗外给风吹干，抵达人民大会堂时，一道细细的血正淌到脖子。

我边装底片，边分心想方设法止血，有位高阶军官走过来跟我说："唐，跟我来，准备好，听信号准备拍照，他们随时都会进来。"

中国人热心地推我就位，要我拍下汤姆森爵士与中国总理紧紧握手的一刻。这是张举足轻重的照片。

我没拍到。

事后我相当沮丧，汤姆森团队与中方合影时，我也被推了进去。我穿着不合身的西装，孤独地站在排尾，血还继续滴下脸颊和脖子。就算汤姆森爵士心有不悦，他也没多说什么。

随后，我忙着拍摄那通过翻译进行的三小时会谈。汤姆森爵士亲切地把我介绍给周总理，说我在越南待了很长时间。我不确定这对于拉近我和这位中国领导人的距离有多大帮助。不管他怎么想，我很快又回到越南，发现这场旷日持久的战争有了新变化。

共产党的纪律较好，武器也有大幅改善，所以在广治打了大胜仗。对南越军队来说，这场北方控制权的争夺战是结束的开端，但终曲却将漫长而痛苦。

我和电视记者迈克尔·尼科尔森同行，发现两个身受重伤的士兵躺在广治的路边，便想帮两人拦下他们战友一路隆隆作响撤退的卡车队。只要稍停片刻便能载走伤兵，却没有车子愿意停下。我越来越火大，随手抓起伤兵的M-16步枪，想拿枪挡下一辆卡车。那辆车慢了下来，但驶近时又加快速度呼啸而去。我听到迈克尔对我吼："唐，你疯啦，万一他们朝你开枪怎么办？"

答案很简单：步枪没有装弹匣。我们设法把伤兵放在迈克尔车子的引擎盖上，慢慢开到最近的救护站。两个士兵都在次日死去。

时值1972年初夏，越南死了两个人这件事对英国的任何人都没啥意义，越战已经被大家抛在脑后，20世纪60年代示威游行的愤怒似乎已被漠不关心给取代了。尼克松总统领导下的美军大幅退出越战，大家都认为越战已不再那么残暴。这大错特错。

我和杂志特派员詹姆斯·福克斯与当时《泰晤士报》的撰稿人威廉·肖克罗斯一起到越南。我们有很多战区可以选，因为北越军队似乎进攻了每个地方。我决定先集中火力在偏南方的战场，安禄与十三号公路，此地的近身战斗似乎最惨烈。得感谢英国广播公司的艾伦·哈特把我弄进战区。我在集结区找到他，他已经安排好直升机和摄制小组，就是找不到摄影机接目镜。为了那具小小的接目镜，他们全部留下，因此我可以使用那架直升机。

飞近安禄时，炮火非常猛烈，飞行员决定在市区三英里外的山丘后面把我放下。我下机时,美军顾问跟我说:"你来错地方了,这里很糟,我们已经挨了很多子弹。"天色已暗,我决定先安顿下来。我请第一个从我身边走过的美国士兵喝口白兰地,他婉拒了。几秒钟后,我们遭到当晚第一波炮击,这大块头的士兵把我压在小得可怜的散兵坑底下,差点把我压死。

炮击稍停时他说:"你知道吗?我现在很需要喝点白兰地了。"

那是炮火下恐怖的一夜。第二天早上我听到自动步枪射击的声音,随即拿出望远镜,看到田野里到处都是人,大家纷纷穿过稻田和矮树丛,朝我们这个方向跑来。南越伞兵仓皇飞奔,很多人身上都鲜血淋漓,伤势严重。

有架直升机降落在山丘边,我说服飞行员载我离开。接着来了一票伤兵,全都挤在我身边。我们飞回原先的集结区,这里看起来有点不一样,少了些什么。在我离开的那晚,越共的地道兵爬过来,把八百吨的弹药炸得半天高。那二十四小时的歼灭浩劫是我这辈子看过最血腥的一次,同时它也宣告"被遗忘的战争"已经回来了。有些南越部队死伤过半。

安禄战役带来惨绝人寰的苦难。詹姆斯·福克斯采访一个孕妇,她是安禄警官之妻,一架南越飞机丢下的炸弹击中她家,炸死了她父亲、兄弟和三个孩子。她自己也受伤了,几个北越士兵帮她的手臂包上夹板。八天后她的丈夫在警察局里死于一枚 B-40 火箭筒。妹妹是她仅存的亲人,却遭北越士兵逮捕。

我从安禄撤退后,每天都和美国朋友一起开着他的庞大老爷车到十三号公路查看。我们载着一堆冰啤酒,把车停在离战事一英里远处,走路过去。

十三号公路上的战况看起来十分惊人,尤其是在那么密集的轰炸下,你大可发誓方圆几英里之内不可能有活物。但轰炸机飞开后没几分钟,就会有北越士兵从掩体里走出来,制造更多伤亡。

某天有人要我送些邮件给前线的两个士兵,我就这么变成满地爬的邮差。我躲在路边阴沟里,突然一种我从没在战场听过的金属尖鸣袭来,有道白色火焰似乎将前方的道路全吞没了。那颗飞弹飞过我面前,朝我后方的

M-60 坦克飞去，直接命中。

我回去找那个上校，问他是否能好心点，另寻他途派送邮件。他指着一幅骇人的景象：一辆装甲运兵车里有个人，他的手还握着方向盘，但肩膀上却少了颗头。他的队长被轰到二十码外的马路上，正由人捡起并收起来，像是小孩玩的碎步玩偶。

除了 B-52 轰炸机，还有眼镜蛇直升机，驾驶员都是最疯狂的美国人。他们会把卡片洒在目标区，上头写着"杀人是我们的工作，而且我们还生意兴隆！"或"上帝创造生命，20 毫米机炮夺走生命"，诸如此类的话。我也好奇广治沦陷后，征服者会怎么看厕所里的涂鸦："撤兵是尼克松的老爸五十八年前就该做的事。"它的确表达了南越士兵普遍的感觉：他们国家的命运和他们自己的总统阮文绍无关，一切都是美国人造成的。

我遇到几个南越士兵，他们因为杀了一个北越医护兵而得意忘形，拿着一面北越军旗四处胡闹。在他们庆祝时，我看到一本红色小册子，就问那个少尉我可不可以拿走。他还要戏弄我一下，假装把它撕开，但终究还是给了我。那是一本日记，保存得很完好，我要让它继续上路，经历更长的人生。最后它的摘要译文刊登在《星期日泰晤士报》上，标题是《一个北越士兵的日记》。

柬埔寨战争充其量被视为越战的余兴节目，因而鲜有人注意。越战从新闻版面淡出后，柬埔寨也随之消失无踪。然而，1973 年春季我接着到柬埔寨采访时，这个国家已名存实亡地被撕裂了。她夹在美国人的疯狂轰炸与红色高棉的残酷杀戮之间，现在已是难民国度。七百万人口中，几乎有三分之一被迫逃离家园。

我恨不得立即离开金边。我到机场赶上第一架往南飞的达科塔型老式飞机，那位友善的台湾机师最后降落在一条马路改成的跑道上，技术高明。附近有座小镇，但我忘了镇名。很多人等着登机往回飞，当中有个女士对我的职业很感兴趣，她说她的司机会很乐意载我到镇上。

我们到小镇没多久就听到一则令人震惊的消息，仿佛我的太阳穴被重重打了一拳。不到一小时前载我来此的达科塔老飞机，再度起飞时在跑道尽头被红色高棉打成碎片，机上的人全数罹难，包括刚请司机送我一程的友善女士和飞行途中与我相处愉快的台湾机师。

我一阵惊恐。如果红色高棉如此靠近跑道，他们就离我太近了。我从来没在激烈战火下失常，此时竟然开始胆小如鼠。残暴的红色高棉把我乱棒打死的可怕影像侵入脑海中，迟迟不放过我。

士兵间的厮杀，不管有多可怕，那是一回事；但下场是成为红色高棉杀戮战场的百万尸体之一，又是另一回事。我扔了我的美国陆军工作服，买了些廉价便服穿上才回到跑道边，一整天都待在那里胡思乱想。

没有飞机起飞。我的胃收缩起来，成为一道恐惧紧张的结。到了下午五点，我听到远方的飞机引擎声，我祈祷它会在此降落。飞机盘旋几圈才降落，地面变得混乱无比。我问一个似乎是机长的中国胖子可不可以载我到金边，他挥手赶走我。货物卸完后，飞机几乎是空机返航，但他不断吼着我不能登机，因为我不在乘客名单上。我趁他没注意，把行李扔上那架 DC-3 就爬了上去。

"下来，先生。"那人发现后大声吼着。我拒绝了，他耸耸肩不理我，接着飞机像火箭般几乎垂直起飞。飞机急转弯时，我看到早上悲剧的残骸，它还在燃烧。

我从金边回来后，噩梦还纠缠着我，令我睡不安枕。当时经历的极端恐惧，至今我还背负伤痕累累的记忆。

南越士兵的尸体被抬上卡车，南越，1972 年 5 月

医院里受伤的士兵与他的妻子，柬埔寨，1975 年 4 月

26　戈兰高地之死

美军撤离东南亚战场的同时，美国人也不再那么热切支持中东的以色列了。阿拉伯石油集团改变了当地的状况，在 1973 年 10 月的犹太赎罪日假期，埃及和叙利亚对宿敌发动大胆的闪电攻击。

那就像是在呼应胡志明成功的"春节攻势"，而我也被派到以色列采访这场战争，同行的还有《星期日泰晤士报》阵容强大的采访组。在 10 月 17 日，冲突的第二周，我同事尼克·托马林死于戈兰高地前线，他开的车子在我前方不远处被一枚叙利亚有线制导导弹炸成碎片。

尼克四十二岁，他是那一代公认最优秀的英国记者。从撰写好笑的八卦短文，到从前线传回感人的长篇报道，他无一不精。他的新闻特写《大将军追击越共》比一千张照片更能让人看清越战本质。包括我在内，《星期日泰晤士报》有很多人都觉得，万一哈利·伊文思辞职，尼克应该会当上总编。他不爱逢迎讨好，的确，他可能会对惹火他的人不假辞色，但我想不出有哪个记者不钦佩他。

虽然我们经常在同一个事件现场工作，却没搭档采访过战争。这也不全然是巧合，尼克和我一样宁可独自行动。"六日战争"那一次，有些记者搞到战争结束才到场，这次却不一样，《星期日泰晤士报》的第一摄影组全员到齐，包括史帝夫·布罗迪、弗兰克·赫曼、沙利·桑姆斯、罗曼诺·卡格诺尼，以及我的老友布莱恩·华顿都很快杀到前线。埃及凭借奇袭的优势和大为改进的军纪，选择在犹太教赎罪日北攻，叙利亚则几乎在同时大举南侵。我们都知道这次交战会比 1967 年更久，也更惨烈。

我前往戈兰高地，叙利亚军队在那里经过一番激战，已打败许多以色列装甲部队。随着天色渐暗，我结束第一天的勘查，到一座以色列集体农场（Kibbutz）和几个约好的摄影记者一起吃晚饭。我们把几张桌子并起来欢聚一番。撇开尼克·托马林自己的使命感不谈，他身为文字记者，大可离前线远一些。至今我还记得他傲然转过身说："你知道吗？你们摄影记者实在让我震惊，没半个人向侍者要酒单。"

他比我早到以色列，自得其乐地用眼镜后方有点斗鸡眼的眼睛注视我们，观察大家是否跟上了他的进度。他已经成功偷运了一篇战争进程的详细报告回伦敦，多亏他朋友帮忙，把报告藏在鞋子里躲过了机场检查。那篇报告是"新闻洞见"小组的报道精髓，尼克常以这种方式促成《星期日泰晤士报》的团队作品。如今我知道这个骨子里就是独行侠的人将要出门自己搞篇大专题。

就寝前尼克把我拉到一边问道："我听说你有件备用的防弹夹克，可以借我吗？我可以早上过来拿吗？"我猜他将和弗兰克·赫曼搭档到前线去。

六点钟左右我还在绑军靴鞋带时，有人敲门。尼克站在门边，有点不耐烦。

"你说要借我的那件夹克，可以拿给我吗？我想现在就出发。"

"你不是要等弗兰克？"我说。

"不行，我不能等了，"尼克说，"我和德国《明星周刊》的人说定了，他弄到一辆标致，我告诉他我会开标致，所以他拍照时我当司机。"

我又问起弗兰克，但尼克一把抓起战斗夹克，冲了出去。"待会儿见。"

他回头喊了一句。那是我最后一次看到他。

差不多过了一个钟头，我们分成两部车，紧跟着我们不放的以色列军方护卫把我们集合起来，慢慢往戈兰高地移动。我注意到柏树林里藏着一队队坦克。前方谷地升起一股黑烟，路上的以色列军官随即拦下我们。

他说："请你们在这里停车，你们不能再往前走了，已经有个记者在那里送了命，一个《星期日泰晤士报》的人。"

我下车走到他面前。"听着，我是《星期日泰晤士报》的记者。发生了什么事？"

"我不知道，你也不能过去看，那辆车被叙利亚击中了。看到了吗？他们在那边，我们在这边，而你朋友是在叙利亚火线上。"

我们不能确定尼克是死是活，也许他身受重伤，正等候救援。我想到他妻子克蕾儿，也想到我的家人，如果我身受重伤躺在那里，她们有权期待什么吗？我发狂了，像是被鬼附身一样，控制不住自己。我放下照相机，戴上钢盔，躬身跑着，让头不那么容易受攻击。四周异常安静。

"你为什么要这样做？你为什么要这样做？"我脑袋里有个声音不断说着。我经过几辆被击毁的苏联坦克，旁边有几具叙利亚军的尸体。

双方的军队不可能看不到我，我知道我随时会被 AK-47 的子弹射中。我告诉自己，一看到尸体的轮廓就往回走。没人能在那种烈焰中幸存。我很愤怒，希望尼克还活着让我抬回去。我靠得更近了，看到车内没有人影，或许他被抛出了车外。我绕到车子另一边，发现他躺在那里。事已至此，我心中只剩恐惧与哀痛，虽然他毫无疑问已经死了，我还是试着跟他讲话。我把他的眼镜从马路上捡起来，在同样诡谲的平静中往回跑。

我回来后一句话都说不出来，恐惧已经榨干我身上、嘴唇与嘴巴里的水分。我灌下几大口白兰地，躲到一部车子后面，悄悄为克蕾儿和他们的孩子流泪。

回特拉维夫的路上，我们谈到这件事，没多久就拼凑出事件眉目：尼克的德国伙伴是佛瑞德·伊尔特，《明星周刊》的资深摄影师，经验丰富。他们看到坦克烧毁了，一旁有叙利亚军人尸体，随即把车开到狭窄的岔路上。佛瑞德跳下车拍照，尼克把车再往前开上宽一点的地方，好掉头。那颗导弹在车子回头接摄影记者时击中了它，后座有桶五加仑的备用汽油，引发的爆炸摧毁了一切。

菲利普·雅各布森和我在饭店大厅碰面。"你们都要回伦敦，你知道了吗？"他说，"哈利传消息来，他不要你们再冒生命危险了。弗兰克也这么说。"

在机场，我被单独叫出列，接受不愉快的脱衣搜身，也没人告诉我为何要遭到这样的羞辱。或许"六日战争"我躲过检查后，他们就锁定我了。如果他们是想要搜走我的赎罪日战争底片，那是白费时间，因为我根本没拍。

27 杀死基督的部落

关于上战场采访，我最常收到的问题是：你获得多少高危工种津贴？当我据实以告"没有半毛"时，都能察觉他们深感怀疑。

我有一份聘雇合约，签于 1973 年 2 月 13 日（几乎刚好就是我跑战地新闻的十周年），上头载明，《星期日泰晤士报》同意支付我年薪 5392.8 英镑；相对地，我则保证每年工作 47 周，并不得为其他英国全国性报纸拍照，而我接下任何别家刊物的工作之前，要先获得杂志总编辑同意。虽然我保有照片的版权，但《星期日泰晤士报》随时可以使用，不必付费。

当年五千英镑的确是合理的工资，却只和一直安坐在办公桌后面的资深编辑一样多。当然，同广告与时装摄影师比起来，就更是少得可怜。

没理由相信战地记者比别人安于贫穷，但我从没遇过哪个记者是为了发财才到战地去的。有些记者，包括优秀的记者，给他巨款他也不愿意上战场；也有记者没获准许照样出现在前线，出差费无望报销也不在意。战地特派员和其他记者一样，或许会期望多点福利，那通常指的是在完成一项不错或特别痛苦的差事后的休假。但高危工种津贴就别奢望了。仔细想想就知道这念头真是好笑，要是脑袋被轰掉，再多补偿金也不够。

然而，我的人生即将进入危险性较低的阶段。尼克·托马林的死是一次残酷的震撼。尼克和大部分报社高层主管都是好朋友，跟总编辑哈利·伊文思交情尤深，虽然毫无疑问尼克是自愿前往，但问题来了：若非别人对他抱以厚望，或者说，若非出于热情，为了报纸甘冒奇险，他是否会那么主动请缨？

　　尼克的死无可避免地为报社好大喜功的作风投下阴影。我不记得章程上有没有提到，但社内确实已有节制这类采访的气氛，有种新的谨慎态度，尤其是对国外事件。那是一种气氛的改变，而不是决策，也因此影响更加深远。

　　对我而言，主要的影响是，我发现自己差事变多了，但任务都比较安全。杂志总编辑换人后，这种趋势就更明显了。之前在葛弗瑞·史密斯和他的年轻接班人马格纳斯·林克雷特的领导下，我如鱼得水。两人对国外事务都很感兴趣，经我稍加说服，几乎都会准许我去喜欢的地方。林克雷特转手给亨特·戴维斯后，情况变了，虽然他也是重要记者，却明白表示他对英国以外的新闻没啥兴趣。

　　虽然我也没闲着，却整整十八个月没采访任何一场战争。亨特·戴维斯来自卡莱尔，对北方比较敏感，我因此几次北上拍摄哈德良长城的精华段，还有漫天沙尘、悲惨如昔的钢铁城康塞特。康塞特上报后，我们收到很多抗议信，有个当地老师写道：“你们的文字和摄影记者都爬回伦敦老巢了，但我们以自己的城市为傲。”可怕的事物可以变得这么可爱，总是叫我大吃一惊。

　　我和亚历克斯·米切尔到日本跑了一圈，他对于有机会剖析这个经济大国很感兴趣。我还和布鲁斯·查特温携手完成马赛种族主义流氓的长篇报道。我们想追踪夜里拿枪扫射阿尔及利亚人聚居区的强盗，但是调查牵扯到上流社会。

　　有天晚上，布鲁斯和我接受马赛市长夫人的晚餐邀约。夫人和市长感情不睦，她似乎是趁市长和其新欢女友不在家时，找了个女性友人一同住进官邸。酒过三巡，两个女人争相向布鲁斯献殷勤。市长夫人拿出一颗巨大骰子，里头塞满她所有的珠宝，往桌上一掷，说：“我重新打造了我的珠宝。"她的朋友不甘示弱,也拿出自己的骰子掷了出去。布鲁斯坐在那里笑,以他天使般的淘气笑容挑拨她们。1989 年我听到他去世的噩耗时,脑海里浮现的正是他那副模样。

在这段安宁的时期,我做过最有意思的冒险是和诺曼·刘易斯一起调查巴拉圭阿切族印第安人的失踪案。有条通往阿根廷的新道路切过"白印第安人"(阿切族肤色浅,故有此称)阿切族的雨林部落,当地土地价格飙涨,强行驱逐印第安人的行动又开始了。许多印第安人被掳到塞西里奥·拜尔兹市的营区里,其中半数就此失踪。国际为此喧腾一时,巴拉圭政府为了息事宁人,解散了营区的管理单位,邀请美国传教团体"新部落传教会"接手。但诺曼仍然不放心。

保守的基督教信仰在美国南方的"圣经地带"[1]死灰复燃,他们积极占领印第安的精神世界,已有些不择手段,而"新部落传教会"则获得他们支持。

在诺曼看来,传教会用小刀、斧头与镜子当礼物诱惑印第安人,再把他们"同化"到传教会的开垦区,比起当年那些大老粗驱逐印第安人的手段,实在强不了多少。那些没有死于白人疾病(如普通感冒)的印第安人,马上就颓废了下去,穿着白人丢弃的旧衣服,只能在城市拥挤的贫民窟里贫苦度日。教会提供的印第安人"净化"服务,受到许多拉丁美洲独裁者欢迎,他们赠送大片土地表示谢意。一名巴拉圭军官还曾告诉诺曼,传教会比军方能更有效驱逐印第安人,"我们进去后射杀一些,但还是有漏网之鱼;传教会则是鸡犬不留,清理过的地方干干净净"。

诺曼和我飞到巴拉圭首都亚松森,想亲眼看看塞西里奥·拜尔兹市的状况。但巴拉圭的统治者是拉丁美洲最长命的独裁者斯特罗斯纳将军,他可不会轻易吐出秘密。或许正是这种严密保护吸引了很多纳粹战犯逃来这里定居。诺曼向亚松森当地一位杰出的人类学家提到我们的任务,人类学家劝他

1　圣经地带(Bible belt):指盛行基督教福音派的区域,宗教态度保守。

不要向国防部申请采访许可，最好的办法是雇两个可靠地陪，搭村子的巴士进去，否则搞不好就轮到我们失踪了。

我们决定向英国大使馆求援，在那里找到热心的同道胡利欧，他是巴拉圭的教师，在大使馆兼差。胡利欧打通关节让我们进到国防部，但官员很客气却又卖力地说服我们打消念头。他以他前一次的恶劣经验说明他为何不愿发采访许可：有对法国夫妇假装搞科学研究，拍摄了塞西里奥·拜尔兹市阿切族纵欲交欢的影片，后来那部电影在巴拿马的色情电影院放映。然后，过没几天，障碍似乎解除了，胡利欧也找到时机用他的雪铁龙2CV载我们穿过半个巴拉圭到塞西里奥·拜尔兹市。

那是一趟长途车程，大雨使得土路泥泞难行，我们改道到卡沙帕的胡利欧家。胡利欧是最有趣的同伴，既健谈又博览群书，但我记得诺曼说过，他从未看过哪个教师像他那么防人的。那天晚上诺曼找到我，咯咯笑道："我不小心打开胡利欧的房门，看到我们的老师正在配上自动手枪，右脚脚踝上方也绑着匕首。"

第二天，胡利欧教我们如何在雨中的卡沙帕找乐子。他解释道，以前的家仇决斗是在公墓旁就近举行，但电影《正午》上映后，就改到大街上。突然有一阵激动的嘈杂声传来，我以为即将有一场决斗，我们要大开眼界了，结果却只是斗牛。

我开始热衷于拍摄暴风云和光影的效果，这显然感动了胡利欧。他告诉我，我打开了他的眼睛，令他看出巴拉圭之美。胡利欧不会使我紧张，他或许是被派来保护我们的，身上配枪的人能欣赏我的摄影，这令我很安心。

到塞西里奥·拜尔兹市采访显然是不成了，但回亚松森的路上还有个消遣：小镇奥维多上校市住着"伟大的巴拉圭巫婆"，名为玛丽亚·卡拉维拉（玛丽·骷髅）。听说阿根廷的贝隆总统是她的常客。她擅长预言人们的确切死期，好让他们安排后事。

我不想太早知道这种事，但诺曼抵挡不住诱惑。我不确定他从玛丽·骷髅那里听到什么，但他回到车上时一脸平静的笑容。

几天后我们再度前往塞西里奥·拜尔兹市，这回搭路虎吉普车，同样是英国大使馆介绍的司机，英国的外科兽医师，身上似乎看不出有武器。

营区显然不欢迎我们。带头的传教士看起来像理平头的海军陆战队员，他抱怨我们比预定时间晚三天出现。我们毕竟有点理亏，于是试图平息他的忧虑，跟他说我们不像那对法国夫妻，并不想拍色情电影。那传教士一脸茫然，从来就没有什么"法国夫妻"。他说营区里有三百个印第安人，那远远多于我们获得的信息，令我们大为惊讶，并因此以为传教会的照顾确实让更多印第安人存活下来。他解释，他们最主要的目的是为那些罪人带来救赎。在塞西里奥·拜尔兹市，所有传教士都"事奉教会未得之民"。

我趁诺曼还在跟他讲话的时候溜出来拍照。营区由茅草屋组成，卫生设备没人打理，恶臭难以忍受。有件事立刻不打自招：营区里绝对没有三百个阿切族人，最多只有五十人，而且状况都很悲惨。儿童腹胀如鼓、满口烂牙，一副营养不良的模样。大人似乎都精神涣散又倦怠。我在拍照时有几个不放心的年轻传教士围着我，但一个黄发男童对我有好感，他是传教士的儿子，所以我得到一些豁免权。他说要帮我背三脚架，我答应了。

我走近茅草屋时，一个传教士挥手不准我进去。我进去后发现两个瘦弱憔悴的阿切族老妇，已奄奄一息。隔壁草屋里躺着一个年轻女人，身上有未得到医治的伤口，身旁的男童泪流满面。我问传教士的儿子这是怎么回事，他不知道大人口径一致，都声称所有人是自愿来到塞西里奥·拜尔兹市，于是告诉我真相。这三个妇人和那个男童都是最近从森林里围捕来的，最年轻的那个女人企图逃脱，被枪打中身侧。

这证实了诺曼从其他地方获得的证词：有传教士参与驱逐印第安人的行动。的确，现在我已完全无法相信阿切族会在未遭胁迫之下"被吸引"到这个地方。可能传教士想拯救印第安人的灵魂，但是疏于照顾他们的身体，证据就在那里，一目了然。

在我们采访时，年轻的传教士排成一排，唱起赞美诗。诺曼形容那是他这辈子所碰过最邪恶的事，而我则求那一刻尽快过完。

几年后我们又和新部落传教会纠缠上。诺曼听到一则帕那雷印第安人的奇闻，发生在委内瑞拉内陆。帕那雷族以对白人的文明洗礼具有免疫力著称，因为他们的语言里并没有原罪、惩罚与罪责的字眼，在抵抗福音主义时如有神助。

一个人口普查员在委内瑞拉东北部莫纳加斯州的科罗拉多河谷发现了帕那雷部落，并拿录音机录下他们所唱的祖传歌曲。过了一年，她回到部落，想播放那些歌曲让印第安人高兴一下。播放键一按，印第安人吓得跳起来，并谴责那魔鬼的声音。诺曼认为，这肯定是新部落传教会的把戏。

我们在保罗·亨雷的陪伴下前往探访帕那雷族。保罗是人类学家，会说他们的语言，部落也接纳了他成为族里的一员。我们见到第一个帕那雷人就明白了一切。他是个年轻人，穿着传统红色遮挡布，自行车上挂有"基督拯救我们"的牌子。帕那雷人接受了零零碎碎的基督教文化，似乎被拯救了一半，但终归还是按照自己的方式走。

我们分配到一间茅草长屋，并受到（某种程度的）欢迎。科罗拉多河谷的帕那雷人不准我拍他们，起初我以为这是新部落传教会强加给他们的禁令，但是我们到达后不久，传教士就全登上包机飞走了，留给每个小孩一只小猪存钱桶和改写过的基督受难记，在故事中，帕那雷人杀死了基督。即使传教士走光了，还是"不准拍照"。

帕那雷人的动作柔软优雅，是非常上相的民族，如果我回到报社后说："听我说，他们实在是非常好看的印第安人，但我没拍到半张照片。"我无法想象美术编辑会有什么反应。我开始玩起我会耍的几样小把戏，好赢得人心，继而提升我在儿童心中的地位。大人比较难讨好。保罗·亨雷告诉我，突破禁令的最佳时机，是在他们举行某些活动时拍摄，于是，当世所罕见的捕鱼队出动时，我的机会来了。

活动开始，他们到山上砍了很多名为"毒鱼藤"的藤蔓，再聚集在奥里诺科河的支流托土加河一处安静的河段。五十几个印第安人排在河边，把毒鱼藤打碎后放入篮子，再把篮子放到河水里漂洗。几分钟后河水变成乳白色，没多久便看到鱼群发疯般跳出水面，帕那雷人见状，拿起长矛走入河里。诺曼估计全部渔获量大约有一吨。

毒鱼藤一定含有某种神经毒素，不会毒死鱼，鱼只是暂时麻痹或昏迷。这惊人的奇观进行时，我几乎可以随心所欲拍照。当然，拍摄时仍需小心行事，并不算简单。

我们从科罗拉多河谷步行到其他较小的帕那雷聚集区，有些部落我们得大胆穿过原野，甚至涉过水深及腰的河流才能到达。某一次渡河时，走在我前面的诺曼停了下来，要我看一群沿着河岸飞掠河面的蜂鸟，忽然间他惊慌地在水里跳上跳下。

我说："怎么啦？哪里不对？"

"我不知道，小老弟，"他力图恢复镇静，慈祥的声音向我传来，"觉得好像有什么东西咬了我的腹股沟。"

我们花费了好一番力气找出他不舒服的原因，最后终于发现那些小鱼，只有几厘米长，咬住可怜的诺曼，正想拿他的生殖器饱餐一顿。

我们拜访过最奇特的地方，是名为提洛·洛科（快枪侠）的钻石开采小镇。印第安人到这里拿新鲜蔬菜交换矿工的锅碗瓢盆。

我混入钻石矿工之间，享受一些自由不羁，诺曼则在一旁耐心等候。他们是我见过长相最邪恶的一群人，但无妨，他们还是要我帮他们照相。在这里你真的可以看到醉鬼头下脚上地从酒馆给扔到街上，不过有个镇民要我们放心，他说你得拼上老命才有子弹挨。镇上唯一的旅馆就是妓院，虽然诺曼和我不习惯光顾这种地方，我还是很兴奋，因为我生平头一次拍到妓院。对我来说，这整个地方简直是生龙活虎。

天色变暗时，我也灌了一肚子当地的"Pola"啤酒，而一票吵闹的群众正聚在一起看斗鸡。烟雾中，我听到诺曼说："你的工作完成了吗？"是的，我想我做完了，我口齿不清地承认。"那么，我们可以走了吗？"和往常一样，诺曼温和的邀约具有命令的力道。

28　等待波尔布特

1975 年春季，红色高棉忙着把火箭筒射向柬埔寨首都金边，炸死左派、右派、中间派的人民。成千上万枚遍布城市的地雷每天害十几个人截肢。机场也笼罩在红色高棉炮火下，他们已经蹂躏全国各地，只有首都四周这一小块区域尚未沦陷。即使是十二岁的小孩，坐困愁城的政府也发给他们一人一把阿玛莱特步枪，然后就把他们推到前线去守城。

情势已十分绝望，我到达后不知从何采访起。发生在医院的真实故事，情况只能以非常"克里米亚"[1]来形容，战地摄影几乎不足以表达万一。伤口狼藉的病人乱七八糟地躺在地上，少数还留下的医生拼命赶着做急救手术，没时间讲究任何病床礼貌或细节。我看到一个足岁的婴儿，他手臂截肢后伤口被匆匆缝起，好像是在缝一颗老旧的足球。那个缝衣快手不是医生，而是唯一能拿针线并且有空的人。金边四周血流不断，手术却因没血可输而遭取消。大屠杀后，饥荒接踵而至，据说每个星期有五十多个婴儿死于营养不良。

1　克里米亚（Crimean）：指 1853 年至 1856 年间的一场欧洲战争，主要发生在克里米亚半岛，交战国包括俄国、奥斯曼土耳其帝国、法国、英国等，有五十多万名士兵丧生，有许多都不是死于前线，而是死于恶劣的卫生条件、医疗设备。

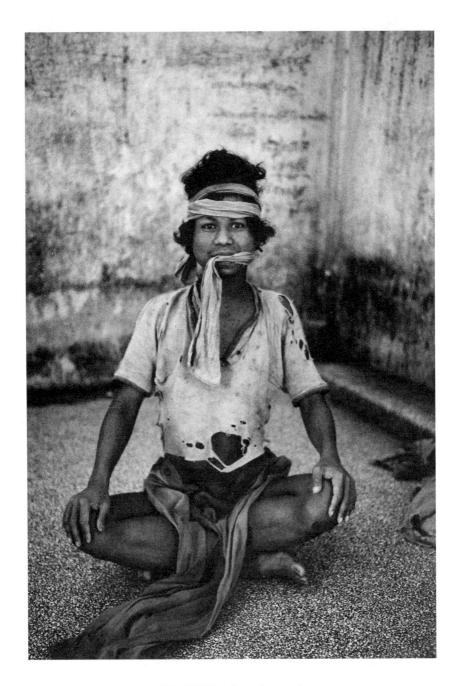

撤守后的精神病院，金边，1975 年

红十字会的医疗队开始撤出时，我知道大势已去。金边市内每个人很快就会遭到红色高棉疯狂头子波尔布特无情的虐杀。对外国记者来说，做出重大决定的时间到了——是去或是留。红色高棉已经枪毙了二十多位外国记者，也不差再多杀几个，但是对乔恩·斯温这样的人而言，离开这座城市似乎是种背弃，有如最后一幕还没上演就离开剧院。

我非常赞成立即停工闪人，不是我胆子小，而是常识问题。虽然到了最后，并不是由我依据道德做出决定。哈利·伊文思打来电报，要我到西贡去。我还记得马丁·沃勒科特[1]把我拉到一边说："换作是我，到了西贡会很小心，因为我相信你的名字已经上了黑名单。"老实说我不太在意他的警告，因为我不觉得一个崩溃在即的政府会如此关心谁在拍照。另一方面，我觉得同样是共产党打赢了进城，待在西贡会比在金边长寿。

的确，每个人都觉得胜战后的红色高棉会比北越军残酷许多，但当时没人预料得到，波尔布特政权统治下的柬埔寨会发生噩梦般的大屠杀。

收到哈利电报的当天下午我就飞到曼谷，还把我的柬埔寨底片寄回伦敦。为了安全理由，通常底片我是随身带回国，但我不知道会在越南待多久，或混乱中有什么通信系统可用。我登上飞机飞往西贡后，又从《每日镜报》的约翰·皮尔杰那里听到夸大版本的沃勒科特警告。

他说："你可别以为我是在开玩笑，请帮个忙。我们到达西贡后，请你离我越远越好，什么事都别扯上我。因为你在黑名单上，我不希望因为和你在一起而引起注意。所以不介意的话请帮个忙，当然，我这是对事不对人。"

我也不会因此而对约翰有何不满，我了解他只是在保护他做事的机会，善尽职责。尽管如此，降落时我还是不禁觉得自己有点像得了麻风病。我看着约翰毫无阻碍地通过护照检查，然后消失无踪。接下来我拿出护照，那个官员拿着护照消失了五分钟，然后带了一小队越南人称为"白老鼠"的西贡

1　马丁·沃勒科特（Martin Woollacott）：英国《卫报》特派员、国外新闻主编暨主笔。

警察回来，脸上全带着坚决的表情。

他们对我说："你是个坏透的家伙，你不准留在越南。你走，你走，你现在走，滚回曼谷。"他们试图制伏我时有些急躁，一番激烈推挤和些许扭打后，我摔到一张桌子上，撞坏一部机场电话。一个官员告诉我，我在一份特别名单上，我不是越南的朋友，我绝不可能进入这个国家。我被关在小房间内冷静冷静。从头到尾都没人告诉我，为何我会名列那份特别黑名单，我只想得到，可能是1972年的一篇报道，那时我拍了张从广治飞来的南越军队士气低落的模样。

我从房间的窗户看到几个英国记者走来走去，认出独立电视网的迈克尔·尼科尔森和多位朋友。我朝铁栏杆外喊话，好引起他们的注意，顺便弄清楚情况。原来是《每日邮报》的大卫·英吉利包下一整架飞机，要把越南的战争孤儿带回英国。我知道我现在没什么机会入境越南，但至少或许可以不必被送回曼谷。

我设法送出请求，请他们给我一个难民专机的机位，大卫·英吉利的答复是："绝对欢迎你同行，但是可以请你帮个忙吗？飞行途中可以请你照顾一个孩子吗？"我回答我很乐意，于是我就登机了。

越南人知我准备好安静离开，就再也没意见了。我取回护照，到跑道上加入大卫他们。在回家的长程航班上，我摇着九岁大的小儿麻痹症男童和三岁大、脸侧长了巨大脓疮的漂亮女孩入睡。我多年的越南采访经历，也就此画下了句点。

29 大屠杀

　　我在 1965 年首次拜访贝鲁特，当年它的颓废还很有格调。住在棕榈滩饭店期间，有一天我决定过马路到对面的圣乔治饭店午餐，里面的酒吧是英国超级间谍金·菲尔比[1]投奔莫斯科前最后一次露面的地方。菲尔比显然比我更像英国绅士，我进不去，因为没打领带。

　　在道貌岸然的表面下，贝鲁特是座放浪形骸的城市，擅长提供毒品、妓院、洗钱等服务。它就像巨大的超级黑市，为每个人服务——至少是每个有钱人。它也是中东地区最安全的地方。我首次贝鲁特之旅所遇到最危险的意外，是被穿着高档古驰时装在哈姆拉街上昂首阔步的黎巴嫩一家子给撞倒。

　　记者被吸引到贝鲁特，部分原因是它是阿拉伯世界最好的监听站，但主要是看中绝佳的通信品质。我以前至少过境贝鲁特六次以上，却不曾真正进入黎巴嫩采访。上一次过境是在 1974 年，当时我和詹姆斯·福克斯刚在

1　金·菲尔比（Kim Philby）：本名 Harold Adrian Russell Philby，在印度出生的英国人，英国秘密情报局的情报员，负责对苏联的反间谍部门，但也是苏联安置在英国秘密情报局的内奸。英国一度怀疑他的忠诚，但他成功脱罪，之后以《观察家报》与《经济学人》驻贝鲁特特派员的身份为掩护，继续从事英国情报工作，到最后身份曝光，于 1963 年逃往莫斯科。

军火商阿德南·卡舒吉的豪奢公寓里完成对沙特阿拉伯新国王的采访，我搭卡舒吉太太的私人飞机回贝鲁特，机舱内安装了电影院，还提供大量昂贵巧克力，索拉雅·卡舒吉的随从大把大把地吃，吃不完就乱丢。我似乎又看到芬斯伯里公园的野孩子。

我们降落在贝鲁特时，索拉雅说："我等着你邀我今晚共进晚餐。"我一听便吓得脊椎一阵发抖。我们在海港边的小餐厅享用黎巴嫩晚餐，然后她暗示我一起去跳舞，这又让我害怕起来，因为我一直疏于练习。后来我终于逃离贝鲁特富人的高档生活。那种生活方式只剩下几个月的生命，即便我只是扮演闭嘴的玩伴，还是察觉到山雨欲来。

多年来整个黎巴嫩的社会结构只偏向保护政经特权，即以基督徒为主的精英分子。基督徒一手左右政局，他们把持总统宝座和代议制度，后者确保了伊斯兰教徒人数再多都永远无法掌权。这是中东版本的北爱尔兰政局，而比起北爱尔兰，这里的枪支更是随手可得。社会分化也是重要因素，黎巴嫩的富者愈富时，贫者也愈贫。同时还有巴勒斯坦人搅入这爆炸性的混合剂中，1970 年他们在约旦的地盘被攻占后，便大量涌入黎巴嫩。

贝鲁特市内的贫民窟逐渐扩大，和巴勒斯坦难民营连成一气。以色列轰炸黎巴嫩南部，更多难民涌入贝鲁特，令这座城市情势更加紧张。左翼与巴勒斯坦人开始结盟，占优势的右翼基督教徒日益恐慌，唯恐失去政权，他们长久以来都认为这个国家是"他们的"。他们把浓度最高的毒液留下来，等着对付巴勒斯坦人。

有天早上，一辆满载巴勒斯坦学童的巴士被射成蜂窝，新仇旧恨一夕之间爆开。暴乱始于 1975 年 4 月，贝鲁特市中心的商业区与银行区很快就沦为战场。绑架比炮击更糟糕，因为那是冲着积怨已久的仇恨而来。若有人不幸遭绑架，尸体（有的私处遭割除）通常一两天后就会出现在垃圾堆里。在这里，复仇是最可怕的事。

我在 1975 年 11 月爬上从希斯罗机场飞往贝鲁特的班机，看得出富人都已全身而退。头等舱里没半个人。机长很想找人陪他聊天，便把我召到驾驶舱，再三劝我喝下远超出我平常酒量的酒。贝鲁特天际线出现时，我醒了过来，可以清楚看到圣乔治饭店、附近的假日酒店与腓尼基饭店都被炮火照得透亮。

机场航站楼点上了蜡烛照明，护照审查与叫出租车等例行公事因此显得有些不祥，当一个警察把我的出租车司机拉到一边讲话时，我更是没来由地紧张起来。我知道我必须控制好自己别胡思乱想。

我们驶过黑漆漆的城市，路灯都没亮，令人不安。人们在洗澡或看电视时遭狙击手射杀的事件层出不穷。狙击手仍潜伏着，或躲在尚未完工的摩尔大厦里，或躲在俯瞰西贝鲁特的废弃饭店中。但大多数市民已学会入夜后如何让狙击手更难得逞。

我住进海军准将饭店，从这里就听得到零星枪声。在天亮之前，这座城市得收下几千发子弹，这家饭店众所皆知是外国记者最常光顾的地方，或多或少还能因此幸免于难。已有两个本地记者被拷打致死，还惨遭割舌挖眼，但西方媒体躲过此劫。即使是最残暴的派系也急着昭告全世界他们的动机有多正当。

我的难题是该追着哪个派系跑。我在饭店和同行聊天，对方告诉我，跟左派或巴勒斯坦人在一起会很辛苦。他们不会让你看到第一手行动，而且他们的宣传机器太高明了，只会带你去看他们要你看的东西。

我找上基督教长枪党，把自己送上门去。我穿越穆斯林地区的"绿色界线"，那是一条虚构的线，划分不同宗派，然后进入阿什拉菲亚区，基督教徒的大本营。我找到长枪党的总部，不费吹灰之力就拿到采访许可。

他们给我一张通行证，上头盖着一些无法辨识的字，我开始直接和一群躲在假日酒店后方的战士周旋。我发现我进入一个逼仄的地区，人们在屋子间挖了地道，所以他们可以从一间屋子走到另一间，却不会被看见，就像是地铁系统。有一晚我睡在豪华吊灯底下，但环境通常肮脏不堪、老鼠肆虐。

基督教长枪党在被摧毁的宾馆大厅内射击，贝鲁特，黎巴嫩，1976 年 1 月

长枪党战士活在吃剩的烤肉薄饼与情色照片的垃圾堆里，照片里的女人扭着躯体，脸部和私处都给涂黑了。还未掩埋的尸体发出臭味，令人掩鼻。

我和战士一起熬过枪林弹雨，取得他们的信任，几天后他们带我到假日酒店，长枪党二十四小时占据这栋大楼，以熊熊炮火攻向西贝鲁特。奇怪的是，电梯竟还能动，我被带到比较高的楼层去见休息中的部队，他们随处躺着，清洁他们的 AK-47 步枪，其他战士则在顶楼开枪把它们弄脏。

他们不怎么高兴看到我，但也说不上有多大敌意。我觉得其中一人的头发对战士来说太多了点，原来她是个令人惊艳的美女，让我想起玛丽亚·施耐德在《巴黎最后的探戈》里饰演的角色。我没日没夜地窝在这堆拥挤的屋子里，心情一直很沮丧，看到她令我开始振奋起来。她是我在战场上看到的第一个女人。两天后，她把手榴弹和捆成一束的炸药棒丢进附近的腓尼基饭店。

假日酒店军营也有一些缺点。地窖几乎毫发无损，啤酒、白兰地和香槟成了最容易拿到的生活用品。我在那里待了三天，但晚上都回老鼠洞睡觉，睡觉时一只眼睛睁着，一只耳朵竖起，免得不知不觉让人给废掉。日落后的假日酒店使我惴惴不安，因为白天的军事优势到了晚上就成了弱点。敌人从远方来袭时你看不见，大有可能被包围住。我离开后，假日酒店被几个左翼派系攻陷，其中有一支人称"疯狂曲调"，他们把几个基督教长枪党的成员逼到顶楼一角，割掉他们的阴茎，再把他们从屋顶活生生扔下。

某天早上，一个战士告诉我："朋友，今天你会看到一些精彩的。"他笑了起来，要我坐进吉普车。我们出发，车后座有个人两脚叉开地站着，手扶一挺 30 毫米机枪。我们在一处下车，那儿集合了两三百个战士。

有个女人拿着蓝色布条与安全别针朝我走来。她把蓝色布条绕在我脖子上，我问她："这是做什么用的？"她听不懂英语，但她身旁的男子告诉我："那是辨识用的。你瞧，所有战士都有一条，以防我们自相残杀。"

军令断断续续吼开来，大家似乎大感不解。在大家一头雾水的时候，我常觉得最好的主意就是扮演闷声大傻瓜。你真正投身工作时，有的是时间放聪明些，但刚开始来一点点唬人的无知对获得情报很有帮助。

我听到好几次"夸兰提那"，我只知道那是贝鲁特的众多行政区之一，此外就没什么头绪。但我慢慢摸索出那是穆斯林贫民区，不知怎的居然建在基督教徒的东贝鲁特，就位于码头边的穷人区里。那里也收容了许多巴勒斯坦人，而这些长枪党战士就是要攻到里头去。

"我们将要把这地方清扫干净，把老鼠统统干掉。"一个战士告诉我。

来了更多战士，这天过得很慢。忽然有个战士走过来，狞笑道："你看，拍那个。"他指着电线杆上某个我没注意到的东西：有人把猫的尸块做成某种拼贴画。这景象让我顿时认清自己跟什么货色混在一起，也让我开始担心夸兰提那。

我跟着第一波进攻者跑。时间已晚，还下着大雨。他们都带蒙面头套。我们停在一道矮墙后面，看着人们从一间精神病医院被赶出来。人群都走到翼楼的窗户边。有个长枪党战士大声吼叫，没得到像样的回答，便把一串子弹扫射到窗户里。

有一名长枪党战士尾随我进入主楼，我站在一扇窗户往外看，然后走开，他接着走过来看。窗外没什么，但他的眉心被狙击手的子弹打中。基督徒的第一滴血惹火了长枪党。

黑夜降临后，枪声平息下来，医院主楼变成长枪党当晚的宿舍。我躺在没有窗户的走廊上，走廊一头挂着阿拉伯文的妇产科图表，另一头是停尸间。躺在我身边的长枪党成员原在英国航空公司工作，英语很好。他非常崇拜英国，我们一直聊到睡着，尽管那称不上睡觉，更像是与烦恼作无意识的摔角。

到了早上，又是狙击弹不变的射击声。每个人似乎都缩到夸兰提那的中央去了。他们召来一辆像是道奇皮卡的老旧美国卡车，上头架着一挺巨大的50毫米口径机枪，操枪的那个长枪党成员不分敌我乱扫射一通。

我看见有个老人死在街上，那场面很凄凉，我走过去拍照。跟我同行的长枪党战士说："朋友，不准拍照，否则我就杀了你。"

我暂且听命。那天早上有不少长枪党死在狙击手的枪下，他们可没心情和我争辩。虽然我有准许拍照的证件，但枪战一开始，文件就形同废纸。我想要拍他们不想被看到的东西，事情并不好办。

我听到尖叫声与吼叫声，看到妇女和儿童从一个楼梯间被赶出来。两个男子举着双手站在那里，看起来一脸茫然，身后跟着一帮长枪党。那两个女人偷偷瞄着他们，显然是他们的妻子或姊妹。我拍了他们。一个长枪党成员走过来，把枪上膛。他正是之前威胁我的人。

"我跟你说不准拍照，我要杀了你。"他说。

"没有，没有，我没有拍你，我只拍那个女人。"我说。当然那不是事实，我也拍到他。他想夺走我手中的相机。我躲开，然后说："你看，我有许可证。你看。"

他平静了下来，我朝楼梯间退去，那两个男人还被押在那里。那个长枪党成员端着一把老旧的 M-1 型卡宾枪在近距离打死了他们。其中一个男子倒下时，用他肺里仅剩的空气说出"真主安拉"。

我紧紧抓着楼梯栏杆。要坚持下去，我心里想着，你今天会看到很多这种场面，所以要坚强，别现在就玩完了。

很多人投降、哭泣、哀求、讨饶，有人被推到一旁隔离。妇女儿童在一边，男人和大一点的男孩被带到另一边。年纪最大的似乎很难分类。我看到一个老人被人拿刀逼着在路中央脱下裤子。他们要找出他的儿子，他说他没有儿子，于是整件事情变了调，他们戏弄起他的男性器官；另一名老人没有活着接受羞辱，他向一个长枪党挑衅地大吼，马上被一枪射中肚子。我看到三个年轻人被推进工厂的集货场，接着我看到昨晚睡在我身边那名说得一口流利英语的战士。

"他们会怎么处置那三个年轻人？"我问他。

"朋友，我不知道。"他说。

基督教长枪党带走巴勒斯坦妇女与儿童，贝鲁特，黎巴嫩，1976 年 1 月 18 日

巴勒斯坦人在乞求基督教长枪党的宽恕，贝鲁特，黎巴嫩，1976 年 1 月 18 日

"你当然知道他们要干什么，他们要杀了他们。"

我们两都看到一群长枪党重新上好子弹，准备要开枪。我跟那人说："昨晚你和我像人一样地聊着天，你还说你喜欢英国人。想办法阻止眼前的事吧，设法阻止他们，因为世界媒体在这里，这件事会让你们很难看。"

他想对我说那不是他的责任，但我们已引起别人注意。另一个战士朝我走来，说："这儿没你的事，离开集货场。"

我想，他们应该知道我已经拍了照，因为几分钟后那三个年轻俘虏被踹出集货场。他们暂获缓刑，但活过今天的机会很渺茫。

一波波人走出来投降。每清完一个地方，他们就火把侍候。桉树熊熊燃烧时，爆裂声清晰可闻。所有能烧的东西都被放火烧了。整个场景像是出自"黑暗时代"，像是我们印象中哥特与匈奴蛮族横扫欧亚的烧杀掳掠。这已不只是吓人，这是人间浩劫，仿佛新的黑暗时代降临。我拍了又拍。

我再次听到威吓："不准拍照，离开这一区。"这次我听令行事。

那天晚上我和马丁·梅瑞迪斯在海军准将饭店碰面，我们同意第二天再到夸兰提那。我们开到绿色界线时在一座检查哨被拦下来，我听到车外有一堆人叫嚷。司机说："他们要看你的通行证。通行证。"

我不假思索就把通行证从口袋里掏出来，却因此把马丁、我自己和一个同行的加拿大记者推向生死关头。活像地狱炸开一样，他们跑向车子四周说："滚出来，我们要杀了你。"他们把我们拖出车子，把我们往房里推去。我们必须通过几十个哭泣哀号的妇人，刚在夸兰提那变成寡妇的妇人。我们被推进房间，有个人走到我面前说："我们要割了你的喉咙。"

我问他为什么，他说："你是间谍，你是敌人，你是法西斯长枪党。"

我那时才恍然大悟我犯了什么错：我出示一张基督教长枪党发出的许可证，想通过左翼的穆斯林检查哨。他们对长枪党恨之入骨，这是个要命的错误。不幸的是，那个割喉者似乎不想听我解释这个错误。

他一再重复："你是法西斯长枪党，你是间谍。"接着他陷入一种不祥的沉默。

在我们等待命运揭晓时，不断有人撞开门进来，对法西斯间谍投以诅咒的目光。我的心情糟到极点，不只是出于恐惧，更是因为我危及同行。终于，更有决定权的人进来了，一个穿着兽毛翻领皮夹克的年轻人，幸好他仁慈且敏锐。

他说："麦卡林先生，你犯了大错。他们都要杀死你，你给他们看基督教长枪党的许可证。我知道你必须有这张证件才能做事，但他们不了解。他们正在安置夸兰提那的幸存者，那些人的至亲所爱都被杀了，他们要复仇。我知道你只是在做你的工作，而且你必须在两边走动，但是，朋友，你要非常小心，因为你险些性命不保。"

他问我们要不要来杯咖啡。我们已经吓得口干舌燥，几乎挤不出声音来说我们要。我得忍住冲动才不致弯腰亲吻那人的脚。

我拍了几张外面的难民，接着马丁和我就往夸兰提那出发。昨天被带离的那些人，下场一点也不难发现。我们一路北行，朝据说还在打仗的区域而去，经过一堆又一堆焦黑尸体。街道上散落着几十具巴勒斯坦人的尸体。

我看到一个胖胖的男人穿着开襟羊毛衫，那种你会在马莎百货买到的针织羊毛衫，他仰躺在地上，瞪大双眼。他身边躺着一个女人，我想是他太太，手上还握着一把塑料花。她是在乞求饶命。一个长枪党走过来，在他们的衣服上点了火。

我小心翼翼地拍照，只在我觉得没人看见时才拍。我对检查哨事件余悸犹存，不想那么早就用光我今天的好运。我们遇上长枪党员正在劫掠未遭纵火的房子，他们把电视机和录放音机抬到街道上。我目瞪口呆，他们一方面鄙视这些人，同时竟还能垂涎他们的财物。劫掠者的时间不多。我们看到一辆消防车开来，停车，开始对一些弃屋喷洒汽油，接着纵火烧了房子。

在一个小工厂区，我看到一个来自假日酒店的长枪党和一个被逼到墙边发抖的老人，长枪党威胁要割掉他的私处。在马路另一边，有人不断踢一群俘虏的脸,并拿刀刺杀他们。接着我看到假日酒店的那个女战士,她看起来既羞愧又孤独。一个巴勒斯坦人和捉到他的人起争执,我请她帮我翻译。

"其中一名囚犯声称他和他儿子是阿拉法特家族的成员。所以,你知道,他们暂时还不会死。"她一脸窘迫地看看我,然后走开了。我开始偷偷摸摸地拍照。

有个饱受凌虐的男人鼓起勇气逃跑。他一拔腿,战士便纷纷开枪射他,子弹打中马丁和我身边的墙,发出的嘶嘶声像烧完的鞭炮。战士追着那人跑,我们追着战士跑,希望那人能逃开,但是他撞上另一票长枪党,被踢翻在地上。一个战士上前把一整个弹匣的子弹射进他头里。

我们再次受到警告:"你们俩马上离开。也不准拍照,否则就宰了你们。"

我们继续往前走,我看到一堆还没被烧掉的尸体。我火速拍了张照片,浑身发抖。

再往同一条路走下去,我们听到乱弹的琴音。一个年轻男孩弹着一把从半毁的房里抢来的曼陀林。那男孩站在同伴之间乱弹,好像他们是在阳光下的树林里野餐般。他们面前有一具女孩尸体躺在一摊冬天的雨水中。

我的心被这一幅景象掐住,他们在大屠杀中狂欢庆祝,那似乎已清楚呈现贝鲁特的现况,但举起相机可能太危险。

这时那个男孩叫我:"喂,先生!先生!过来拍照。"

我还是很害怕,但仍尽快拍了两张。我想,照片一登出来,这家伙会给钉死在十字架上。我们踩着瓦砾走出去时,我再也忍不住了。"王八蛋,王八蛋!"我大声叫喊,"我会修理你们这些王八蛋!"

马丁似乎吓了一跳,但我不在乎。我有照片可以昭告全世界,在夸兰提那发生的罪行有多么穷凶极恶。基督教长枪党也知道了,因为没多久,我听到他们发出命令要格杀两个摄影记者:一个拍了基督教士兵喝香槟庆祝夸兰提那的胜利,另一个拍了曼陀林男孩。

此时我的当务之急是尽快把自己和照片弄回伦敦。马丁反对去机场。飞行员以基督徒为主，控制机场周边地区的则是巴勒斯坦人，两者间的冲突已完全打乱了航班。在机场逗留绝对是不智之举，那里已变成绑架的主要地点。

我从一条比较难被逮到的路线离开黎巴嫩。虽然贝卡山谷已经布满各宗派的枪炮，但还是有司机敢走。两个无辜被困在海军准将饭店的日本籍打字机推销员找到司机，我搭他们的便车。那是八个小时的颠簸车程，穿过山谷到叙利亚。我用最后一丝力气设法从巴基斯坦航空弄了班飞机从大马士革飞回伦敦。底片完好无损，但我已被彻底烧干了。

基督教长枪党，贝鲁特，黎巴嫩，1976 年 1 月

持曼陀林的基督教长枪党，贝鲁特，黎巴嫩，1976 年 1 月

离开墓地的巴勒斯坦家庭，贝鲁特，黎巴嫩，1976 年 1 月

30 与阿拉法特野餐

对于世界灾难，我搜寻、等待、观看、作出反应，这已使我的心灵付出沉重代价。你不能在饥饿、悲惨与死亡的水面上轻轻踩过，你必须跋涉而过才能记录它们。我寒心、麻木又孤独。我的激烈经验、我的激烈思索，都使我头痛。我必须付出我所有的精力、所有的自律才能使自己存活下去，才不会想要回家投向滚烫的热水、温暖的炉火与干净的衣服。我觉得我看过的恐怖如此之多，我似乎要被恐怖吞没了。

我需要待在家里。我需要我的国家——英国的和平。然而，当我回家睡在自己的床上，我很快又静不下来。我不适合居家。我在艰苦的环境中长大，我曾连续好多天睡在战场的桌子底下。这或多或少造成你下半辈子不再习惯睡在床上。我的战争，我的生活方式像是一种无可救药的疾病，就像恐怖高处的暗示，噩梦里的事实。那是我既害怕又热爱的东西，但也是我不能或缺的东西。我工作时不能缺少与生命的正面撞击。

我在夸兰提那的激烈经验把我带向中东地区更深入的工作。四重奏出版社 (Quartet) 的发行人奈伊姆·阿塔拉提议我和乔纳森·丁伯白合著一本书。我很佩服乔纳森探讨巴勒斯坦人认同问题的报道。这份差事连同我报社的其他任务，让我在 20 世纪 70 年代末期频频出入中东的动荡地区。当时黎巴嫩的战事进行得既惨烈又胶着，只有双方精疲力竭时才短暂停火。

此地吸引我的，不全然是军事冲突，更多是我对巴勒斯坦人的同情。我于"六日战争"前第一次和他们接触，在加沙地带难民营简陋的棚屋里。他们散居在阿拉伯世界，在我眼中，他们与犹太人意外地相似：勤奋、积极且聪明，许多国家的专业人士都出自这个杰出民族。

巴勒斯坦建国运动也有比较狂暴危险的一面。在约旦，他们的目的不仅是取回自己的土地，而且是要在这个国家中建立另一个革命的国家，因此威胁到侯赛因国王。法塔赫[1]支持者开着架有机枪的吉普车在安曼市区叫嚣，这支私人民兵卫队队隶属于巴勒斯坦当权派，为了建国常不惜拿枪勒索别人。

他们被赶出安曼，然后在黎巴嫩重新集结，以同一套手法横行贝鲁特。而在那时候，黑色九月[2]极端分子已经采取类似慕尼黑惨案的手段，那是我完全无法认同的。就像长枪党里的基督教军阀，有些巴勒斯坦人让我想起20 世纪 30 年代芝加哥的黑帮老大。

在海军准将饭店我们可以先后见到各派系的发言人，他们会来这里举行非正式的记者会。他们想和记者混在一起，但更喜欢花花公子生活的豪奢耽溺。那就像是稀奇而玩物丧志的综艺节目。

若想见到巴勒斯坦领导人亚西尔·阿拉法特，就复杂多了。他身为基督教徒和以色列的头号公敌，行踪极为神出鬼没，可能连他自己都摸不清。他在贝鲁特有好几个窝，但从来不会事先透露何时会出现在哪个地方。经过冗长的协商后，乔纳森和我收到通知，我们已获准和他见面。我们坐在奔驰

1　法塔赫（Fatah）：巴勒斯坦解放组织中最大的一支武装力量，1959 年成立，阿拉法特为创办者之一，也是主要负责人。"法塔赫"是巴勒斯坦民族解放运动的简称。

2　黑色九月（Black September）：由法塔赫组成的秘密恐怖组织，除了反抗以色列之外，也因为约旦国王下令将巴解驱逐出境而报复约旦。最大的一次行动为 1972 年的慕尼黑惨案，黑色九月闯入慕尼黑奥运村杀死以色列代表团十一人。

车里，挤在两个满嘴大蒜味的重装警卫中间，经过一段惊险的车程之后才知道身在何处。这里是泰尔市上方的山丘，贝鲁特大学里的法塔赫成员正在橄榄树与雪松的斑驳树影下举行野餐，旁边有栋老旧的黄色灰泥墙别墅。附近的道路被日本吉普车和英国路虎团团围住，法塔赫的突击队员将106毫米无后坐力炮对着天空。他们对以色列情报人员的防备从未放松。

黎巴嫩人和巴勒斯坦法塔赫支持者在大铁锅里炖着羊肉和鸡肉，喝茶和咖啡，等到中午，阿拉法特的车队出现了，尘土飞扬，军人纷纷高声喝令，场面一片混乱。矮胖的阿拉法特貌不惊人，穿着熨烫笔挺但不太合身的制服，很快就被等着拥抱与吻手的大批追随者湮没。

接着他发表激情演说，有力的声音逐渐升高，搭配着适时的手势，论及帝国主义的邪恶、巴勒斯坦烈士的光荣、不惜牺牲一个巴勒斯坦人以换回每一英里巴勒斯坦失土等，直到这时你才能感觉到这人的群众魅力。

学生、难民、年轻战士围绕在他身边，聚精会神。我与阿拉法特的短暂会面就此结束，我的结论是，他既富魅力又足智多谋。

在他演讲前，我们一起坐在野餐桌边吃东西。我只念着要拍摄他。我注意到他和世界各国领导人都懂得那窍门，会恰到好处地为照相机的卷片器停顿一下。虽然阿拉法特本人轻松自若，他的保镖却有如蓄势待发的花豹，眼睛时时刻刻紧盯我的镜头，好像相机里可能藏着刺客的子弹。

他很巧妙地摆脱我的快门，先殷勤地把他盘子里的一大块羊肉递给我："来吧，尝尝，尝尝，享受一下。"等我囫囵吞下，匆匆揩掉手指上的油腻准备举起相机时，他已经不着痕迹地开溜了。

现在我们将要见到警觉性更高的法塔赫革命委员会成员，听他们亲口说出巴勒斯坦人的故事。

我们花一个星期和那人在一起。墨瑞·塞尔和我曾躲在安曼洲际饭店熬过他手下的隆隆炮火。在巴勒斯坦人之间他是个传奇人物，日后也成为约翰·勒卡雷《女鼓手》一书的主角。他名叫萨拉·塔马利。

乔纳森通过萨拉的妻子迪娜·艾都尔·哈米德和他联系。萨拉与迪娜的故事相当传奇。她是哈希姆家族的公主，约旦国王侯赛因的第一任妻子，因侯赛因性喜拈花惹草而离异。

萨拉和迪娜是在很不凡的情况下结的婚。在围困安曼期间，萨拉是法塔赫部队的司令官，自然与他恋人的国王前夫势不两立。我们听说，那段时期萨拉行踪莫测，绝不稍作停留，只有一次例外——他绑架一位教士，拿枪逼他为他和迪娜主持结婚仪式。

两人如今住在塞达港郊外一座古老花园内，精致的别墅颇具年岁。他英俊、强势，满腔耿直热情，但我认为他心中的怒火比起热情也不遑多让。他参与过许多短兵相接的作战，也曾在卡拉玛战役中坚守防线，力抗以色列。我们有很多话题可以聊。通过他，我们也见到别的法塔赫领袖——阿布·杜瓦德和阿布·穆萨，以及另一位传奇人物——与阿拉法特携手创立约旦西岸法塔赫组织的阿布·吉哈德，他的名字意即"圣战"。我曾看过他和他女儿在一起的模样，几年后他被以色列的摩萨德所杀，我想到那个小女孩就伤感。但我也不至于被巴勒斯坦领袖的魅力与性格迷昏了头，我不全然赞同他们的所作所为。

萨拉本人是出生于伯利恒的贝都因人。他叔叔是部落里的法官，骑马时身上都配着剑。以色列的国土在当时有95%属于贝都因人，75%是他们的居住地。第一次世界大战时，英国需要美国和犹太人的财政资助，于是出尔反尔，割让出了一片犹太故土，不顾此前早已承诺让当地阿拉伯人独立。但是在萨拉叔叔的年代，这块故土是座与世无争的小小家园，阿布·杜瓦德和犹太裔巴勒斯坦人一起快乐地长大。他如今对犹太人依然毫无恨意，好战的犹太复国主义分子除外。

希特勒改变了一切。逃过灭族危机后，不只是复国主义者，连一般犹太人也莽撞地要打开一条路，进入那块两千年来已不再属于他们的土地。极端的犹太复国运动组织"斯特恩帮"与"伊尔贡"采取无所不用其极的暴力手段，想要摧毁企图阻断新移民潮的英国政府。飞机被放上炸弹，银行被抢，英国官员遭绑架，英国军人遭私刑处决并被吊在树上。事实上，日后极端的巴勒斯坦人所运用的所有战术，伊尔贡都已经先用上了。

这种恐怖手法受到西方国家的普遍支持。美国剧作家本·赫克特在《纽约先锋论坛报》向伊尔贡喊话："你们每炸掉一座英国弹药库，破坏一座英国监狱，把一条英国铁路炸得半天高，拿枪与炸弹对付你们祖国的叛徒与侵略者，美国犹太人都会在心里叫好。"

英国人撤走后，犹太运动中比较失控的极端分子开始在阿拉伯村落进行"清洗任务"。国际红十字会的杰克·勒雷尼尔在亚辛村找到令人发指的屠杀证据，与越南美莱村如出一辙。阿布·杜瓦德十二岁时就待在以色列人屠杀阿拉伯人的另一个残酷现场——拉姆兰。至此之后，巴勒斯坦人称该事件为"大灾难"。杜瓦德说，西方世界固然不应忘记"大屠杀"，但也该记得"大灾难"。

巴勒斯坦人在整个中东地区流浪。萨拉的家族从法官变成科威特劳工，但两代人的流亡再度改变民族的生活方式。就像流亡的犹太人变成了知识分子、律师、有权有势的商人，阿拉法特的同胞兄弟成了受人敬重的医生，也是好战的革命分子。

巴勒斯坦开始还击，恐怖的冤冤相报至今未休。我回到黎巴嫩，不久后即听说，为了报复夸兰提那事件，贝鲁特南部达摩尔镇的基督教徒被赶出家门，达摩尔遭到洗劫。接着对方也采取了报复行动，三万巴勒斯坦人被围在巴解重镇塔鲁兹札塔。

然后叙利亚军队开入黎巴嫩，执行所谓的维和。不久后，我又来到这个国家。叙利亚军队一直被以色列视为最可怕的敌人，他们一开始是应沙特阿拉伯之请而进入黎巴嫩，但叙利亚也自有盘算，他们把黎巴嫩视为"大叙利亚"的一部分，而且就像贝鲁特街上其他民兵宗派一样，也不太喜欢记者。我曾因为拍下一个叙利亚士兵站在汽车引擎盖上兴高采烈地挥舞手枪而遭到逮捕。

城内即便有"维和部队"，各派系歇斯底里的民兵依然继续以最微不足道的小事为由胡乱开枪。你还是会不时挨流弹。若有某个周末平静无事，那是因为所有战士都上了山接受训练，聆听与敌人不共戴天的宣言。基督教卫兵团的格言是："任何黎巴嫩人都有责任杀死一个巴勒斯坦人。"

有一天，我因为手持照相机而被巴勒斯坦民兵逮捕。他嗑药的后劲似乎还未退，所以我得赶快想出脱身之计。我自称是阿布·阿玛尔的朋友，阿布·阿玛尔是阿拉法特的化名。

"你真是阿布·阿玛尔的朋友？"

我回答说没错，我早上才刚刚跟阿布·阿玛尔下了一盘棋，还问他有没有看到报纸上的照片。报纸上倒真的登有一张那天阿拉法特下棋的照片，但对手是我一位英国广播公司的朋友。他问我："我们主席下得如何？他赢你了吗？"我答说他当然赢了。他看着我，笑了起来，双手环住我，紧紧抱了我一下，腰带上的9毫米苏联手枪压得我很痛。接着他放开我，看着我的眼睛说："我很高兴，你可以走了。"

我和乔纳森的巴勒斯坦漫游记有个令人寒心的后记。我和一些纳粹党员混在一起。若非纳粹最早干了那一堆好事，也不致有今日的巴勒斯坦问题。拉线的人是我在比亚法拉的工作伙伴安东尼·泰瑞，他刚结束北欧某场会议，赶来非洲时身上还穿着黑西装与红袜子，热得汗流浃背，但也衣冠楚楚。在当年的比亚法拉，他必须运用他高度的机敏探测他首次接触的非洲政治；而在1977年的秋天，我则被派到西德和他会面，西德可以说是他的地盘。

我们要去见一批惊人的老纳粹，安东尼一直努力迎合他们。这些人是"阿道夫·希特勒警卫旗队"的残党，当年希特勒的私人党卫队。当中有个高大的金发男子，至少六英尺六英寸高，最受众人拥戴，原来他曾是希特勒的贴身保镖。

难以置信的是，他们想要洗刷自己的形象。他们出版刊物宣扬自己对战争的贡献。看了精美的画页，你会相信党卫队只代表温暖的战友情谊与健康的生活。安东尼却曾经是偷袭位于法国圣纳泽尔的德国潜艇基地的突击队员，并在战俘营里蹲了三年。尔后他在英国情报机构工作，调查党卫队犯下的战争暴行。对于他们从事社会工作企图沽名钓誉，他完全不为所动，但他非常擅长隐藏厌恶之情。他和这些可怕人物讲话时很有礼貌，当对方语带仰慕地喊出希特勒之名时，他会抿住嘴，笑一笑再继续。他只有坐在打字机前写稿时才会让情绪宣泄出来。

我们最后受邀参加他们的团聚晚宴，地点就在拿骚，即他们战时的驻扎地。我们走进大厅，从某些方面来说，待在这里要比和那些老纳粹在一起看他们狂欢来得有趣。场内有几个反纳粹的示威者，但是坚定的市民似乎坚决地站在党卫队这边。

他们之中有位西德军队的后备役军官，他告诉我："当年如果叫我当集中营警卫，我当然会去，毋庸置疑，但现在情况不同了。"我希望情况真的不同了。我离开时带着一种恶心的印象：古老的偏见巨轮依然周而复始地转动，不只在中东。

赫特福德郡，1970 年

31 怀疑的阴影

我常怀疑，对我这样的沙场老马而言，何处才是家。当我离家躲在那些地狱般的恐怖坑洞中，我渴望回家和家人团聚；而我回到家，在赫特福德郡农舍旁的小屋敲敲打打时，又心痒难耐想离家到国外。有件事我们不得不承认：《星期日泰晤士报》已经不一样，生活方式取代了生活，成为杂志的主要内容。

我在许多战地报道中目击了民族认同形成的过程，于是我开始自问：我是谁？英国人是什么？他们代表什么？在这问题上我代表什么？我决定在我的国家内旅行，以寻找答案。有将近两年时间，我在英国各地旅行，发现、拍照，有时是为报纸工作，多数时候自掏腰包。我不只寻找英国人的民族认同，也在寻找一把钥匙以开启我自己内在的某种东西，好找出方向进入新的世界。我发现我的眼睛已经习惯黑暗，我看到的一切都反映出我的童年，以及我在其他国家目击的剥夺、遗弃、死亡、灾难、破碎的心灵与支离的身体等情景。

我沉浸在北方的工业城镇，汲取布拉德福德这类城市荒凉的美感。虽然我自己并不穷困潦倒，我还是禁不住认同遭社会遗弃与放逐的人。我进入贫民窟，英国还找得到这种地方简直令人难以置信，那里的人用旧啤酒罐为孩子泡茶，那里的壁纸因为受潮而严重剥离卷曲，那里的人家徒四壁（就像我小时候），油腻腻的炉子站在房子中央，上头长满了霉。

为了感受穷人生活，我的食宿都在救世军寄宿旅馆。我花了几个星期拍摄精神病医院。我自己长久以来的恐惧之一便是自己可能会精神失常，被关进疯人院。然而我在寄宿旅馆、精神病医院和路上目击的情景却让我对社会心生愤怒。

我的国家里有一股我极力反抗的黑暗，但我内心也有黑暗的一面。我在英国海边为人们拍照时，他们看起来很不快乐。我想到，那种不快乐不在他们心里，而是在我心中。我又见到我在别人的国家里爬过、碰过的尸体。英国向晚田野里燃烧的麦秆让我想起焦土战略，结果它们在我照片里就变成那副模样；从沼泽雾气中飞起的野鸭看起来有如轰炸机的队形；在英国树林里，雨滴打在叶子上的声音将我带回紧张的丛林巡逻。我最快乐的时刻，是在乌云低垂的开阔荒野里如孤魂般游荡。我渴望冬天，因为能和天气激烈搏斗，也为了萧条的景色。有人说那是种被虐狂。

我出版了一本讲英国的书，名为《归乡》，被形容为过于阴沉，是在和平时期拍摄的战地摄影集。大约在那时候，合众电视网拍了一部纪录片谈我的战争照片，在片中我被问到往后怎么看待战争。我早有答案。我只想再拍一场战争，全力拍好，然后结束。其实生命很少这么有条理，战争本身更是从来就没条理。

在进行危险的工作时，为了克服离开英国的恐惧，我会告诉自己：我在为一份伟大的报纸工作。所有文字记者与摄影记者都少不了报纸，而报纸也少不了记者。大多数人都不知道我们有多么少不了报纸，直到《星期日泰晤士报》在1978年11月停刊，并停刊一整年。报纸因缺钱而停刊一向令人伤感，但因缺乏常识而停刊却让人愤怒。

之所以停刊，是因为报社决定从传统的铅字印刷方式改成桌面排版技术。伟大的汤姆森爵士已经过世，我曾陪着他到中国去，他儿子肯尼思也是我朋友，他继承了父亲的事业，亟欲加快现代化的脚步，《星期日泰晤士报》的管理阶层也是如此。印刷工会主张停工抵制。毫不妥协就代表毫无解决之道，两方都想保留的《泰晤士报》与《星期日泰晤士报》从街上消失了。

和这次争端无关的文字记者和摄影记者被晾在一边。我们多数人继续领薪水，但是没有报纸的报社人员是可悲的动物。少数人已做好准备要在别的报纸匿名发表报道。我还是走进格雷律师学院路的那栋建筑物，觉得自己好像太平间的管理员。人们晃来晃去，或形单影只，或两两为伍，有如精神病院的病人，然后像多疑的精神分裂症患者，互相投下猜疑的目光。没有人清楚知道我们该不该在这里。没了报纸，你可以感到忠诚度与信任感的腐蚀。而我，只要一想到我甘冒奇险制作这篇或那篇报道给一份如今毫无价值的报纸，就无法忍受。一切看起来都很滑稽。

大家都觉得停刊顶多不过几天。当停刊延长为几星期，然后几个月，直到最后好像遥遥无期，我发现自己很难鼓起热情做任何事。和大家一样，我从电视上看到伊朗大使馆被团团围住，我不会为一份不存在的报纸冒险。如果管理阶层和印刷工人不准备冒点险展开协商，为何记者就该冒险？直到维多利亚和阿尔伯特博物馆邀我办个人作品回顾展，才把我拖离那赤道无风带。

除了亨利·卡蒂埃-布列松，我不记得有哪位当代摄影家获得殊荣在这座博物馆举行大型展览。我在猪舍改建的暗房里放大照片，而我得坦承自己感到很不安。在反映世界大事的报纸上刊登恐惧与受难的照片是一回事，但把它们挂在画廊墙上受人尊崇又是另一回事。展览约有四万人次参观，大部分观众都是年轻人。

那次展出直接带来一场最愉快的会面。我的经纪人艾伯纳·史坦要我挑些照片编辑成书，冠上康拉德式的书名《黑暗的心》，并请大卫·康威尔写序，他更广为人知的名字是约翰·勒卡雷。大卫同意了，条件是我要和他会面。我觉得有点胆怯，就在准备的时候试着读一本他的书。《荣誉学生》据说是以《星期日泰晤士报》内某些我认识的人为原型写成的，明眼人一看便知我们的远东地区特派员迪克·休斯在书中化名为"老乌鸦"。但即便是描写他的部分，我也读不下去。阅读障碍症已严重损害我的注意力，我无法吸收他复杂的情节与行文。我把书放到一边，打定主意不和他咬文嚼字。

大卫·康威尔到我家拜访，克莉丝汀请他喝豆瓣菜汤，他礼貌周到地表示感谢。我带他看我们养的鸡，接着他成为第一个受邀跨过我暗房门槛的人。在牛棚里，我们看到那本被我丢了的《荣誉学生》陷入泥地里，他假装没注意到。我们相处得不错，一直谈到傍晚。他告辞时，我记得我严肃而唐突地问他："也许你可以告诉我，我正往哪里去，我的生命是刚开始，还是刚结束？"

我竟然问一个才认识几个钟头的人这样的问题！

当然他无法告诉我答案，但他在序文里对我的精神状态做了一番外科手术般的分析，我确定他是过誉了。但他协助我抛下了那一段自我追寻的痛苦时期。他觉得我的作品"出自一个焦躁的、有些严谨的心灵，对于世界局势和自己的心境极度不安"。他一语中的！另一段文字让我觉得更不自在：

> 他已经见识了各种形式的恐惧，他是恐惧的行家。上帝才知道他多少次从死亡边缘爬回来，那绝不重样的生死体验。光是他在乌干达监狱的经历就足以使人永远精神错乱，其实像我就是如此。他说他被关押的次数多到自己都记不清，他没说大话。他如此谈论死亡与危险，似乎颇有意在暗示：每次他考验自己的运气，也就是在考验上帝对他的恩宠。得以幸存就是再度受到宽恕与保佑。

这是真的吗？我无法全然否定。

我们成了好友，后来他的书《女鼓手》改拍成电影，我和他到贝鲁特寻找外景地。电影改到约旦拍摄，非常明智。我们在黎巴嫩时一起去寻找萨拉·塔马利和迪娜，发现他们漂亮的别墅大门深锁。我们翻过围墙进去看，还是搞不清楚二人到哪里去了。后来我才发现萨拉被关在以色列的监狱里。

赫特福德郡，1970 年

赫特福德郡，1978 年

桑德兰人，麻袋里装着煤，1972 年

康塞特，杜伦乡村一对夫妇，1974 年

康塞特，杜伦乡村，20 世纪 70 年代

无家可归的爱尔兰人，伦敦，1973 年 3 月

无家可归的爱尔兰人，伦敦，1973 年 3 月

赫特福德郡，1970 年

32　伊朗大地震

　　我在伊朗伊斯兰革命前夕与革命刚结束时到过那里，老实说，两种情况我都不喜欢，不过我倒是很喜欢一位在当地认识的人，他日后遭阿亚图拉[1]霍梅尼监禁。

　　罗杰·库珀 1986 年系狱，之后多家英国媒体分别形容他为"学者"或"生意人"，而被伊朗人视为间谍。我所认识的他是个报社记者，表现相当优秀。我两次赴伊采访都有他陪着到处跑。

　　罗杰是诗人罗伯特·格雷夫斯[2]的外甥，他讨人喜欢的古怪性情或许与此有关。他穿凉鞋骑自行车，把笔记本、小刀、胡椒研磨器等吃饭的家伙放进一只女用布袋。他住在德黑兰多年，一口波斯语（和其他多种语言）像本地人一样流利。我一眼就喜欢上这个人，他身上有某种光芒。

　　他对付塞车很有一套。在他滔滔不绝的波斯语攻势下，挡路者会自动退让。他会告诉对方："安拉在上，你会受到惩罚。"他就像诺曼·刘易斯，

1　阿亚图拉（Ayatollah）：什叶派地位崇高的神职称号，字义为"神的象征"。
2　罗伯特·格雷夫斯（Robert Graves,1895—1985）：英国诗人，出身文学世家，除了诗作外，小说也相当受欢迎。

能从生活的点点滴滴获得无尽乐趣。

我有一次在火车站里的厕所排队，厕所很简陋，人很多，我前面那人转过头来和我讲话，我完全听不懂，只能无力地笑笑。那人接着和我身后的罗杰讲了几句，罗杰忽然大笑起来。

"这个你绝对不会喜欢的，唐，"他揉了揉眼睛说，"他想知道为什么我朋友这么没礼貌，有人问话却不屑回答。我告诉他你不懂那种语言，他说：'那我跟他讲土耳其话，这总行了吧？'好笑的是伊朗人认为土耳其人很笨。"

1978 年秋天我第一次到德黑兰，激进学生因上街高喊"处死国王"而遭军方枪击。官方宣称死亡人数是 100 人，但罗杰不信，便到德黑兰最大的公墓数新下葬的坟墓。他算出的数字接近 500 人，但他觉得其他公墓的数目会更多。就在我们抵达前不久，伊朗最神圣的城市库姆才刚有 70 位神学院学生在一场骚乱中遭射杀。

显然我们正目睹一个政权的垂死挣扎。伊朗国王独裁政府依靠无孔不入、人人闻风丧胆的秘密警察"萨瓦克"（Savak）撑腰，也终将失控。我们正目睹一场具有重要国际意涵的大革命揭幕。伊朗产石油，又紧邻苏联，政治走向备受国际强权关注。英国在伊朗有深厚的利益，特别是工程建筑业；以色列和南非依赖伊朗的石油，但美国的利益凌驾这一切。美国中央情报局以前就曾策动政变整垮前任左翼领袖摩沙德克，助国王夺得大权。美国人多年来支持可靠的反共国王，还逼迫伊朗签下大量国防协约，如今他们面对多变的情势，唯一能确定的是国王必然会下台。

国王政敌众多，初期没人说得准哪一个会胜出。鼓吹社会革命的激进学生声势较大，但更强硬的反对派是保守的伊斯兰教徒，以担心西化步调太快的毛拉马首是瞻。然而就在一夕之间，伊朗政治灾难的风头被自然灾难抢了过去。

一场沙漠中的地震在三十秒内夷平了绿洲城镇塔巴斯，据说已有两万人死亡。罗杰与我设法搭乘军用飞机进入灾区。那段期间我们睡在帐篷里，忽然碰上第二次地震，那可列入我这辈子最紧张的经历之一。

我以为自己可以应付多数灾情，但压根儿没料到一场地震可酿成那么大规模的死亡，也没料到我会目击推土机掩埋几百具尸体的惨状。尸体必须尽快掩埋以免暴发传染病，但你一看到灾民把裹好的婴儿尸体放在推土机的行进路线上，就很难抓稳相机。我在塔巴斯的时候，伊朗国王飞来，他是众王之王，我拍了一张他下机的照片，一切政治与自然的灾难都写在他那张饱经风霜的脸上。

任何事都躲不掉政治，连灾害救援也不例外。毛拉带着野外炊具来到灾区，很多人对罗杰说，比起软弱无力的政府，他们的贡献大太多了。也有一群马什哈德大学的年轻医学系学生忙着接种伤寒疫苗，他们认为神职人员根本只是要"传教"。

我们接着到马什哈德，当地精致无比的青绿色圆顶清真寺如今被坦克团团包围。罗杰和一位毛拉有约，他告诉我们，"为了我们的安全着想"，要赶快在军方关闭机场前回到德黑兰。他看我们不愿离去，就走开片刻，回来时拿着两只小盒子，分别放在我与罗杰手中，盒子里装着两颗美丽绝伦的绿松石。

"我怎么说也不能接受这份礼物啊。"我对罗杰说。

"拜托你帮我个忙，收下吧，"罗杰轻声说道，"你若还给他，他会大发雷霆。他借此向我们表示他的慷慨好客，即使他是要我们快滚。"就这样，我们带着宝石飞走了，后来我把宝石镶成胸针送给克莉丝汀。

我去马什哈德本无意逛街购物，但英国大使馆附近的地毯市集却令我着迷。伊朗文明显然很有深度，食物却不怎么样，永远是米饭。我觉得很不可思议，一个制得出波斯地毯和绿松石圆顶的国家怎么受得了这么糟糕的食物。

罗杰和我旅行到许多小村和城镇。在大不里士，一些宗教激进主义派别已烧毁电影院和银行等西方的腐败象征。我们一路上采访得很辛苦，男人似乎一脸阴沉，而女人大都包裹在头巾底下，很难得知她们的想法。

爬上库尔德山区后，我们轻松了许多，那里的风景几乎就是圣经的气氛，而且人们真心欢迎我们。我知道很多记者都会爱上库尔德族，他们有绝佳的理由。男人总是笑脸迎人，妇女穿着喜气洋洋的金色、红色与蓝色。他们不仅住在屋内，同时也住在屋顶上，这方式令我大感惊奇，但其实那很实际，危险来袭时能随时应付。

我新交了个库尔德族朋友，是个二十四岁的年轻人，他带我参观村子，还告诉我他们民族的故事。据说他们是米底亚人的后代，两千年前被波斯人给征服了，至今还保有清楚的民族认同。我问我的朋友，他在这山区怎么会说得一口流利英文，他说是因为他曾在英格兰的哈特菲尔德学院待过一小段时间。

一年后我回到阿亚图拉霍梅尼统治下的伊朗。"萨瓦克"和国王一同被赶走了，但毛拉留下了拷打伦理。公开绞刑卷土重来，如果绞刑架坏了，通常一旁都有机枪伺候。美国曾是伊朗国王的头号盟邦，如今已经变成霍梅尼的"头号撒旦"。

我很高兴能再次看到罗杰·库珀，但他现在忙得很。德黑兰挤满来自世界各国的记者，大家都想弄明白伊朗伊斯兰革命是怎么回事，而罗杰似乎是唯一能看懂德黑兰报纸的人。

多数记者集中火力报道美国大使馆与人质的消息。卡特总统犯了极大错误，他企图以军事行动解救使馆人员，首都弥漫着好战、幸灾乐祸的气氛。我也轮值了几次，在美国大使馆外头面对众人不断抨击一切来自西方的人、事、物，包括我在内。等罗杰设法摆脱差事，我们终于可以离开德黑兰时，我才松了一口气。

伊朗是多民族国家。几乎一半人口是少数民族，如库尔德人、土耳其人、阿拉伯人、俾路支人等，大多住在首都外。我们想去接触这些少数民族，看革命对他们有何影响。

我们决定坐火车到大不里士，那里有个不服政府的土耳其人聚居区。

尽管毛拉禁止人民饮酒，但罗杰不愿丢下他私酿的接骨木浆果红酒，随身带了一瓶。我们在火车站灌了几口提神后，罗杰便把酒瓶塞入麻布购物袋底部，以策安全。

火车开动了。我们上路不久就遇到查票员，身旁还跟着一个神情冷酷、没刮胡子的革命卫队队员。在革命的那个阶段，卫队要比军方或警方更令人害怕，他们可以只经过最简单的法律程序就把人给处决掉。查票员走了后，卫队队员把头探进门来。

他对罗杰说："我闻到你呼吸里有酒精味，我想来一杯。"接着他离开了，说他很快就会回来。

我们有紧张的三分钟时间做决定，或许他是严守清规的卫队队员，想引我们入罪，再把我们拖出去，也或许他只是暗地里受害于这场禁酒的革命。我让罗杰决定，他认为卫队队员可能只是需要喝一杯。队员回来后放下帘子，我发现罗杰是对的，这才松了口气。

在大不里士，革命卫队正四处横行。我想拍几幅当地土耳其人受卫队欺凌的画面，立即就被撞到墙边。罗杰再一次解决这棘手的状况，不过也对几位穷凶极恶的角色费了好一番口舌。我不是革命理论专家，但在革命实务上，你总是看到讨人厌的家伙步步高升。必须做坏事时，坏人通常比较得心应手。伊朗和黎巴嫩很需要这些人，这点显而易见。

我们再度爬上库尔德山区，发现革命卫队早我们一步蹂躏了此地。库尔德族击退了他们，但也有很多人阵亡，包括我那位去过哈特菲尔德学院的年轻朋友。他被拖出车子，当场枪决。

回德黑兰的路上，我目击到另一种屠杀。飞机航班中断了，罗杰和我搭出租车走了四百英里，取道这个国家最著名的一条路，以前越野赛车的车手就是从德黑兰开上这条路到大不里士，再由阿富汗进入印度。我想睡觉，但是一幅接一幅汽车残骸的惊人奇景使我完全睡不着。有些残骸锈蚀严重，显然已停放多年，或许是要劝阻危险驾驶，虽然看不出有这种事发生的迹象。

有一天罗杰说，他听说德黑兰郊外山边发生了令人难以置信的事。根据他的消息，那里有个专为宗教人士设立的秘密射击场。那是真的。

接近射击场时我们碰上一个毛拉，他原本应当捧着经书的手上却拿着 9 毫米手枪，自然还是老话一句：不准拍照。于是罗杰又展开攻势，他告诉毛拉革命是多么光荣，我们又是多么乐意推动革命的目标。他引述我的革命功绩，我"和阿拉法特有多亲近"，毛拉仍不为所动，但看得出提及阿拉法特激起了他的兴趣，八成是因为巴勒斯坦人被他们视为革命兄弟。

我把罗杰拉到一旁，跟他说我和乔纳森·丁伯白合著有一书《巴勒斯坦人》，我刚好放了一本在旅馆房间里，而为了保险起见，我习惯把房间钥匙带在身上。下一分钟，我们要出租车司机火速回旅馆拿书，罗杰则继续跟毛拉周旋。两小时后，我们看到出租车冲了回来，扬起一路尘土。罗杰建议我在书上题几句恰当的献辞，像是祝革命大好，祝部队马到成功等虚情假意的话。罗杰把书递给毛拉，然后转头对我说："你可以拍了，快动手吧。"

就摄影来说，这事很神奇。霍梅尼曾提及一支"两千万人的部队"，在这个三千五百万人口的国家，听起来很荒唐，但现在我看到他是如何办到的。到处都有毛拉趴在地上，双脚张开，努力要把卡拉什尼科夫冲锋枪摆正。有人摆不平裙子的问题，有的人没人指导，头巾也妨碍他们摆出射击卧姿。他们射得砰砰响，每个人的表情都乐在其中，有些人已经是精湛射手。

那里也有几队女孩和妇人在学习射击，许多人戴着头巾，但也有人装扮没那么正式。我注意到女人拿的武器比较糟。有人拿到后坐力很强的 G3 步枪，少数幸运儿拿到 AK-47。整体效果像是看到一支英国主教团和几队女童军一起参加某场严肃的枪战。

当时伊朗和伊拉克之间尚未爆发可怕的战争，所以最让我震撼的是闹剧的元素。但当时我确实警觉到，神职人员和妇女在任何社会里都是最大的反战力量，国家机器将二者都军事化了，可能会造成严重的伤害。

33 与"圣战士"同行

到了 1980 年春天,《星期日泰晤士报》急着要恢复停刊期间失去的销售量,花起钱来比以往都大手笔,国外采访的经费没了上限,好像每个人都上路了。我进行我的伊朗和黎巴嫩计划,也到兴都库什山去走走。

那年夏天我穿着"水手辛巴达"的服装和一双全新的马丁靴,和罗杰·库珀及几个面貌凶恶的"圣战士"同行,往开伯尔山口[1]走去。好吧,不是直接走向开伯尔山口,但也很靠近了。我们计划非法入境苏联占领下的阿富汗。我们打听到这四十名"圣战士"准备好好教训一下"苏联红军",所以就混入他们的行列中。我们通过秘密审查,被戴上伊斯兰头巾,穿上非常宽、非常肥大的裤子,然后到达白沙瓦,采买食物后加入一群游击队前往北部山区。

我们站在山腰上,脚下的空地都给晒焦了,身旁有两只又大又重的砂糖布袋装着我们的补给,绝大部分是沙丁鱼。我们在西北边境省只买到了罐头,陪同的"圣战士"不希望我们带罐头,但我已经尝过走远路断粮的苦头。

---

1 开伯尔山口（Khyber Pass）：位于兴都库什山脉,是巴基斯坦与阿富汗之间最大,也是最重要的连接通道,东口距巴基斯坦白沙瓦 16 千米。

唐·麦卡林与反苏联的游击队在一起，1979 年夏，罗杰·库珀拍摄

更何况山区游击队通常有骡子可以驮运这类东西。

游击队来了，他们没带骡子，先是朝我们吹胡子瞪眼睛，随即往山顶出发，走入没有任何路径的山区，留下我和罗杰站在布袋边。罗杰把波斯语翻译过来：他们不愿意背那些袋子。我也不满地表示，我没办法"同时"背相机和沙丁鱼罐头走一百英里路翻越兴都库什山。我们委托两个可怜的帕坦人扛起这些小山般壮观的食物。

没多久我们停下来练习射击。他们放了一面小镜子在一百码外给游击队员的AK-47当靶子。十有八九离射中靶心还远得很，我想他们和苏联军队交战的话可有好戏看了。罗杰和我觉得还是小心为妙，所以他们邀我们一起玩枪时我们拒绝了。

接连四天，我们沿着晶莹的溪水跋涉过极端崎岖的地形，我垂涎欲滴地注意到水里满是活蹦乱跳的鳟鱼。我们在土墙围起的村落里歇脚，我睡在阿富汗式碉堡般的房屋里，用手从大锅里抓东西吃。虽然我有点犹豫，但为了搞好关系，这样进食也是必要的。

我终于放弃了沙丁鱼，不只是为了搞好关系，也因为我很挑食。我这才发现溪里为什么有那么多鳟鱼：阿富汗人不喜欢吃鱼。

罗杰的望远镜使我们出了些风头。他们把望远镜传来传去，然后东西就不见了。他们把这件事怪到队伍里一位少年的头上，不过很明显他是替罪羊。后来有记者告诉我们，事情会变成这样是再正常不过。的确，我们可能幸运地逃过了一劫：在西北边境省，要别人扛上沉重的袋子就足以让一两个西方人送掉小命。

两架米格机朝我们的河谷俯冲过来，我们被迫躲在桑树下。我现在知道我们离预定目标苏联军队前哨站很近了，我再三追问我方的指挥官何时可到达前线，他的回答永远是："快到了，就快到了。"

米格机又飞过来，我又逼问指挥官，这回他出乎我意料："三点，我们三点出发。"

我们多出了几个小时做准备，罗杰和我到清澈的溪水里洗澡。我对自己说，若要上前线就弄干净点吧，以防万一你得去见上帝。我奢侈地躺在晶莹的水里，随即跳了起来——我身上爬满了水蛭。我们把水蛭弄掉，回来后发现"圣战士"在山洞里呼呼大睡。我对罗杰说："我不相信这些家伙会去前线。"罗杰又用波斯语试探，果然获得证实。

"我们不会带你们上前线，以免引来苏联空军打我们。"

他们倒是带我们去看一架很久以前被打下来的苏联直升机，很像所有电视新闻都报道过的那一架。他们在上面摆姿势拍照，动作熟练，好像练习过很多次了。然后罗杰告诉我，他们接下来要带我们去看新近掠夺来的大炮，他们准备拿它攻击苏军据点。原来那是一台苏联榴弹炮，轮胎没气，根本不可能移动，而且阿富汗人也不想与敌人短兵相接，何况这里的地形也不需要近身战。不过，阿富汗人对于远距离作战很有一套，苏联军队付出惨重代价后也发现了这一点。你把敌人困在据点里，甚至包围整个地区，就可饿死他们。因为阿富汗人设了太多埋伏，也没人能逮到他们。你可以完全切断苏军的外援，但过程漫长又缓慢，不适合照相机拍摄。

阿富汗战争为时整整八年，没有任何前去采访的外国记者能搞出什么名堂。他们都走同样的无聊路线，拍到同一架苏联直升机。所以，走过七十英里的艰辛山路后，我觉得已经受够了，就对罗杰说："我们白忙了一场，我不要跟这些人继续走下去了。"

我们在两名游击队员的照料下——如果可以称之为照料的话——往回走，那两个不友善的土匪对自己的东西还真会善尽保管之责，有天居然在祷告完后忘了带走步枪。"哎呀！"其中一人在回去捡枪前还滑稽地拍了拍头，好像在刺激记忆。

罗杰对他们的行为起了疑心。他说："你知道阿富汗的传统，他们经常为了摆脱你而干掉你，他们会等你睡着，再拿颗大石头砸烂你脑袋。"

"这样的话，你先睡，我看着。我们轮班互相照应。"我建议道。

若找得到商队旅舍，我们便睡在店里，以便和人群在一起。早上我们等我们的卫士做完祷告才出发。某天我们正爬上陡峭的斜坡，米格机又俯冲过来轰炸底下的旅舍，我们耳边传来骆驼惊恐的嘶吼声，有半数骆驼都跑掉了。

我们继续前进，进入一座看来似乎已渺无人烟的村子，我到溪边洗脚。我脚上长了个大水泡，靴子里一片血淋淋。有个老人出现了，手上裹着脏兮兮的绷带，原来他的指尖被砍掉了。我用杀菌剂帮他治疗时，两个凶巴巴的阿富汗人端着步枪走来，劈头就是一阵吼叫。他们认为我们是苏联间谍，而老人则觉得他的新朋友遭人诬陷，因此大为震怒，就拿着小刀去找他们。

我像橄榄球前锋般扑到他身后，抓住他挥舞小刀的苍老手臂，用双臂环住他的肩膀把他架开，直到我们走到村子边才握手互道再见。整个过程中，我们的卫士连个人影都没出现。

那个晚上我们睡在野外，轮流站岗，细细辨认浩瀚银河里的群星。

离巴基斯坦边界还有十五英里时，罗杰出现了异状。他已经四十八岁，开始有年老力衰的征兆。他有食道裂孔性疝气的毛病，体温越来越高，但竟然就靠着阿司匹林硬撑下去，到了边界才倒在最近的运输站上，刚好搭上一辆载满难民的货车。身体的疲劳像巨浪般吞没了我们，但眼前还得先通过巴基斯坦的检查哨。我们当然是非法入境，现在也得非法出境。我们被太阳晒得黝黑，加上高加索人的浅色眼珠，在多疑的人眼中，就像是苏联间谍。

我躺在边界检查哨打瞌睡，发现有人戳着我的背。"下来，先生，下来。"只剩最后一丝力气的罗杰狂笑起来。两个英国来的辛巴达爬下日本卡车，活像从沙德勒之井剧院[1]或吉尔伯特与沙利文[2]中逃出来的人。武装警卫把我们押到白沙瓦的警察局，我心想，在伊斯兰法律中，非法入境的刑罚会不会是鞭刑？

---

1 沙德勒之井剧院（Sadler's Wells Theatre）：伦敦首屈一指的剧场，具有 300 余年历史。
2 吉尔伯特与沙利文（Gilbert and Sullivan）：指维多利亚时代作曲家阿瑟·沙利文与剧作家威廉·吉尔伯特合组的搭档，两人合作 25 年，创作喜剧 10 余部，内容多幽默，荒诞，对后世影响深远。

我们费尽唇舌，然后被带去一栋豪华的房子见一位戴着头巾的地区督导。"我看，两位先生会想来杯茶吧。"他说。我们浑身脏兮兮地坐在草地上望着夕阳，那时我觉得我们没事了，一看到黄瓜三明治端上来，我心里就更加笃定。

　　阿富汗经验给了我一次教训。我一直觉得共患难会拉近彼此的距离，但阿富汗人却是例外。我赞同他们的理想，但是尽管曾与他们共渡难关，我依然无法对他们产生感情。

　　罗杰的看法我就不敢确定了。几个月后我在伦敦和他碰面，那时他才刚回来，穿着全套阿富汗装束在希斯罗机场引起不小的骚动。我跟他说我很沮丧，和"圣战士"一起冒险真是糟糕，他却说也没那么惨。他跟我说，在高烧康复期间，他学会了阿拉伯语。

游击队战士，津巴布韦，1979 年 12 月

34 对改变的不安

《星期日泰晤士报》没有采用我的阿富汗照片，我不觉得意外。同一架老旧直升机，摆姿势的"圣战士"，静止的大炮，实在了无新意。但是，当我的贝鲁特照片也不受青睐，没登出几张时，我不安起来。这些照片完全不一样，拿到哪里都杰出得很，要找份刊物登出来毫无困难。有几家出版社催促得很急。我计划出本《贝鲁特危机》，但我担心的是报社内发生了什么事。

虽然《星期日泰晤士报》已经找回读者群，汤姆森家族却对争执倒尽胃口。在 1980 年秋天，肯尼思·汤姆森决定卖出《泰晤士报》和《星期日泰晤士报》，他被印刷工人的长期抗争惹火了。

他眼中的最佳买主是澳大利亚的新闻经营者鲁伯特·默多克，不过记者并不认同。默多克旗下有《太阳报》与《世界新闻报》，在舰队街已经够有头有脸了。

有的印刷工人觉得弄走汤姆森家族是骄傲的成就，但事后证明这极其短视。以经济观点来看，默多克很快就要把报社搬到威平区，并借此宰割所有印刷工人。

《星期日泰晤士报》的记者非常排斥默多克，他们想通过"垄断事业评议会"来阻止他收购，但他当上老板的第一步动作却不火爆，而是狡猾：他换了总编辑。

哈利·伊文斯不顾别人的劝告，离开了他在《星期日泰晤士报》根基稳固的职位，跑到《泰晤士报》当总编辑。《星期日泰晤士报》的职缺则由副手弗兰克·吉尔继任，弗兰克也是位备受尊敬的记者，但没哈利那么才华横溢。

1981 年一整年，鲁伯特·默多克似乎只顾着修理印刷工人，但是迟早会轮到记者。我们身陷一场不正当的战争，当大楼正在脚下缓缓崩溃时，只能眼睁睁地看着、等待。有些最优秀的记者在感受到第一波震动后决定要离职，但我们还没感受到山崩的全部威力。

在这段不安定的时期，我自己也有许多焦虑。我有太多采访任务做得半生不熟，或是半途而废。我对时机的掌握，或报社对时机的掌握，或许是两者，都越来越糟了。

我在罗德西亚独立成为津巴布韦的时候去采访，但当时游击队已取得胜利，正在交出武器，我只好拍摄战士展示武器的照片。那有如在梦中回忆我在所有战争中见过的所有武器：从第一次世界大战古老的李－恩菲尔德英国步枪、塞浦路斯的斯登机枪、越战的各种枪支，到目前的最新武器。

我和伊恩·杰克到斯里兰卡采访泰米尔人动乱，但军方封锁了摄影记者，我没能突围，上不了前线。我为此十分沮丧，虽然我不能期待每战皆捷。

我和西蒙·温切斯特[1] 在印度的采访比较成功。我们完成一篇比哈尔邦警察对嫌犯施以酷刑的报道，即恶名昭彰的"帕戈尔布尔致盲事件"[2]，但即使在那里，我还是察觉自己漏拍了重要照片。当时比哈尔的头号通缉要犯是个女土匪头子，名叫普兰·岱薇，据说她会一枪杀了她玩腻的男人。我一直

1　西蒙·温切斯特（Simon Winchester，1944— ）英国资深记者，曾获许多奖项，也是成功的作家。

2　帕戈尔布尔致盲事件（Bhagalpur blindings）：1980 年，印度的帕戈尔布尔警察朝 31 名犯人泼酸性液体，致使犯人眼睛全盲。

没拍到普兰。

回到英国后又碰上另一件让我灰心的事：我卷入冗长的媒体评议会官司。

那看起来是一次乏善可陈的杂志采访：拍摄利物浦警察办案。警察虐待嫌犯已成为热门话题，临检搜身也变得很具争议。在一堆案件中，我在警察局里拍到一个衣衫褴褛、醉醺醺的老人接受例行搜查。

我漫长的职业生涯中首次遭到这类攻击，火力来自始料未及的地方，不是警方，而是老人的律师。他在媒体评议会里提出控告，声称我侵犯了他客户的隐私权。而他说，最令他火大的是，警官居然戴着手套搜身，让他的客户看起来一副很脏的模样。据说我的过失是在拍照前没有先征得老人同意。这种事当然见仁见智。我是受警察之邀到警察局去，不管是街上或局里的事件都可以自由拍摄，所以我认为自己已经获得许可。此外，老人当时似乎也没有反对的意思。

我打输官司，收到媒体评议会的警告。我不觉得自己有罪，但此事依然令我耿耿于怀。假如要确实纠缠下去，媒体评议会的尺度会让新闻摄影与电视新闻几乎没得玩。如果要事先征得画面中每一个人物的同意，任何逮捕、示威、灾难、动乱、战争或犯罪的拍摄都不可能完成。

当这件事还在办公室内闹得沸沸扬扬时，别的不安正在干扰我平静的家庭生活。我和克莉丝汀的关系冷了下来，两人越行越远。她总是昂首阔步渡过难关，但现在我们面对的是另一种难题。我想她已经察觉到我另有女人，虽然我从未暗示过这件事，也不真的认为自己出轨，因为我仍爱着妻子。

我在丽兹酒店的酒宴中遇到拉兰·爱希顿，那不是我习惯涉足的场合，在场都是上流社会人士。在我孤独地探索了英国社会的下层阶级，也出版了《归乡》之后，《星期日泰晤士报》的杂志派我去做些轻松的远足，方向完全相反——采访巴黎时装秀。惯于出生入死的人干起猎艳之类的差事，这种噱头象征了那些即将落幕的矛盾日子。我自得其乐，相信自己拿到了缓刑，可以暂时躲开炮弹四射的恶臭散兵坑，但同时也隐约觉得自己有点被腐化

游击队已取得胜利，津巴布韦，1979 年 12 月

了。不知怎的，我就是知道拍摄美女不是我的天职，虽然我很佩服我的老友大卫·贝利在这个领域的技艺。我们在20世纪60年代一起胡作非为，之后就很久没再碰面，直到在巴黎首次重逢。报纸停刊后，我未来生计没了着落，于是便开始频频与他碰面，在那个他大放光芒的闪亮世界寻找出路。于是我出现在丽兹酒店，贝利的太太莫莉·赫薇恩把我介绍给拉兰。

那天晚上我们在拉冈餐厅吃晚餐，莫莉安排我和拉兰坐在一起，离宴会的其他人远远的。我注视着她蓬松金发下的大眼睛，觉得很自在，话也多了起来。

一星期后，拉兰带着《归乡》出现在奥林匹斯画廊，问接待人员我是否愿意为她签名。我签了名，和她建立某种关系。那时我已知道拉兰不只非常美丽，还经营自己的模特儿经纪人事业，是很强势的女企业家。她邀请我到她在诺丁山的住家，在我眼中，那儿是我所见过最时髦的公寓。

我们坐在火炉前的地板上，在摇曳的火光中饮酒聊天。我待到晚上，但没到深夜，因为我必须回去拿装备，天还没亮就要出发到北海采访油井开采，那是则很不浪漫的新闻。

恋情就这样开始了，具有我渴望的火花、挣扎与浪漫。我不再是《归乡》中孤独的流浪汉。我以为恋情很快就会结束，但它维持了很久。我们在情绪上紧密相依，不愿恋情就此了结。

克莉丝汀开始沉默寡言，而我心里也起了变化，我失去那股推动我生涯的旺盛活力。战事不再那么有吸引力，假如我曾经那么做，如今我也不想再为了英雄主义而投入没完没了的自杀行动。我想过过不必不断证实自己勇气的生活。但战争还是我的一部分。知道自己还能站在战场上面对战争，必要时还能在炮火下活命，对我来说很重要。但我也知道这一部分的自己已经来日不多，这种事我做不了多久了。我在寻找离去前的最后一场战役，以表现我所知的一切。

左翼游击队员，萨尔瓦多，1982 年 2 月

35　国王饭店的白毛巾

机会来临时，我有预感，事情不会那么顺利。当我带着几卷底片、一只袋子和对革命惨烈之路的知识，再次飞越几千英里横越世界时，这种感觉就紧随着我。卡斯特罗在加勒比海引发了连锁反应，一如往常，美国开始铺天盖地地向政府军提供武器与援助。里根总统宣布，萨尔瓦多绝不会变成另一个古巴。

1982年春，我到达这个战略地位重要的中美洲小国，之前我根本没想到自己真能顺利进入这里，也没想到几天后我会坐在游击队营区里吃着红色四季豆，还从信号不良的收音机里听到有四个记者因为企图做我已经实现的事而遭到杀害。无论如何，我心里有某种紧张感正在滋长。

一方面，我正庆幸自己能再度回到拉丁美洲，徜徉在破落的西班牙建筑与热带林木中；另一方面，我感到不安，因为我读了些东西，清楚自己的处境。夜里经常发生谋杀，一个星期加起来就有两百起。受害者遭到绑架后大多数会给轰掉脑袋，尸体则丢到首都圣萨尔瓦多郊区的垃圾堆里。就在我到达之前，天主教教堂的台阶上刚发生屠杀事件。极右翼的杀手占据各城镇，左翼游击队则在山区活动。

选举在即，其结果决定了这个小国的政治路线，这是美国最关切的事。美国电视网大批涌入，有一家电视公司派来了三十五名记者。国王饭店的忙乱已近乎疯狂，我在厕所里甚至还隔墙听到一个电视台人员用无线对讲机和他餐厅里的同事讲话。在这团混战中，我和菲利普·雅各布森联系上，准备逃离这群喧嚣的暴民。他提议我们私下和《新闻周刊》摄影记者约翰·霍格兰一起行动，约翰不但能讲西班牙语、有辆卡车可用，还熟悉当地环境。

投票日清晨，霍格兰人还没到就发生了流血事件。左派于前一晚涌入首都，在各个投票所站岗，以监视他们口中的"腐败选举"，而军方也出动要对付他们。我一大早冒险出门追踪把我吵醒的枪声。在别的首都，此时正是水车出动清扫街道的时刻，我却发现士兵抓着尸体的脚后跟，拖过垃圾堆，把他们甩上大卡车。游击队员被砍得支离破碎。这不是公开投票的好兆头。

选举结束了，我可以自由进入游击队据点，虽然政府警告，谁这么做一律被视为敌人并枪毙。我把它当成纯粹想吓吓人的口号。霍格兰还没到，我和一个法国摄影记者朋友搭档行动，我知道他曾和游击队联系上，还设法想把他的组员弄进营区。

我们和他的神秘线人在市中心汉堡店碰面，地道的希区柯克风格。我们弄到一辆大众露营车，把上面的装备全部卸下，只留下摄影机和麦克风，使它看起来不像要远行至山区，然后开了很久的颠簸土路，到达山区一座古老庄园的宽广中庭。露营车藏在仓库里，我们睡到鸡啼才起床，正喝着农妇煮的咖啡时，游击队本部派来的向导也到了。我精神大振，这可能是很棒的独家新闻。

接下来我们背着沉重的电视摄影机与收音器材，跋涉了几个钟头的山路。为了躲避军方伏击，我们得战战兢兢，专走隐秘小径，像鬼魅般穿越"柏林镇"旁的主要公路。"二战"后有些前纳粹分子在这座小镇落脚，为它取了这个名字。我们在几个村落都受到农民热情相迎，有如老友重逢。

我们已经两脚酸痛，又累又饿，才终于走到游击队的外围警戒哨所。

我们到达时，扩音器正对着营区广播消息，妇女、儿童像鸡一样四处奔跑，武装男子带着苏联步枪和火箭筒懒洋洋地躺在吊床上。许多游击队员看起来只有十六七岁。我们也排队领取营区的食物配给——一碗红色四季豆，之后就睡在空地上。

第二天早上，有突发事件中断了营区的日常活动，人们围在收音机旁，有人用西班牙腔英语断断续续地告诉我们：有四个荷兰记者企图与游击队的作战单位搭上线，被捕后请求饶命，然后在逃跑时背后中枪身亡。

由于处境多少有些危险，于是我们工作一完成就立即走了段又长又累的路回到泛美公路一带。说是公路，其实是尘土飞扬的土路，上星期才有一位记者在车上被杀。我们正在小径上大步前进，忽然看到前方有动静，是军方的巡逻队。我们往后退，躲开侦查，绕了一圈回到农庄。到了这时候，我们看起来已经非常粗野，一脸憔悴，胡须没刮，浑身污泥。

农场安静得很不自然，农民们好像都逃走了。当他们终于从藏匿处出现时，却激动地告诉我们，军方来过附近搜查西方记者。驾着露营车载我们来这里的人已经开车离开，我们熬过不安的一夜等他回来。

第二天早晨，露营车和司机还是没出现，因此我们在黎明时分离开农场，把所有器材堆在农民吱吱作响的牛车上。农民愿意把我们送到泛美公路，这已经够勇敢了。我们在公路边等待第三世界的那种山区公交车。车上挤满要去首都市场的农民，农作物都堆在车顶上。

车内已无空间，我们坐在车顶上，一路摇摇晃晃下山，直到抵达一座小镇。那里有座桥已被游击队给炸毁，电报杆和电报线也都倒了。到了桥边，我们开到军方检查哨前。他们把车内所有男人叫下车，命令他们转身，把双手放在脑后。我的心脏狂跳起来。

接着他们叫我们："下来，先生。下来。"

我们的西班牙向导跟他们说起话来，不断挥舞着我们的萨尔瓦多通行证和护照。接着出现一场混乱，有个十一岁左右的小男孩被揪出人群，还被推来拉去。他们发现他像绑腰带般在身上捆了一面革命旗帜，准备偷偷运到镇上。他们把他带到马路前方两百码外，那里的空地上有一处军营或警察哨所之类的房子。我听得到他的哭泣哀号，向导说："天黑后那小男孩可能就会没命。他是游击队的信差，军方早就知道了。"

我瞬间异想天开，准备大干一场。那个法国摄影师脸侧有道长长的疤痕，看起来很剽悍，而他的录音师则体格粗壮，活像橄榄球队前锋。但那个男孩子眼睛含着泪水走了回来，而他们也把我安抚了下来。

现在轮到我们了。我发现士兵的挑衅程度升高，模样就跟我在尼日利亚和乌干达看到的一样，我准备对着干的本能立即变成逃跑的冲动。向导为我们卖力协商时，我计划着如何逃跑。那个摄影师转过头来对我说："他们要我们搭他们的卡车跟他们走。"我心脏差点跳了出来。

卡车突然开动时，我们正抵膝而坐，负责押解的卫兵身上披挂着满满的弹药。从最轻微的不愉快搜身、讯问到最险恶的状况，我都设想了一遍。我把手伸入袋子里，若无其事地翻东翻西，其实是在湮灭可以立即将我入罪的东西，我双手神不知鬼不觉地让容易冲洗的黑白底片曝了光，而在菲利普·雅各布森大声抗议我失踪之前，军方是来不及冲洗彩色底片的。我才刚刚完事，卡车就突然停住。

前面那名中尉跳出车来，脱去上衣，小心地在肌肉发达的身上挂上好几条子弹带，好像兰博一样。他走到路前方十五码处，挑了个位置站住，那里站着另一个端着枪的人。我心里想着，那么，时候到了。

虽然明知无用，逃跑的念头仍在我脑中乱窜。但即使我的双腿跑得够快，也无处可逃。当那名中尉走回来，坐上卡车前座时，我简直不敢相信。那么，我们不会变成尸体被丢进山沟里了。不过，被带进军营也不保险。

最后我们只是被押在军营里几个钟头，甚至没受到严厉的讯问。我们谎称自己是在公路附近的村子拍摄，之后因找不到交通工具而在路上枯等，他们相信了，但我心里还是一直发毛。我们包了一架小飞机从那座名叫乌苏卢坦的小镇飞回圣萨尔瓦多市。

一两天后，我身心恢复过来，便和约翰·霍格兰一同踏上预定的旅程。我们想出一个追逐枪声与寻找游击队藏匿处的粗糙计划，并在他的道奇货卡车上挂一面白旗。有件东西可以派上用场：国王饭店的白毛巾。

我们比预期的时间更早遇到麻烦。进入一座政府军控制的乡下小镇后，霍格兰到小镇外围四处查看，我则专注于广场和市场。接着猝不及防，一连串枪声爆开来，我扑倒在市场的地上，还颇为勇敢地抢拍到同样蜷缩在那里的农民。子弹打在铁皮浪板屋顶的声音非常惊人。

我开始大喊："约翰，你在哪里？"

"喂，我在这里，老兄。"他的呼叫声传来，同时还有子弹击中屋顶又弹开的乒乒乓乓的巨响。这突然爆发的枪战像场雷阵雨，来得急去得快。接下来我们只想尽快安全离开那座小镇。

某一天我们听说，萨尔瓦多第二大的陆军军营旁爆发一场大战，就是在乌苏卢坦附近我们接受侦讯的那座军营。我们到达那里时，陆军的侦察机正在天上飞，可以听到密集的枪炮声。我们不知不觉跑进一个地方，道路都已被游击队控制住，前方有棵树倒在地上挡住我们的去路。树后面有个小男孩扛着一具火箭发射筒，他大概不到十四岁。约翰用西班牙语亲切地与游击队员交谈。

"他们已占领市郊的一座小村子。"他说。

"我们能进去吗？"我问。

我们头上有一架侦察机正在盘旋，就像我在越南看过的那种。我们和游击队一起躲进榕树树荫下，游击队用无线电联络他们新近攻占的村子，约翰翻译给我听："可以了，老兄，我们可以进去了。"

他们带我们缓缓走过陡峭狭窄的山谷、干河床和干裂的马路。天气非常热，沿途山丘上都有武装游击队监视着我们，最后我们到达红树林区和新攻下的村落。

政府军在乌苏卢坦战役中驱逐左翼游击队，萨尔瓦多，1982 年 2 月

游击队大概有一百五十人，似乎比村民还多。他们骄傲地向我们展示几具政府军士兵的尸体，那是令人很不快的景象。

我不想多留，我知道政府军一定会反击，而且很快就会打来。失去这么接近大本营的据点，军方可丢不起这个脸，而当他们要收复失土时，一定会火力全开，我们这群游击队的那点家当远远应付不来。我们火速拍好照片。

我向约翰说："我们可以帮忙载走伤员吗？载他们去医院？"

"等等，这可能有点麻烦，我们慢慢来。"

约翰开始说服游击队指挥官，一一打点。十分钟后他说："好了，老兄，我们可以带他们走。"

人们开始带伤员出来。有个腹部中弹的人被人用凉椅抬出来。另一人手臂被子弹打穿，胸部也有伤口。

约翰说："还有一个，这人就棘手了。"

我们被带进一间屋子，里头有个人躺在藤席子上，席子都已经被血水浸透。起初我只看得到他的肩膀和扭曲的身体。他脸部中弹，从鼻孔到喉咙都给轰掉了。

我们带着他走过一条美丽的林间小径，到了马路边。他发出可怕的哀号，苍蝇不断飞来，想停在他伤口的血块上。有条狗闻到血腥味，跟了上来。我向陪同的妇女讨了她的白色领巾盖住他可怕的伤口。

我们在离开战场的路上碰到政府军的包围行动，但由于卡车上有些伤员来自他们的部队，我们一路上还受到协助。

我们到达医院时没看到半个人影，接着我发现有些医护人员在后头的背人处闲晃，便转而用英语大声喊叫。但英语在这个国家没多少人听得懂。他们看到我们的旅行车和车上的伤员，却只是站在那里瞪眼。我拍拍双手后，他们才慢吞吞地动手把伤员搬下车，却留下那个下巴被轰掉的人。我发火了，敞开车门，自己把他抬下来。我把他抬进医院，同时向上帝祈祷，别让他跌倒，也别让他昏倒在我身上。他们把他放在推车上推走了。

我像做噩梦般一再重回乌苏卢坦。有一天下午，游击队攻击那座城镇，约翰、我和一个美国女摄影记者又回到那里，刚好遇上漫天烽火。我们看到一群士兵，几乎和游击队一样年轻，没戴钢盔就在马路那头开火。他们装备很不齐全，纪律很差，还走到几间屋子里在屋顶间爬来爬去。

我跟着他们，但霍格兰没兴趣跟上来。我爬上屋顶拍士兵时，那女孩落在后头。一连串枪声响起，士兵找到地方掩蔽时，我发现自己向后跌去，我想要抓住西班牙屋顶的瓷砖，瓷砖却撑不住我的体重。撞到地面前，我撑起手肘想抵消跌势，好保护我的脊椎。我陷入一片狂乱。

我从地上弹起，在尘土中翻滚。那种疼痛无法形容，我似乎半身麻痹了。我痛得满地打滚，此时居民都已经躲了起来避开枪火，士兵也跑光了。有个老妇人走出来，看到我这副惨状吓得双手乱挥。我不想被游击队当成雇佣兵抓走，于是拖着身子爬上屋顶，循原路回去找霍格兰。我掉到中庭里，疼痛又没命地攻击我。

我四肢并用，爬到一个玄关，听到一架军用无线电嘎嘎作响。这里是个简陋的通讯哨所，里头驻扎着一名士兵。我爬进那房间，用英语和他交谈，但他听不懂。我躺在房间地板上十二个小时，熬过失眠的一夜。我觉得我跌断了髋骨，但我最担心的是，万一游击队踢开门扔颗手榴弹进来可怎么办？

到了早上，枪击声停了。一个妇人和一个男孩出现在门边。她吓得大声尖叫，但很快就平静下来，还用硬纸箱做了一片夹板好固定我的左臂。终于有辆卡车开来，把我送到几天前我才送了一车伤员进去的那家医院。他们帮我裹上石膏，战事终于结束后就把我放回街上。打胜仗的士兵在游行，我在人群中看到约翰·霍格兰和那个美国女孩。

"天哪，老兄！我担心死了，"霍格兰说，"我以为你被打死了。天啊，我好高兴看到你。"

医院帮我注射的吗啡药效逐渐退去，疼痛又剧烈起来。在约翰和一位好心的《时代》杂志记者张罗下，我被运回圣萨尔瓦多市，再由菲利普·雅各布森接手,安排我照 X 光（乌苏卢坦没有 X 光设备）。我手臂有六处骨折。我被送上第一班飞机,生平第二次坐上《星期日泰晤士报》买单的头等舱座位。

我认真思索，自己到底是好运用完了，还是技术不行了。

They are like candles that no-one will put out, or stains that cannot be removed.

——Mark Haworth-Booth

第四部

任务终曲

36　特遣部队溜走了

我的健康、我的婚姻、我的记者生涯，全从萨尔瓦多开始崩坏。我要回到我的家，那一直以来都在担惊受怕，怕我会拖着不完整的身躯回去的家。我妻子以前看过我受伤，她既难受又深恐我会有何不测，看着这样的她，我也很不好过。而现在，我不只带给家人痛苦，还连累拉兰。

飞回伦敦的途中，我的心漂流在无法自拔的情绪纠结中。拉兰知道我是有妇之夫，但不知道我跟克莉丝汀有多亲近。克莉丝汀不知道拉兰的事，但我猜她已经起了疑心。我吞下更多止痛药，灌下更多啤酒，把音乐开得更大声。

在机场，《星期日泰晤士报》美术主编，也是我多年老友的迈克尔·兰德让我的精神振作了起来。他带了一个我不太熟的朋友——文字记者大卫·布伦迪同行。两人接过我的底片后，立即把我送到密德萨斯医院。我在那里躺了一个早上，全身赤裸，只盖了一条裹尸布般的床单。接下来报社同事不断出现，愉快地打招呼，接着又好奇地掀起床单，我要制止都来不及。

"可以把我的衣服送回来吗？我不想再演偷窥秀了。"我终于忍不住了。

然后有个访客在我等待时走了过来，我看到那人是拉兰。我俩的秘密似乎要公开了。

我髋骨没破碎，但几根肋骨像枯枝般折断了，造成我半身麻痹。我的手臂拖了将近两年才恢复堪用的灵活度。

我回到一个不快乐的家，妻子已经发现我和拉兰的婚外情。我该做个了断，但我无法放弃她或孩子。我们一同住在我们携手建立的家园里，我和家人以及家园间的纽带还十分坚实。我犯了很多男人犯过的错，我放任自己和别的女人相爱。这是我情绪上的野蛮期。

不久，我对工作也焦躁了起来。福克兰群岛（阿根廷称马尔维纳斯群岛）危机已经爆发，我手臂却还包着石膏，像一只折断的寒鸦翅膀。令我不安的是，竟然没人和我联络这件大事，于是我打电话到办公室。

"听着，我要采访这件新闻。"我说。

"好，没问题。我们要你去采访这件新闻，"我听出来电话那头有点迟疑，"你觉得你可以胜任吗？"

"是，我可以，"我虚张声势地说，"我手臂可以举到脸这么高了，也试过单手拍照，我当然可以胜任。那你能把我弄进特遣部队吗？"

"好，唐，这里每个人都会支持你。我们会尽力把你弄进特遣部队。"

我们处于撒切尔时代的第四个年头，杂志现在归默多克新派任的彼得·杰克森管理。编辑政策已经不倾向刊登太多苦难的新闻摄影题材，而更偏向软性的领域，例如消费性商品与时装。迈克尔·兰德等杂志社老同事还坚持着，但也撑得很辛苦。

有一天，迈克尔打电话来说："我们有个难题。"

"什么事？"我说。

"我不知道该怎么说才好，但办公室真的有场战争。杰克森把你的萨尔瓦多报道拉下来了。"

我说："他不能这么干，他不能扔掉那些萨尔瓦多照片，否则我就辞职。"

"杰克森说，福克兰的特遣部队已经开始集结，随时会有'英国'士兵战死，所以他不想刊登垂死的萨尔瓦多人。"

"那只是借口。"我说。

特遣部队还要等上几周才会和敌军交锋，搞不好根本不会。总之，萨尔瓦多人已经阵亡，届时才阵亡的英国士兵几乎不可能挤下他们的版面。那些萨尔瓦多照片是付出代价才拍到的。我到办公室和菲利普·奈特列和史蒂芬·费伊这两个朋友讨论，我踱来踱去，像头生气的狮子。岌岌可危的不只是我的照片，还有原则。如果战地摄影记者拍回来的作品出于非摄影原因被弃而不用，以后你就不能期待还有人愿意出门去冒生命危险。

我在盛怒之下打出辞呈。奈特列大叫："你在干吗？不行，不要辞职，千万别这样，这么做太愚蠢了。去找弗兰克·吉尔，想办法和总编辑协调。"

即便有他的善意劝告，我还是直奔高层。总编辑外出，我把辞呈塞入他上锁的门底下。

吉尔很快就叫我去见他。他拉了拉衣服，伸直袖口露出劳力士金表，好像有什么话难以启齿。但在这件事情上他很有雅量，他在寻找解决之道，想要阻止我落入自己的情绪陷阱。

他说："我不会答应让你辞职，我们需要的是某种协调。先别慌，这件事总能解决。"我们达成协议：他们会刊登我的报道，我则收回我充满火气的辞呈。

但杰克森还是要贯彻他的意志。迈克尔·兰德用我的萨尔瓦多照片设计出很棒的杂志封面。版面做好了，也打好了样。杰克森却舍弃那个封面。我受够了，医生说我的手臂可能无法完全复原，也就是说，我拍照的机会可能会变少，而现在，连辛苦赢来的封面都被他扔掉。

我冒的险和我受的伤都白费了，我觉得我得到一个烂苹果奖。

我转而全心争取福克兰方面的机会。特遣部队随军记者的挑选制度是每家报社提交名单给国防部，由国防部决定哪些人可以去。之所以这么做，据说是为了限制记者人数。事后证明，还有别的原因。

我打电话到国防部："我的名字叫唐·麦卡林，我想查证一下我的名字是否在《星期日泰晤士报》的福克兰名单上。"

"是，我们知道你是谁，老兄。我们会把你的名字放在优先名单里。"我还以为自己应该早就被选上了。"没问题的，别担心，我们会和你联络。"

他们没再联络。我可以预见特遣部队溜走了，而麦卡林无缘同行。我开始借酒消愁。我不是他们第一批要找的人，这让我很难受。在萨尔瓦多插曲的启发下，我甚至猜疑会不会是我自己的报社封锁了我。不管是什么缘故，没有任何迹象显示我将登上那些几乎是每天离港的船只。乌干达号起航了，堪培拉号离开了。我打探它们的航线。它们会先到阿森松群岛，再开往遥远的南大西洋。我心碎了。

我说服自己相信《星期日泰晤士报》故意不让我获选，很显然我不能去了。我狂乱失控，沮丧得超乎任何人想象。我想跟英军特遣部队同行，过去二十年世界上所有重要战争我无役不与，我比任何一个到南大西洋打仗的资深军官或士兵更有战地经验。

我奋力作最后一搏，到皇家战争博物馆同他们的摄影部门讨论这个状况。我知道他们派了一位女画家去描绘战役，便问他们我可否以官方摄影师的身份同行。他们很讶异我还没上船航向南方，答应尽快给我答复。答复来得很快：他们非常乐意我去帮博物馆拍照，但负担不起费用。

"付我一英镑我就上路。"我连忙说，以免他们后悔。

他们答应立即安排此事。

几星期过去，最后一艘船也离港南下了。我发电报给一些部长，也不断打电话。我知道指挥官杰里米·摩尔还没离开英国，他将飞到阿森松，搭上舰队后航向福克兰。我也知道皇家战争博物馆有一位理事是空军少将，如果他们真想让我去，他可以安排我登上摩尔那班飞机。我绷紧神经等待。

没人给我解释，事情就这样无疾而终。我变得蛮横无理，我的断臂和其余一切都让我感到极度羞辱。

然而，这种状况既不是我的断臂所引起，也不是《星期日泰晤士报》扯我后腿。直到我读到《泰晤士报》登出一篇越战老手福瑞德·艾莫利的文章，才发现真正原因：他们选中的特遣部队随军记者大多数都没经验，这种策略是用心设计过的，好严密管制信息流通。

　　我后来得知，我的名字本来已经列入国防部的记者名单上，但被高层给剔除了。到底是被谁剔除的？最后去成的记者中只有独立电视新闻台的迈克尔·尼科尔森和《标准晚报》的麦斯·哈斯丁称得上资深、有经验，他们的表现无懈可击。麦斯懂得如何把自己弄进去，并把报道送出来，这点没几个人办到。那已变成英国的新闻审查高墙。福克兰战役没能好好被记录下来，至今仍是，连皇家战争博物馆都如此，更别提《星期日泰晤士报》根本没有摄影记者到现场，只有一位文字记者约翰·薛利。整场战役里只有两位摄影记者，其中一个还是情报员。

　　我写了一封信给《泰晤士报》，这很不像我的作风，但我非常生气。我口述，克莉丝汀打字。我觉得我已凭自己的鲜血挣得采访福克兰的权利，我曾在萨尔瓦多流血，我曾在柬埔寨流血，但轮到我自己的国家时，他们认为我的血不够好。我宁愿为英国流血，在福克兰流血，与我国的军队一同流血，但那支军队否决了我。

　　那是名誉问题。我觉得我被自己的国家给羞辱了。我彻夜难眠，四十六岁的男人枯坐流泪。当新闻公报和新闻稿开始从福克兰传回来时，我喝得醉醺醺，泪流满面。

...of course, be ... UK taxation! This ...m could perhaps be over-...me by granting the Falklands some kind of "Channel Island status", outside the United

..e Western ...ated them-lackmailing ...on. Such a ...al posture ...Arabs a ...heir actual both glo-Mr Begin parties a ...olicies on

...glorious fe... of Briti...
Yours sincerely,
RUSSELL BURLINGHAM,
Reform Club,
Pall Mall, SW1.
June 15.

11) has a memory, which he sponsored ...O (which ...t by Mr ...es. It was dragon's

...1.

War coverage

From Mr Donald McCullin

Sir, With reference to Fred Emery's article dated June 10 on "kit" and "minders" — Ministry of Defence versus the Press: after 16 years of international war coverage, 13 of them on behalf of *The Sunday Times*, I was repeatedly turned down by the Ministry of Defence for permission to be part of the press corps that is now covering the Falklands crisis. Their excuse was that there was not enough accommodation on board any of the ships, even though they managed to accommodate three million Mars bars.

When I think of the wasted opportunity to provide my country with a graphic and historical document illustrating what our men are contributing in the defence of freedom and democracy, we owe it to their courage to give them a proper place in our history.

The one thing you will discover in the front line of wars is that

the soldiers up at the sharp end always welcome your presence as a jounalist and are often warmed to know that their loved ones and country can understand their dangers and hardships, which they are living through. We in turn have learnt nothing about the war, apart from its technological details and capabilities of these deadly, obscene weapons.

Ironically, I have just learnt through reliable sources that my application to accompany the task force was met with some enthusiasm at the Ministry of Defence, but was later turned down flat by a high-ranking military officer who, I suppose, considered my experience in war coverage a threat to the image that they would find comfortable.
Yours sincerely,
DONALD McCULLIN,
(Photographer),
Hill Farm,
Levels Green,
Farnham,
Bishop's Stortford,
Hertfordshire.
June 10.

...discovere...
difference
or not, in
still kept c
the tenaci
the record
matter di...
years ag...
office cal...
the subje
proceede...
door neig...
Yours fai...
EILEEN h
11 Cowley
Wanstead
June 9.

Off the

From Mr
Sir, Not
gormless
spondent
Some ye
Afghani...
A. Mc...
Afghan
Disaste
approp...
London
A li
dresse
the st
with i
sectio
Your
PET!
Guis
Apsl
Milto
Bucl
Jun...

Ne...

mies

...ch

quences of such "economies" one must expect (i) a curtailment of opening hours, so that members of the public are deprived of ... of visiting the museums; ...dard of

compensate, either with their money or with their personal services, for these reductions.

The public of this country have shown, by their visiting of museums and by their joining Friends societies in ever-growing ...at

唐·麦卡林 1982 年 6 月 17 日写给《泰晤士报》的抗议信，他希望报道英国与阿根廷在马尔维纳斯群岛（福克兰群岛）的冲突，但被英国国防部拒绝

37 临界点

另一场战争把我从过量伏特加和自怨自艾中给救了出来。特遣部队在南大西洋集结时，一场新的冲突在黎巴嫩爆发了，那是我多年来频频出入的国家。

不可思议的是，这一次，以色列要在贝鲁特市区内对巴勒斯坦人发动战争。

我要进去那里得冒些风险。在东贝鲁特，有份冲着我来的格杀令依然有效，而要进入西贝鲁特也没别的快捷方式。机场当然关闭了，我只能赶快从塞浦路斯的拉纳卡港搭船到贝鲁特，但那班船是在朱尼耶港靠岸，也就是东贝鲁特的北部。

那是一趟令人坐立难安的航行，由一个孔武有力的金发妇人和她的伙伴掌舵，船名"方舟号"。我觉得我需要一艘方舟，我仍然浑身是刺。排队时，我和一个在我前面插队的黎巴嫩人大吵一架，这实在是不智之举。入夜后我睡着了，那个被我惹毛的黎巴嫩人问金发妇人我是谁，我要去哪里。他宣称他想补偿我，要邀我到他家。我完全不相信他的鬼话。

金发妇人对我交代了这件事之后，我跟她说："在我听来，他比较想宰了我。"

上岸、出示护照、穿越东贝鲁特到西贝鲁特,我步步为营,但基督教长枪党似乎已经忘了或不再追查我在夸兰提那得罪他们的事,他们让我通过。我住进海军准将饭店,遇到我在新几内亚时期的老友托尼·克里夫顿,他为《新闻周刊》采访以色列的行动。我到达时以色列军队已经进城。

以军在这座悲惨城市的作为实在令人难以理解,他们以燃烧弹轰炸市区。儿童被烧死,大人受了伤,西贝鲁特的市民处于枪林弹雨之下,一切都让人难以忍受。

我们每天赌命,四处奔跑,设法在这种攻击中拍照。有一天克里夫顿和我动身前往他的办公室,一轮炮弹与火箭筒在我们前方炸开来,我们弃车奔向路旁一栋建筑寻求掩蔽,然后躲到楼梯间底下。炮击稍停时,我们探头看到妇女和儿童在烧毁的汽车残骸间奔窜。我们跑回饭店,一找到掩蔽物就靠了过去。

一个记者告诉我们:"真是奇迹!幸亏你们还没到《新闻周刊》大楼就回来了。两枚炮弹直接打中它。其中一枚没爆炸,还躺在托尼的办公室里。"

以色列的主要目标应该是巴勒斯坦人的萨布拉与夏蒂拉两片难民营,用意是至少要摧毁阿拉法特的大本营,最好把他本人也杀掉。但轰炸的范围又太广了,看来像是要把整个西贝鲁特都炸成废墟,若没办法全部炸毁,至少要尽可能轰个千疮百孔。外头有些关于以军新式炸弹的奇怪流言,有种炸弹只要一枚就可以吸光空气,使水泥建筑物倒塌。燃烧弹的成效就毫不神秘了:它可以把人变成枯干焦黑的躯壳。

记者在采访此类悲惨景象时还得面临绑架的威胁。绑架不常发生,但危险性越来越高,而且完全跟政治无关。贝鲁特从不曾如此缺乏法纪,这座城市已成了强盗、骗徒与杀手的巢穴。海军准将饭店里现在到处都是这类人,他们压榨媒体,把底片带到大马士革,再勒索几百几千美元。

有个英国电视台采访小组的本地司机死于炮击,他兄弟来到饭店,拿苏联步枪押走电视台记者与摄影师当人质，以赔偿金的名目勒索赎金。电视台最后付两万两千英镑救人，据说那名兄弟拿那笔钱买了辆奔驰轿车。

但这些风险和市民的苦难相比就显得微不足道。一家精神病院遭到轰炸的惨状令人难以置信，但却是我亲眼所见。

我被带到萨布拉地区一间半毁的建筑物，距离任何一座巴解营地至少都有半英里远。虽然屋顶挂着两面旗子——白旗和红十字会旗，还是遭到大炮、火箭筒和海军舰炮的攻击。炮弹像下雨般落在医院里，躺在病床上的人，有些病人被炮弹碎片打死，有些身上扎进了玻璃碎片。多数医护人员已逃离，只剩最勇敢的两个人。现在是受伤的疯子在照顾疯子。战火切断了援助，他们就这样熬了五天。有个失常的妇人不断走到我面前，以为我是先前那位法国医生。她抱着一个小儿麻痹症孩童不断对我说："我该去哪里啊？先生，我该怎么办？"

病房里的儿童被绑在床上，床被推到房间中央，以免被炮弹与碎片击中，他们如今躺在自己的排泄物中，上头布满苍蝇，同时修女急着四处张罗。这里有几百个病人，却只有两个医护人员。

一位修女带我去看她们最无助也最懵懂的孩子。修女把他们安置在医院里最安全的地方：大楼中央一间没有窗户的小房间。那景象十分吓人，好像两三窝刚出生的老鼠躺在地板上。这些儿童都患有严重的先天性缺陷，盲眼、畸形，有些是唐氏征，都在自己的排泄物中蠕动。

那位修女说："轰炸开始后，我们所能做的，就只有把他们放在这里。"

我到老年病房拍更多照片。有一位年迈而高贵的病人走过来对我说："怎么会发生这种事？那些精神正常的人都失去良心啦？"

炮击造成二十六个病人和工作人员死亡和重伤，我永远不会忘记在那座医院看到的一切。

那家精神病院遭到炮击后不久，一大片现代公寓遭炮弹直接命中，当时我人也在现场。那片昂贵的街区住的都是最富裕的人。那是贝鲁特一连串

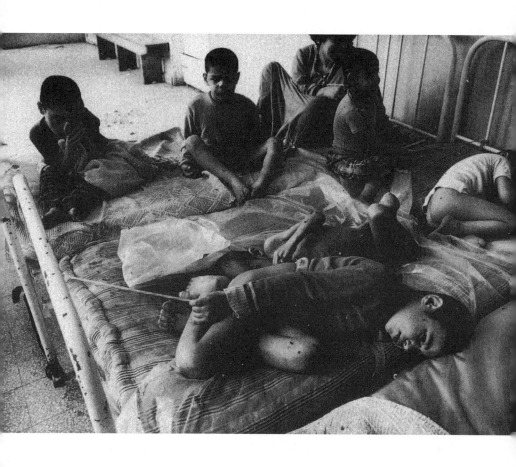

被绑在精神病院病床上的儿童，贝鲁特，黎巴嫩，1982 年

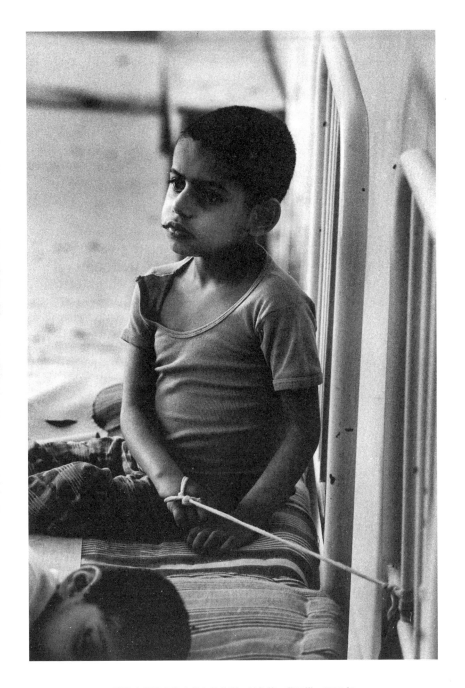

被绑在精神病院病床上的儿童，贝鲁特，黎巴嫩，1982 年

无止境的恐怖事件之一，但就像那座精神病院，都重创了我的心。

　　所有媒体队伍都出现了，因为大爆炸就发生在海军准将饭店附近。以色列人之所以轰炸这里，应该是为了阿拉法特。他在市区有几间"安全屋"，其中一间可能就在这里。他不定时出没这几个地点，通常带着众多警卫。以军企图以火力摸出他的行踪。

　　他们在西贝鲁特有许多密探乔装成摊贩或清洁工，有个老人在街角卖水煮蛋，看起来头脑简单，原来是他们的前锋指挥官。这些密探后来都冒出来帮忙协调以军的攻击行动。

　　等我们到达爆炸现场，一切都已夷为平地。整栋建筑物都崩塌了。人们正在扒开混凝土。有名男子半个身子挂在建筑物的残骸外，他还活着。他被拖出来。我们呆站在那里，不知如何是好。

　　忽然传来一阵蹒跚的脚步声与令人毛骨悚然的尖叫哀号，一个大块头的丰满妇人从角落走来，爆出难抑的悲痛。男人想要安慰她，想要在不碰触到她的情况下拉住她。在中东地区，你不能碰触别人的妻子。但我因太过震惊而变得迟钝麻木。我做出自己几乎不曾做过的事：笨拙地拍了她一张照片。那女人带着歇斯底里的狂怒朝我冲过来，还有一个拿着9毫米手枪的巴勒斯坦人想从我受伤的那只手中夺下相机。接着那名妇人开始打我，她撞向我，朝我全身又捶又打。一时之间，我变成围攻这城市的所有罪恶的化身，连我自己都有这种感觉。我觉得不管合理与否，我都应该接受这个处罚。

　　几个钟头后，在海军准将饭店，有个记者靠近我，他说："那妇人……"

　　我说："别谈这件事，别跟我说。"

　　他先告诉我她的处境以及她愤怒的原因。别的记者问她为什么打我，她说出她的悲惨遭遇，她全家人怎么死于那栋遭到轰炸的建筑物。

　　接着他告诉我之后的故事："她在讲她的遭遇时，一颗汽车炸弹爆炸了，就在他们站着的地方，大家都毫发无伤，她却当场毙命。"

　　那是我最后一次严肃的战地任务。对我来说，战争的终极意象，便是那位伤心欲绝的妇人和萨布拉精神病院孩童的悲惨遭遇。但当时我还很惘然，因为我自己也陷入自作自受的悲惨处境。我做了我痛苦的一生中最痛苦的一件事，我现在觉得那也是我所做过最卑劣的恶行之一，我受创的程度不亚于看着我父亲过世。我离开家人，开始和拉兰同居。

在那种状况下，没有人快乐。我必须选择放弃拉兰或放弃家庭。但我觉得我别无选择，即使妻儿都在我们家的门口哭泣。我在黑暗中沿着 M11 公路开车到伦敦，忍住不回头看。

没多久我在萨默塞特买了栋房子，拉兰和我全心全力布置，在花园埋头苦干。我们一起到世界各地旅行。我们待在伦敦的时候，电话也响个不停，都是精彩活动的邀约。我们谈到生小孩的事，现在似乎是最佳时机，但良心的阴影尾随着我，即使妻儿都已逐渐原谅我。

我休息了一段时间，不是想放弃工作，而是想让我生命的动乱平静下来。当我回到报社时，接到和诺曼·刘易斯搭档的另一件任务，光是接到这件案子就足以使我对职业生涯重燃希望。我们在拉丁美洲共处的时光留给我许多愉快回忆，每天工作结束后，诺曼常躺在吊床上远眺委内瑞拉的草原，我在他的伏特加杯子里放点青柠（我从印第安人那里摸来的）。在这美丽而孤独的地方，我看着他安静而满足地喝着酒，度过我生平最快乐的一段时光。

但接下来的任务却很难堪，令人失望。越南人正全力准备庆祝全国统一十周年的庆典，但可以预见西方记者获准入境采访的机会不多。不过诺曼很肯定他们会通融一下，他的资历显示他长期以来都支持越南统一，不管是哪种政治制度都无所谓；我则有幸曾被奄奄一息的南越政权赶出西贡。

越南人拒绝发签证给我们。受排斥的感觉虽没福克兰那么强烈，但仍是不折不扣的排斥，让人很不好受。一如先前那段沮丧的日子，我回到黎巴嫩，那里依然烽火连天。但这回却是闹剧一场。

美国有艘战舰才刚从后备部队中被征召出来，架上 17 英寸炮弹轰击德鲁兹派人，黎巴嫩基督教军队的圣战也在舒夫山区打得如火如荼。大卫·布伦迪和我站在亚历山大饭店屋顶上观赏这场百万美元的烟火秀，一察觉有曳光弹朝我们射来，就躲到电梯通风井的混凝土墙后。

前往舒夫之前，黎巴嫩的奥恩将军为我们做了一次私人简报，但大卫一直盯着将军桌子上的发条玩具看。他完全无力抗拒。大卫无法自拔地迷上了发条玩具，他眼睛还是看着将军，一面却偷偷伸出长长的手臂，心不在焉地给玩具上发条。它忽然蹦出他的手心，在简报桌上到处乱跳。大卫像一只发疯的大猫般扑向它、制止它。将军若无其事地继续解说。

在舒夫山区，陪同的军官带我们远离前线，不过大卫对发条玩具和危险地带的迷恋从不曾稍减。其中一个地方便是萨尔瓦多，几年后他在那里遇害。

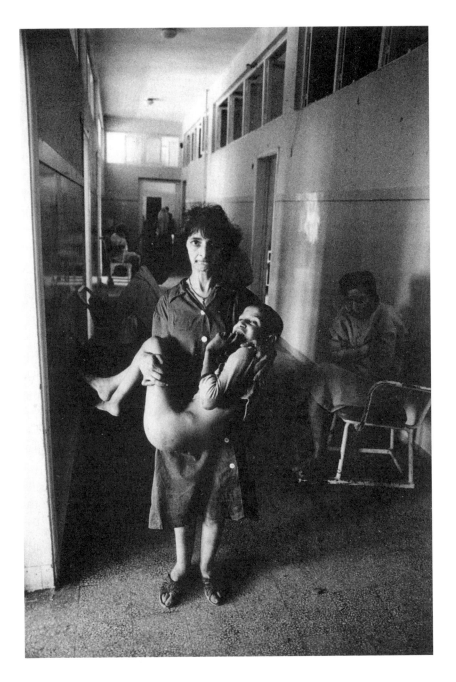

遭以色列炮击后的精神病院，贝鲁特，黎巴嫩，1982 年

歇斯底里的黎巴嫩妇人，贝鲁特，黎巴嫩，1982 年 9 月

38　地球上最险恶的地方

鲁伯特·默多克接掌《星期日泰晤士报》后开始大力整饬，到了1983年底情势变得更不妙，终于要换掉总编辑了。弗兰克·吉尔这旧政权的遗族被迫提早退休，让位给年纪比他一半多一点的新人。

安德鲁·尼尔，当年三十四岁，不过看起来要老得多，传闻在默多克心中是总编辑的第一人选。据说他是被派来重整报社的，让那些愿意听命于默多克的人忙于活在戒慎恐惧中，更要那些不顺从的人滚蛋。该理念用企管词汇来说，就是要除去一切不适用的资产，打造出人事更精简、配合度更高、更有获利能力的企业。

我没有机会体会尼尔的新官上任三把火，因为杂志很仁慈地把我派去"地球上最险恶的地方"。

在这项计划中，我和西蒙·温切斯特要一起找出最符合该形容词的地方，然后去探险。最险恶的地方，显然非众多非洲共和国莫属，这些国家有源源不绝的库存不断供应领导人以新血，但是难就难在敲定哪一个国家。最后我们决定赤道几内亚共和国的费尔南多波岛（现称比奥科岛）胜出。如同西蒙后来所说，该国的独立"已经把人间炼狱转型成彻头彻尾的地狱"。

该国长久以来都在阿明风格的大人物统治下，才刚脱离魔掌没多久。之前的疯狂领袖弗朗西斯科·恩圭马来自法恩族，曾发动暴动反抗西班牙统治。他当上赤道几内亚的总统后，以恐怖、迷信和专制法令统治全国，屠杀无数民众和十二个他任命的部长。他妻子梦尼卡逃家后，他颁布一道法令，禁止任何新生儿取名梦尼卡。恩圭马倒台之后，人民的生活也没怎么改善，一份联合国的报告简洁而准确地描述这个国家"彻底瓦解"。费尔南多波岛上的庄园生产过剩，听任可可豆因无人采收而熟透烂掉，老百姓却在街上挨饿。触目可及尽是贫穷与失序混乱。西蒙和我在那里待了两星期，晚上大多睡在仓库地板上，吃的是香蕉和炖老鼠肉。

重回文明世界令人松了口气，但回到伦敦后不久，我与拉兰参加一场晚宴，我开始觉得身体异常，极为不适，只喝了一杯红酒就醉倒了。她带我到当地一家医院，医生诊断我只是反胃，然后就叫我回家。因为拉兰坚持己见，我才没死于脑型疟疾。她最后带我到热带疾病医院查出真正病因并做治疗。同时间，西蒙·温切斯特也在牛津住进医院的隔离病房，饱受同一种费尔南多波岛传染病的折磨。

当我恢复过来，神志清醒时，安德鲁·尼尔已统治了《星期日泰晤士报》四个月。此处正在上演与赤道几内亚相差无几的戏码，失序混乱四处蔓延。主管换人，记者抱怨文章被删或改写，强制规定政治路线，摄影记者哀叹编制缩小。

资遣办法也拟出来了，很多人忙着申请，以赶紧远离这个欺压他们的当权派。每天都有人在收拾桌子，显然尼尔有本空白支票簿可对付哈利·伊文思的老班底，以他自己的、更能服从默多克想法的人马取而代之。

我跟总编辑没发生私人争执，但看到很多亲密战友甚至在"尼尔大屠杀"之前就离开了。詹姆斯·福克斯和弗朗西斯·温德汉已辞职写书去，菲利普·雅各布森和大卫·金成为自由撰稿人，亚历克斯·米切尔变成英国托洛茨基主义的先锋，而五十岁的墨瑞·塞尔移居东京建立新的家庭。我已经很习惯看着同事离去而自己却还待在同一个地方，但我也是新管理阶层似乎看不太顺眼的前朝老臣。我或许不是你眼中的"员工"。大体上来说，我做自己的事，而在以前，报社的事也就是我的事，而且我是以非常投入的方式埋头苦干，有人会觉得太投入了。我一直以来都被报社视为一大助力，而这一点，我也看不出有什么道理要改变。我不觉得自己威胁到尼尔，也不觉得他会把我当成眼中钉。经营报社没我的事，虽然和所有累积了太多经验的报人一样，我会在报纸搞得太离谱时说句话。但新王朝实在没兴趣听老人唠叨。

我们彼此保持尊敬，这样维持了一段时间。尼尔和我在走廊相遇时会勉强朝对方挤出微笑。我不觉得他是个有魅力的人，但我也不觉得魅力是总编辑必备的特质。要经营一份伟大的报纸，个人魅力并没有多重要。但我开始因他缺乏魅力而生出一堆疑问，尤其在我的领域内。世界各地将发生大事，但我就是不会被派出门。我也自行提案，例如采访埃塞俄比亚的饥荒、南非的骚乱，但报社就是不派我去。

任务日渐稀少，这倒不意外。尼尔很早就把所有杂志职员集合到他面前，说明今后的方式。有个朋友参加了那场会议，我回国后向我总结会议的信息：不再有挨饿的第三世界婴儿，增加成功企业家的周末烤肉。那就是未来的报道方向。

一开始干摄影记者时，我相信若我让自己的作品政治化，作品会受到伤害。到头来我发现，因为我一直站在受害者与弱势者的立场，我的作品中只有政治，此外什么都没有。它变得如此政治化，我发现，单是为了争取拍照的机会，我就得恶斗一场，而且我已经打输了。

我变得非常不快乐，我没有在做那些令我出名，而我也有能力做的工作，只是在办公室东晃西逛，漫无目的地游荡，满肚子牢骚。

有天晚上我和一位美国朋友碰面，主编剑桥大学文学杂志《格兰塔》的比尔·布福德。我们坐在苏活区小小的意大利餐馆里，吞下难吃的通心粉和难喝的红酒。他想要采访我，并刊登许多我的照片。

我把自己对《星期日泰晤士报》的感觉一股脑儿全说了出来。我告诉他，我觉得自己的创作生涯已经结束，他们现在只想搞出一本关于休闲与生活方式内容的杂志，我现在只能穿着猎装四处观望，而狩猎本身是永远不会举行了。

以下文字出现了，一针见血：

　　我还在《星期日泰晤士报》工作，但他们不用我。我在办公室里懒散地消磨时间，不明白我为什么待在那儿。那份报纸已经全变了，它不再是报纸，而是消费类杂志，和邮购目录没什么两样。我能做什么？拍摄猎装？采访某个女性机构的茶会？最近办公室里有人说我该想想新的工作方式，"你该学学怎么用闪光灯，因为我们不想再使用那些照片……"人们开始排斥，至少是无视我那种照片。他们似乎很高兴媒体朝那方向发展，他们肯定不需要我给他们看我那令人不愉快的照片。我该放聪明点：对一个听到你的死讯时连眼皮都不眨一下的报社老板，卖命有什么意义？

几天后《格兰塔》出刊，《卫报》的每日专栏也转载了我觉醒的报道。迈克尔·兰德打电话到萨默塞特找我。

"我想你应该马上搭火车过来。尼尔看了那篇文章，正暴跳如雷。"

"你觉得没戏唱了吗？"我问他。

"或许如此吧。"他答道。

我到达《星期日泰晤士报》后直接去找总编辑秘书乔安妮·托马斯，我跟她说："安德鲁应该想要见见我。"她要我给他几分钟准备一下，接着就来了："你好，唐，请坐啊。"

尼尔说我该卷起袖子做做事了，我觉得他措辞有点不得体，但还是礼貌地回应。我提到我曾提出极具新闻价值的题材，却被否决了。对话一直在原地打转，因为我很快就明白，尼尔根本没兴趣和我讨论，他要我滚蛋。他要我滚蛋是因为我惹麻烦，我令他难堪，像是沃尔特·罗利爵士[1]那样，是上世纪的遗老，必须处决，好让一切井然有序。

他只想诱导这场对话，好让事情结果如他所预期。当他叫一个杂志的中层主管加入我们冷漠的协商时，我心里已经有了答案。若他真想进行一次"卷起袖子干活"的讨论，想问我能为杂志做什么，他应该叫迈克尔·兰德进来，他是全国最好的美术主编，已经处理我的照片二十年，而且人就在走廊那头二十步远的地方。

这场三人游戏进行了一会儿，我说杂志需要恢复活力，尼尔反驳道，喔，我们不会那么做，它已经不是那种杂志，我们再也不需要那种东西。

我们谈不出什么结论。我说："那么，我不想每六个月就被拖进你的办公室，听你一派胡言说我工作不力。"

于是尼尔打开天窗说亮话，说出他长久以来的主意："我想讲件关于你的事，我不喜欢有人领着薪水又批评报社，所以我觉得你该离开。"

他看了看那个中层主管，又重复那句话："是的，我觉得你该离开。"

我站起来，"这对我来说够清楚了。"我说完话就扭头走出那房间，直接去找迈克尔·兰德，跟他说："嗯，没戏唱了。"

我永远离开了那家我服务了十八年的报社。

---

1 沃尔特·罗利爵士（Sir Walter Raleigh,1552—1618），英国著名探险家及历史学家，率众前往北美现位于北卡罗来纳州的罗阿诺克（Roanoke）建立了白人定居点，这是英国在北美的第一块殖民地，北卡罗来纳州首府罗利市即以他的名字命名。

麦卡林，印度尼西亚，20世纪80年代，马克·尚德摄

39　黑暗之心

　　我离开报社，进入冰冷不安的世界，成了中年失业、没有客户的摄影记者。

　　有某种震波撼动舰队街，而且不只是舰队街，整个杂志界都受到波及，非正式地宣告新闻摄影已死。那是货币主义盛行的 20 世纪 80 年代，他们再也不要战争、恐惧与饥荒的震撼照片。他们要风格，他们追求属于消费者的影像，没有哪种营销手法会希望他们的产品广告旁有个埃塞俄比亚或贝鲁特的濒死儿童。现在他们不用担心，报纸也站到他们那边了。

　　就我对新闻学的认识，家庭用品的营销不太可能成为推动我前进的动力。我历经了那么多战争与旅行，也不想从头来过，跑去捕捉花园宴会与名人，白天晚上随时待命，听某个图片编辑来电说："唐，你可以从甲地到乙地拍丙吗？"然后我就得冲出门去，像那些骑着机车满城跑的跑腿小弟。

　　冷峻的年代迎面而来，我企图以虚张声势的浅薄信心迎向前去，那种信心曾带领我度过危险时刻。在内心里，我是个失去自我认同的人，我过去的所有训练都是向外寻找，审视地平线，找出新故事来报道。但忽然间我被迫探索内心世界，那里头潜伏着古老的黑暗，还有我破裂的婚姻带来的新愧疚感。

我尝试制作电视版的《归乡》。那些黑白静照在书页上展现了巨大力量，而小屏幕需要动作，照片怎么样都很难转换成适当的影像。在这剧变的时刻，我的想法也无法整合为脚注。况且，这条《归乡》之路我已经走过了，呆板地重走旧路从来就是不智之举。我觉得我像是奥恩将军桌上的发条玩具，被上紧了发条演戏。

一开始，和拉兰一起生活就像首田园诗歌。尽管我们联手做了些惊人之举，我却没什么成就。我窝在诺丁山公寓，等待负担家计的人回家。在《星期日泰晤士报》的日子一结束，我就无所事事了。我失去使命，我很孤独。两个家庭的开销耗掉我大部分的遣散费，我手头拮据，虽然拉兰慷慨得无法想象，但对我这种人来说，没有比让别人付账更糟的事了。我是个老派的人，担任接受的一方让我觉得不舒服。我故意抢着付餐厅的账，但没了固定收入，我知道再也不可能维持那种生活方式。

同时，我也被改头换面，成了另一个人。我喜欢扮演以往那个不显眼的人物，全身陆军装备，头戴钢盔，穿上皮靴，扛着行囊，然后跳上飞机，踩过泥巴。我精力充沛，我要当那种人，现在我被打扮成别种东西。我被人说服购买礼服。我们参加一场晚宴，有个人说你可以在哈克特买到礼服，但无论你买什么，就是别买死人的鞋子。哈克特是间高档二手货商店，有钱老爸暴毙后，女儿会把他的家当拿去那里卖。

因此我现在穿着死人的礼服四处逛。我不知道那和我在越南穿上战死士兵的防弹夹克有何不同，但就是不同。入夜后，我到这些可以拒绝客人上门的高级餐厅，穿着那件礼服的是另一个人，不是以往那个唐·麦卡林。我只是把它穿出门晾一晾，为了那个死者，为了让他的形象活着。

我真正的自我已经溜到别处。我在探索风景时找到新的安宁。我发现风景具有疗效，就像刀背。你可以用手顺着刀背摸下去，却不会受伤。你可以触摸它，而不会流血。我也在探索远方时发现另一种安宁。我和朋友马克·尚德[1]一同旅行，住进原始部落，睡在草堆上，涉过河水，丢掉我内心的垃圾。我和拉兰在我们萨默塞特的家里工作时，找到了更大的安宁。我们后来生了一个让我全心钟爱的男孩，我们叫他克劳德。

但这一切都要花钱，我需要工作。最讽刺的是，我发现最好接的任务来自把我赶出新闻界的敌人——广告，酬劳高得惊人，我在一天内赚到的钱比我为《星期日泰晤士报》奔波战场两个月挣的还多。

他们之所以找上我，是出于很怪异的原因：现实从报纸溜开后，偷偷跑进了广告中。他们称之为"伪现实主义"，追求的是表面风格，而不是本质。他们只要一丝现实感，就如同他们只要一丝怀旧气氛，就如同后现代建筑用了带有一丝古典主义的门廊。

我使出浑身解数拍摄广告作品，就像我做新闻那样。有时候我觉得那还挺值得的，特别是做公益广告的时候。但有时为了艺术效果，我被迫要安排出那种我在真实生活中冒死踏过的场景，还要指导演员演出，那就非我所愿了。

本质上，我还是个报纸动物，只是被迫接下许多不甚中意的工作。我现在拥有世界上最美丽的房子，但我得离家去拍摄我常觉得荒唐的照片。如果你问我，那些工作带来什么精神上的满足？我得说，几乎完全没有。为了这个缘故，我逃到萨默塞特的风景里，逃到国外。

然而，我内心之所以蒙上阴影，这一切却不是真正的主因。那阴影来自别的事，截然不同也极端恐怖。那件事让我知道命运女神已经完全离弃我。我现在还不是死人，我患上失眠症，睡不着，吃不下。我控制不住脾气，其实我在生气。我在生气，因为过去那两年，就要沉入我的个人历史中了，就要沉入所有可怕的岁月中了，而那是最糟的事。

---

1 马克·尚德（Mark Shand, 1951—2014），当代旅游文学作家，对巫毒教及印度传统文化有极高兴趣，著有《骑大象走印度》(Travels on My Elephant) 及《丛林诡计》(Skulduggery)，后者的照片即由麦卡林提供。

麦卡林的女儿，十五岁时的杰西卡，生于 1966 年

事情的起点是 1987 年 7 月一个宜人的日子，我在萨默塞特的暗房里工作，电话响了。我有预感。我的意思是，电话机只是一具电话机，但它响一声就足以摧毁你。我离开暗房接电话时，我想到的是，该死，我必须走进光线中。

　　我待在暗房时不喜欢走进光线中，我喜欢黑暗的密实感，那使我觉得很安全。暗房是非常适合人待的地方，它像是个子宫，我觉得在那里面有我需要的一切，我的心灵、我的情绪、我的激情、我的药水、我的相纸、我的底片，还有我的方向。在暗房里，我是完整的我。

　　我走入宜人的天气里接电话，是我女儿杰西卡打来的。

　　"我恐怕得告诉你一个坏消息，妈的腿变得很奇怪，好像麻痹了。昨天在家里的花园发生的，她好像出了什么很糟糕的事。她不能走路，她已经去看医生了。"

　　她听起来很忧虑，我打回去时她说："妈的手也变得很奇怪。"和女儿讲完话后，我放下电话，进入暗房。它成了我的替死鬼，那个暗房，那一天。我打开所有的灯，倒掉所有的药水，泡了一杯茶，在房子里不停地走来走去，想尽办法不要从这些现象推断出结论，也不要联想到我在所有战争中看到的脑伤。

麦卡林的儿子，十三岁时的亚历山大，生于 1968 年

40　爱与死

有个叫迈克尔的朋友照顾着克莉丝汀，他受过良好教育，很具魅力。他打电话跟我说："情况恐怕非常糟，我们去看过哈雷街的专家，他告诉克莉丝汀恐怕是脑瘤。她在诊所里崩溃了，我们直接把她送到巴茨。"

我开车到伦敦。拉兰带我到圣巴茨医院，然后待在外面等。我看到一头蓬松金发的妻子坐在床边。

我说："我在这里。"

她说："迈克尔也会来，从剑桥回来。"

我们聊着天。她要我扶她到病房的一头，我猛然发现她的脚瘫了，二十年前和我结婚的美丽女孩一夜之间变成跛子。她拖着一只脚走，还有一只手也僵硬动不了，她其实已有一半的身体麻痹了。我美丽的克莉丝汀已经半身不遂。

我太过激动，不得不离开病房。我回到车里，坐在拉兰身边，感到彻底麻木，几乎没法使唤自己。

我和咨询师讨论。在这种情况下你无法听进太多话。我得知病情可能会日渐恶化，也可能不会。诊断的结果可能很糟，但也有些治疗方法成效惊人。他们已经确定那是肿瘤，若情况允许，他们会开刀切除，当然那是大手术。有很多事要做，需要许多测试，许多检查，许多扫描，处处都需要时间。我们应该要设法过正常生活，我已经计划要在九月带着儿子亚历山大到苏门答腊，我问道："可以吗，我们现在可以去吗？"

咨询师说："什么事都说不准，我们也不知道确切的开刀日期，我一直都建议就照着计划去做吧。"

我专注在这次旅行上，好稳定那股攫住我心智的乱流。我们还没告诉亚历山大他母亲的病情有多严重，这是应她的要求。

我们惴惴不安地离开了伦敦。在前往苏门答腊西部的明打威群岛时，最后的航程是搭一艘看来最不适合航海的当地船只横越六十英里海洋。当地人说别担心，在那片海域里，他们是全世界最棒的水手，我却想起很多全世界最棒的水手都长眠海底了。

船开到一半，凌晨两点钟时，我们碰上十级暴风。天空开始雷电交加，然后越来越糟。海水扑高，犹如大峡谷，就像克莉丝汀和我们家现在的状况。这些峡谷的规模既怪诞又陡峭。一道闪电打来，我往后看，看到一堵海水筑成的高墙，大概有六十英尺高，我们这艘四十英尺长的船摔入巨浪谷底时显得很矮小。我们被抛上抛下，甲板下的妇女和儿童不断哭叫。我去找船长，发现他因为无勇又无谋，已经丢下工作躲了起来。他倒在甲板上，不是昏倒就是睡着了。我们跌跌撞撞地爬到他身边，叫醒他。风暴肆虐了一整晚，我开始相信自己把儿子带来这里送死。我虔诚地祷告。

到了早上我们才精疲力竭地抵达群岛，比预定时间晚了八小时，至少还活着。在风雨后的宁静中，我儿子抓到一条巨鱼，有小沙发椅那么大。我告诉他让他冒这种险我有多难受。他抬起头来说："我觉得很棒啊。"

仿佛有片灰色玻璃隔在我和我们旅途中所看到的景物之间，那些芙蓉花和兰花、捕鱼的部落民族，从眼前一一流过，像是盖上玻璃的电影。有天早上我说："真希望可以打通电话回家。"

那位印度尼西亚导游说了句话令我吓一大跳："你可以打电话，到明打威镇上打。那里有无线电转接站，从明打威接到巴东，巴东再接到雅加达，雅加达再到伦敦。"

我们坐独木舟到那座有无线电通信的小港。过了三个半小时，在付了许多钱并不断交涉后，他们说已经接通伦敦了，一时令人难以置信。我看到亚历山大站在电话亭外面，看起来很害怕。我听到拉兰的声音。

"她怎样了？"我直接说出来。

"她很好。他们已做完手术，她会好起来的。"

我走出电话亭，我想拥抱我儿子。我想拥抱全世界。我说："亚历山大，她会好起来，你妈妈会好起来！"笑容在他脸上绽开，眼泪在他眼眶里打转。从那时起，我们就像两只微笑的黑猩猩。我们拿老鼠、海上风暴和一切当笑话讲。

我们回到伦敦后直接赶到医院，医生在我们走到病房前把我拦下。

"你要先做好心理准备，有件事会吓你一跳。"我当场脸色苍白。他说："不是，不是你想的那样。只是她已不是你先前在这里看到的样子。"

她的脑部肿瘤花了八个小时切除。

我忐忑不安又紧张地走进去。我靠近她，首先看到的是她额头上套着个像是袜子的东西，她的头发全不见了。

片刻间我看到一位稍微驼背的老人，我再靠近些，她正在打瞌睡。当她张开眼睛时，我心想她看起来还是很美。我们轻声谈话。我们的儿子在那里。我离开。

见过克莉丝汀后，我做了一些奇怪、发狂、于事无补的举动。我在雪尔夫瑞吉斯百货公司的假发部门四周激动地走来走去，看着购物人群中的女人，看着她们的头发，想到为何这些女人能在这里飞扬着头发，能走路又能笑，我怒火冲天。

我要离开医院时，医生走到我面前说："麦卡林先生，我能跟你谈谈吗？"

医生有些举动很好笑，你需要知道的事，他们不会告诉你。他们不单刀直入，我很不习惯他们这种特质。他们总是旁敲侧击，不肯给你一个痛快。

我说："我很乐意谈谈，到底怎么回事？"

"不是好消息，我很抱歉。"

我的心都凉了："你到底想跟我说什么？"

他说："我没有想跟你说什么，只是要告诉你不是好消息。"

安静片刻后，我说："我完全糊涂了，你说得不清不楚。拜托你，医生，到底怎么回事？"

"呃，我们已切除了肿瘤，"他说，"但是她体内的某个地方恐怕还有一颗狡猾的肿瘤，我们已经帮她做过所有检查，还是找不到。"

我发现我在这令人不知所措到难以面对的状况中无助地挣扎。

我的信心开始随着克莉丝汀死去。我发觉尽管你可以从早到晚不停地拍照，但照片和真正的人性、真正的记忆、真正的感情没什么关系。我开始不停地分析我的一生，我是谁，我干了什么好事。我一天二十四小时都在脑海里分析着，但这种举动不但无用、无望，对克莉丝汀也毫无帮助。我也不知道自己有多危险，我伤害自己也伤害了拉兰，在不知不觉中，我已经成为两人关系中的毒药。我怨恨她，就像我怨恨牛津街那些女人，我怨恨她那么健康，那么受老天爷眷顾。克莉丝汀在死亡边缘挣扎的那一年半时间，拉兰必须对抗我的怨恨，对抗我那不成熟的举动，直到她自己也开始怨恨这种待遇。争执已经变成我们的家常便饭。

我到彼谢普斯托福德镇探望克莉丝汀。她服用一种稀释血液的药，所以即使在夏天，她也总是觉得很冷。她戴假发。她的头发一直没能长出来。

片刻间，我觉得即使她已无能为力，却好像仍在坚持，甚至是振奋精神，继续尽量过正常生活。

但她发作的日子还是到了。她被紧急送到医院，扫描后发现另一颗肿瘤。

我陪着她和迈克尔，而咨询师告诉她：“恐怕我得跟你说，你只剩下一小段时间了。”

那消息就像致命的重击，击碎了她。她在诊室里倒下，还发生了呕吐。

我打电话给我在澳大利亚的长子保罗。之前我们心照不宣，不想让病情太早太严酷地打击孩子们的生活，但现在已顾不了了。

还没等我说出消息，他先说出他的近况：“爸，你们一定都要来这里，我要结婚了。”

我必须告诉他真相：“如果你不马上回来，可能就见不到你母亲最后一面。”

他飞快赶回来。几个月后，保罗还陪在他母亲身边。此时病情已经改变了克莉丝汀温柔的性格，她性情大变，但还是勇敢地尽全力维持正常生活。她有一次跟我说：“你要努力做到，不要在孩子面前露出哀伤。”

保罗仍尽他全力在爱与死之间拼命调停。他的婚礼已不在新娘的澳大利亚家乡举行。他愿意在母亲有生之年竭尽所能给她最大的喜悦。他要在他母亲能够出席的地方举行婚礼，也就是英格兰。

但众人都觉得，在彼谢普斯托福德镇结婚恐怕带不出一丝喜气。我儿子问我，婚礼可不可以在我们美丽的萨默塞特村里举行，似乎只剩这条路可走了。

我把这个最艰难的问题丢给拉兰：我们可以把克莉丝汀带来这里吗？我们可以在我们的家和花园里举行结婚茶会吗？

拉兰一脸悲伤，却慷慨地回答：“当然可以。”她全力张罗帐篷，安排餐饮。那是她所遇过的最艰难的状况。

迈克尔带克莉丝汀去买了一套新衣。她还在撑着，为这场婚礼硬挺下来。

婚礼前两个星期，她又一次病倒。癌症吞噬着她，医生说她无法撑过那趟旅途，也不能搬动她。我们慌慌张张地取消先前的计划，又重新安排，最后决定在彼谢普斯托福德镇举行一场小型婚礼，众人将聚在客厅里参加茶会，好让她能在儿子婚礼当天和儿子待在一起。

　　克莉丝汀一直活到婚礼当天早晨，但没能看到儿子结婚。我们出发到教堂去之前，殡仪馆的人接走了她。就在这可怕的时刻，我们决定继续举行婚礼，仿佛什么事都没发生，以示对她的尊敬。

麦卡林的儿子，三个月大的克劳德，生于 1987 年

第五部

战争与和平

41　与孤魂为伴

有一阵子，我陷入了某种疯狂状态。不过，或许由于我和子女间有些实际问题需要我保持理智，因此我才未真正崩溃。克莉斯汀的葬礼结束后不久，保罗返回澳大利亚，但妹妹杰西卡和弟弟亚历山大选择到伦敦工作，我得把两人在赫特福德郡住的房子给卖掉，用这个收入在伦敦汉普斯岱买户较大的公寓。另一个当务之急是修补我与拉兰的关系。在克莉斯汀生病数月期间，我一直没时间好好对她。这件事我完全搞砸了。我想，当时那个混合着悲伤、愧疚和自省的我，不但相当难相处，或许还不近人情。无论如何，拉兰都希望她在我们的关系中能有所谓"更多的空间"，我的求婚，似乎只拉开了我们的距离。数月后，她提出分手。她再也不想待在萨默塞特，她说，她要带着我们将满两岁的孩子克劳德搬到伦敦独自生活。我觉得自己像是被巴士迎头撞上。

这是我成年之后，第一次真正感到孤独。即使我生命中有许多时间在海外奔波，但我始终知道只要一回到家，就会有人用温暖的脸庞和拥抱迎接我。但现在看来，我所有的只是一片空无。我被迫面对自我，感觉像所有神经都纠结在一起。当时的我极度脆弱，觉得自己无法融入任何人群，也有好长一段时间跟外界断绝往来。

我后来才知道，当时伦敦的报社老战友都用"隐士"来形容我。某种程度上，他们是对的，但这不是事情的全貌。这段全然孤独的时间，终究还是有些附带的好处。

我花了无数时间待在暗房，整理我那六万多张底片和五千多张照片。在那里，我觉得很安全。我通常听着巴赫和贝多芬，古典乐的旋律令人平静。然而，整理档案柜总带着风险，我会撞见鬼魂。他们有时会就那么突然出现。我看着他们，仿佛看着《西线无战事》一书中在薄雾中行军的人们。我认识的亡者会从雾中现身，走到我身边。我的朋友和同事，尼克·托马林，大卫·布伦迪，戴维·荷顿和吉勒·卡龙，还有那个脆弱的比亚法拉白化症男孩。那些我熟知且永远无法忘记的毁灭、荒芜与死亡的景象。在那样的时刻，我无法不渴望在我的档案中看到更多令人愉快的画面，或至少能减轻恐惧。

长久以来，我对自己身上的战地记者标签始终感到不安，这似乎意味着我借由他人的苦痛得到几乎是独家的利益。我知道我可以发出另一种声音，而此时我明白，现在我有机会证明这一点，而且几乎不用踏出家门。

我做的第一件事是扩建房子后方的老厕所，只需要一些建材，就可以把这空间变成近乎完美的工作室，在里面研习静物。工作室也离灌木丛很近，我随手就可以取得材料。

然而，我最想钻研的其实是风景摄影。在过去，我把风景摄影视为怡情的嗜好，让我偶尔从日常任务中脱身，轻松一下。但现在，我非常想把我在战地工作的精力和纪律全投入这个主题。我下定决心，我的风景照绝不带有任何唯心滥情的情调。所有照片几乎都在冬天拍摄，树木凋零如骨骸，簇拥的云朵则是壮阔的瓦格纳歌剧。

我总是谨慎选择拍摄地点，在破晓前早早出门，像苍鹭般耐心等待合适的光线和云朵组合。整体来说，天气越阴沉越适合拍摄。即使在似乎一无所获的日子，我都享受这个过程。某天清晨，我在堤防边站着，有只水獭叼着一尾鳗鱼跳上岸，在转身离开前对我露出顽皮的表情。我那一整天都没有拍到满意的照片，但也觉得是很不错的一天。能自由而孤独地置身在一望无际的风景中，真的是一种治疗，甚至可能是灵性的经验。

人们告诉我，在接连面对克莉斯汀去世及与拉兰分手的双重打击后，我应该向精神科医师求助。但我深信，英国的自然风景是更好的治疗师。而让我更开心的是，我似乎也找到了这些非战地照片的知音。一家名为乔纳森·开普的出版社喜欢我的风景摄影和静物练习，为我出版了一本摄影集，书名《苍穹》。小说家约翰·福尔斯则为这本书写了序，诉说他在风景摄影中看见战地经验在我心中留下的"伤疤"，这完全有可能，或者说是无可避免。这些照片也因此独树一格。

随后，乔纳森·开普询问我是否愿意面对过去的伤痛，动笔写下自传，我答应了。在写作的过程中，我自然满脑子都是过去的战争岁月。隐居生活逐渐离我远去，我开始经常往返伦敦，接一些广告拍摄案，也见见老同事，唤回记忆，厘清时间、地点，以及关键事件。撰写自传也是一种治疗，让我做了件亟待进行的事：重新梳理过去在战地的生活，并如我当时所想，为盒子上加锁密封。读者可以看出，那些日子早已离我远去。

这本书的最初版本完成后（于1991年出版），我在巴特坎伯村的家中坐着，有一搭没一搭地想着自己的下一步要做什么。电话铃声就在这时候响起，另一端的声音说着："喔，唐，我是查理，查理·葛拉斯。我在想，你会想再次踏上战场吗？"

所有人之中，我最想共赴战场的伙伴（意思是，如果我要能再上战场的话），就是查理·葛拉斯。他那时是美国广播公司新闻网（ABC）的中东特派员，正因这份工作而意兴风发。他太太是英国人，因此有许多时间待在伦敦。自从我们一起骑着骆驼跌跌撞撞地横越厄立特里亚沙漠后，就建立了坚固的英美友谊。他邀请我去的战场，也就是伊拉克库尔德人反抗国家独裁者萨达姆的战场，听起来似乎难以抵抗。

20 世纪 20 年代奥斯曼土耳其帝国瓦解之后，库尔德人成了国际势力分赃的输家，而我也一如多数报界人士，受库尔德人强烈吸引。库尔德人在失去家园之后四分五裂，被迫成为土耳其、伊朗和伊拉克的公民，其中又以伊拉克为大宗。1988 年，伊拉克萨达姆政权以毒气攻击哈莱卜杰市，屠杀了五千名库尔德人，此举成了一连串激烈起义与镇压的起点。但在 1991 年 3 月，情势有了重大改变。在美军干预下，萨达姆入侵科威特的军事行动失败，伊拉克部队败得溃不成军。按照美国飞行员的形容，他们轰炸退逃巴士拉的伊拉克士兵，就像是一场"猎火鸡"的游戏，那些士兵简直是活靶子。美国总统布什高声疾呼伊拉克少数民族一同起身对抗萨达姆，库尔德武装力量"自由斗士"（Peshmerga）应声攻下伊拉克北部的众多城镇，甚至有传言他们已进逼北部最耀眼的城市：盛产石油的基尔库克。

我无法拒绝这样的战争吸引。我克制不住自己，但我在电话中对查理说："我已经不在报社工作，没有发表渠道，没有人支持我。我不能在没有支持的情况下出发。"我端出无法前往的理由，最后一次有气无力地推辞，但查理有备而来，他告诉我："试试《独立报》。"

当时，《独立报》的杂志部门主编是亚历山大·钱斯勒。众所周知，那些对默多克和安德鲁·尼尔反感的《星期日泰晤士报》记者纷纷出走后，伸出双手迎向这些高手的，正是钱斯勒。事实上，钱斯勒最喜爱的作家之一，赫赫有名的莫瑞·塞尔，正是之前和我共赴越南和中东采访的《星期日泰晤士报》同事。我和钱斯勒的办公室简短讲了几句电话，确认我可以代表报社报道这场战争。有了必要的后盾，我再也没有借口推托，得出发了。

查理和我在大马士革碰头，一起跨过边境进入伊拉克北部，过程称得上轻松。我们首先抵达代胡克，在这里，谁掌权很明显，我们看到一百名左右灰头土脸的伊拉克士兵被库尔德士兵关了起来，看起来不像有望获得战俘应有的待遇。我们觉得他们很有可能被杀，但最后决定不要待在那里眼睁睁见证他们的命运。基尔库克才是我们的首要目标。

我们确实绕了点路，但只是为了去看附近一度被伊拉克占领的某座医院。这里有许多伤员是"自由斗士"的战士。其中一间病房塞满了儿童，一些人身上的伤是被伊拉克直升机丢下的桶装炸弹给炸出来的，这种间接伤害最让人难受。

看见这些烧伤或受伤的孩童，我想起自己远离战争的这些年过得多么放松。看来，虽然美国成功禁止萨达姆使用固定翼飞机，但却也无法阻止他用直升机发射致命武器。

我们抵达基尔库克的时机堪称完美：库尔德人恰好就是在那个清晨攻入这座城市，我也因此得以在火车站拍到一场惊人的战斗，还有一些伊拉克士兵败逃留下的装备，包括残破的车辆、破损的武器和设备，最奇怪的，是被丢弃的军装。当然，我也拍到了许多库尔德人忘形狂欢的画面。我们听见其中一名战士说："我们愿意为这些石油抛洒热血，那是我们的石油。"他们真心相信自己必定会成功，库尔德的独立指日可待。

当天晚上，查理和我站在旅馆高高的阳台上，欣赏库尔德人占领下的基尔库克城。接着，枪声大作，数千发曳光弹接连射出，这些发光金属构成的庞大空中战队像进逼的死神，世上没有比这更清楚的宣示：伊拉克部队还未走远。查理转头对我说："该走了。"

那一晚，我们开着车向北前往埃尔比勒，这才发现原来伊拉克不止轰炸基尔库克，更试图展开钳形攻势，从两侧包抄，奋力封锁基尔库克的所有对外道路。我们猜，目的是阻止我们这类可能会搭飞机的人。我们勉强躲过军队包夹，抵达相对安全的埃尔比勒。

隔天，伊拉克部队夺回基尔库克。"自由斗士""解放"这座城市的时间，只比二十四小时多一点。

我们后来才知道，我们在基尔库克结交的三个年轻记者已经被伊拉克士兵逮捕，一个当场遭射杀，另外两人被戴着眼罩送往巴格达，狠狠揍了一顿才释放。

钳形攻势包夹了基尔库克—埃尔比勒的部分公路，激战正酣。我加入一群库尔德战士，和大约三十个同伴躲入伊拉克部队丢下的坦克掩体内。枪声平息后，我沿着公路走了几百码去和另一个战士聊天，还没聊完，一颗炮弹直接命中掩体，当场炸死四个士兵。

很明显，查理和我现在要报道的是一个截然不同的故事了，反抗军的兴起有多快，压制反扑的势头就有多猛。南方的什叶派叛军几被平定，萨达姆得以把更多部队北送。他的部队或许打不赢美军，但还是能轻而易举地屠杀大量库尔德人。同时，布什总统虽然最早敲起反抗的战鼓，却毫无伸出援手的迹象。库尔德人再次孤军作战。

伊拉克认定西方势力会袖手旁观，派军火速夺回大片库尔德领土。情势不同了，我和查理从埃尔比勒出发，短暂造访几座仍由库尔德人控制的村庄和小镇，但我们再清楚不过，身边的情势越来越糟。我们听说伊拉克士兵占领了稍早我们拜访过的医院，而他们庆祝胜利的方式是把所有受伤的士兵押到医院屋顶，往下丢到柏油路上。你绝对不会想要被伊拉克部队抓到，特别是他们还铁了心要报复。

讽刺的是，虽然我们站在库尔德人这一边，但我们最接近死神的一次经验，也是拜他们之赐。那时查理、我，还有一个黎巴嫩的声音工程师卡萨·德尔加姆正在喀拉罕吉尔小镇的近郊处理日常事务，我们都觉得应该没什么问题，却被一群库尔德武装分子拦下，拳脚相向逮捕了我们。

原来他们把我们误认为伊朗人民圣战者组织的成员。这个反叛组织在伊朗伊斯兰革命中战败，之后就移师伊拉克，受萨达姆的庇护。看起来，这个组织的非正规军基于对萨达姆的忠诚，已在几个小时前封锁镇中心。当地的库尔德人正伺机报复，因此把我们扣留了下来。

有一度，我们看起来真的就要被处决了，但围观的群众中有一人跳了出来，说他几天前在基尔库克的战场上看过查理，那时的查理就是个记者，正在采访战争。这人的调解救了我们三人的小命。这场令人心惊胆战的事件最后以全场握手告终。

在伊拉克部队推进之际，当地大部分人民也开始向北转移，跨过土耳其边界。在我们折返埃尔比勒的路上，无数人与我们擦肩而过。查理说："事情看来不太妙。连"自由斗士"的领袖都溜了。看，他们正把地图塞进后车厢。"

我们决定，和大家一起离开的时候到了，同时要远远避开主要道路——萨达姆的直升机战队正用桶装炸弹猛烈轰炸这些路。进入土耳其前的最后一段路，我们得步行翻越一座座山头，我的相机袋垂在坚忍的骡子两侧，喀啦喀啦作响。

回到英国后，《独立报》的杂志给足了我们面子，以六页版面刊登我的照片和查理的文字，斗大的标题写着"大背叛者"。查理这样写道："他们（库德族人）欢迎我们，仿佛这里从未有外人造访。他们把我们视为西方支持的象征，他们相信，会有西方势力前来解救他们的苦难。当我们离开时，他们诅咒我们，外界一次次打破向他们许下的所有诺言，而我们，正代表外界的最后一次背叛。"

我回到家时，听到一个天大的好消息，那就是罗杰·库珀，这个当年和我一起派驻阿富汗和伊朗，总是带给我无穷快乐的伙伴，在伊朗可怕的依凡监狱待了五年三个月又二十五天之后，终于重获自由。当年霍梅尼政权以荒谬的间谍罪起诉他，并在审判结束很久之后才告诉他，他被判"死刑外加十年徒刑"。他问："哪一个先？"在知道是先入狱十年再处以吊刑之后，他回答："谢，拜托你们务必不要搞错顺序。"

罗杰在监狱并不好过，即使如此，他仍保有一贯的幽默感，成为狱中的明星，和狱卒及其他犯人交好。他说："任何人只要上过英国的寄宿学校，就可以在伊朗监狱中好好活下来。"之后他还将撰写妙趣横生的回忆录，当然，书名就叫《死刑外加十年徒刑》。

水塘，萨默塞特郡，1988 年

42 高飞与沉寂

我从活死人状态慢慢苏醒后，就想把我的老款罗孚换成几乎一样腐朽的捷豹 XJ 轿车。这部车属于另一种品系：线条漂亮、底盘低。我把刚入手的车子停在家门口时，优雅端庄的邻居，同时也是地方法官的卡米拉·卡特和我打了声招呼，用一口字正腔圆、无懈可击的音调说："你换了部'把妹'的车啦。"

我从没在法庭听过她说话，但我想她应该是非常好的法官。她说得没错，我开始想要重拾生命中的一些乐趣，做点轻浮无聊的事，甚至谈点恋爱，但不是太认真的那种。我不是在寻找拉兰的替代，她已经离开我，和另外一个摄影师泰瑞·奥尼尔同居，后来也嫁给了他。我现在更宁愿独居，不但对发展另一段极度亲密的关系兴趣寥寥，事实上，还很畏惧。

有相当长一段时间，我和洛雷塔·斯科特相处得非常愉快。洛雷塔住在布鲁姆斯伯里，是拉兰旗下的模特儿，绝佳的伴侣，岁数只有我的一半。她长得非常美丽动人，一头乌黑及腰的秀发，在街上无疑能惹人频频回头。

我们会在我到伦敦拍摄广告时碰头，而其中最优渥的案子莫过于伦敦警察厅。她也经常来萨默塞特和我共度周末。我们没有太多的跌宕起伏，但有无数波澜不惊的小冒险。有时是和克劳德一起，我会去拉兰的新家，从保姆手上把他接走，也把他送回给保姆，拉兰从没下楼和我们打招呼。基本上，洛雷塔和我就只是随意地约会，做着极为平常的事。不过我们也一起到印度旅行，那是我最喜爱拍摄的国家。

某天晚上，我开车载着她在伦敦西区逛，我想，我在她心中的地位就是在那时候攀上高峰的。我当时不小心逆向开进了单行线，一个警察把我拦下来，说我没注意到"禁止进入"的标示。在他开我罚单的时候，我跟他求情，当然没有用。我说："这有点讽刺，我正在帮伦敦警察厅拍广告，而你给了我一张罚单。"

警察突然来了兴致，对我说："那个关于种族偏见的广告是你拍的？嗯，那个白人警察看起来像是正在追一个黑人，但最后你会发现，那个黑人也是警察，只是穿着便衣。所以，这只是两个警察在一起追犯人，跟种族无关。这是个好广告。"我跟他招认这广告确实是我的作品，然后，警察把他的本子合上，要我们开走，没开罚单，还很友善地说："算了，你们两个走吧。"

尽管有这样的开心时刻，一切还是会结束。关系总是需要进一步发展，我们两人在这段关系中几乎一样笨手笨脚，尽管很快乐，但也不怎么用心。我们好聚好散，洛雷塔开始另外找伴，或许是年龄更相配的人，而我也重回中年的心境。比起当时，我现在也许更感激这段浪漫的插曲，因为那时我完全不知道还有一场考验正迎面而来。

法国南方小镇阿尔勒每年都举办摄影节，在全世界业余摄影和专业摄影两个领域都一直很受好评。1992 年，我受邀参加。当年摄影节的主题是我的一场回顾展，主要是战地摄影。展览开幕时，大量观众涌入，我恰好注意到一位高挑的金发美女，有点孤傲的样子。一会儿，我的经纪人马克·乔治走过来告诉我："那边有位美丽的女士，她是美国人，我听到她说：'我一定要认识下拍摄这些照片的人。'"我当时的回应真的很大男子主义，我说："是吗？如果那就是你说的那个人，那她运气不错。"

我们的确碰面了，而她也正是我注意到的那位女士，名字是玛丽莲·布里奇斯。她不止外貌出众，在专业摄影领域取得的成绩也与我不相上下。她在取得了罗彻斯特理工学院的摄影与考古专业学位之后，得到古根海姆奖金的资助，到墨西哥尤卡坦半岛拍摄玛雅古庙。之后她成为美国首屈一指的考古遗址航拍摄影师，从低空飞行的飞机上（其中一架是她自己的）伸出身子，悬在外面完成拍摄。她以令人心惊胆跳、逼近"失速"的速度，飞越这些神圣不朽的遗址上空。这些遗址都位于国家保护区，每一座都需要取得许可才能拍摄，包括秘鲁、墨西哥、法国、希腊、土耳其、澳大利亚和纳米比亚。她的作品曾经在两百多家美术馆和画廊展出。有则展览的艺评说，她的作品"证明了艺术性、高超技术和坚毅韧性的结合"。

如果要列出她更完整的履历，也许可以加上一条：她在少女时期曾是兔女郎，之后为了保持身材，每天清晨都慢跑一万米。

所以，她美丽、强悍、勇敢、能干、四海为家，还和我一样沉迷于摄影。有女如此，夫复何求？我们几乎是马上就互相欣赏。

一场热恋随即展开。我们立刻一起飞到博茨瓦纳的奥卡万戈三角洲，玛丽莲把身体吊到塞斯纳-172的机门外，将镜头对准下方的象群。我们志得意满。而更令我踌躇满志的是，几个月后，我的名字出现在1993年不列颠帝国勋章获得者司令勋章（CBE）授勋人员之列，人们告诉我，这是英国摄影记者所能够获得的最高荣誉。虽然如此，我们的关系还是到了一个阶段，需要权衡究竟是维持这样热烈的、满足自我的情感，还是投入更长久的关系。

那时，我正准备前往塞维利亚和玛丽莲会合（她要在那里进行航拍计划），在路上发生了一件趣事。

我从巴特坎伯开车前往希斯罗机场，看到有位女士躺在路上，手上抓着两匹马的缰绳，满脸痛苦。她在带着马外出练习时摔下马背，跌断了腿。我把她抬到路边，尽量安慰她，告诉她，我正在赶飞机，但我会尽所能找人帮她。我敲了邻居的门，向邻居求助。那位邻居答应打电话找救护车，并催我快去赶飞机。

我赶上飞机，在塞维利亚和玛丽莲碰了面，相处愉快。我们的关系看起来确实很持久。我回到巴特坎伯时，看到那位跌落马背的女士寄来了一封信，上面写道："那天您的表现太绅士了，我永远无法回报您。"我回信道："如果我是合格的绅士，我应该要留在路边陪你，而不是去赶飞机。"在那之后几年，我经常回想那天，要是我幸运错过了那班飞机，我和玛丽莲的关系或许就会走不下去，如此一来，我们两人也可以免掉许多痛苦。我真应该要好好当"合格的绅士"。

我和玛丽莲于 1995 年 10 月 14 日在巴特坎伯结婚，伴郎是马克·尚德。20 世纪 80 年代，我和他一起到印度尼西亚的原始部落冒险，结下亲密的友谊。他事后写了一本古怪但迷人的游记，名为《丛林诡计》。当然，之后他有一个更知名的身份：卡米拉·帕克－鲍尔斯（卡米拉·罗斯玛丽·尚德）的弟弟，而卡米拉那时正是查尔斯王子的女友，现在则是他的夫人。

那是玛丽莲的第三次婚姻，而如果我把我与拉兰的法律协议算上的话，玛丽莲也是我第三任妻子。她四十四岁，而我刚年过六十，我们的年纪都够大，够世故了，知道两人间有个很大的问题有待解决：确认我们可以做怎样的伴侣。

玛丽莲住在纽约上州，一座仿佛坐落在诺曼·洛克威尔画中的永生小镇：仅有的一条主街，小小的白色教堂，整齐的小房子外飘扬着美国国旗，平整的篱笆，井然有序的花园。够美好了，但不是我觉得安适的风景。没多久，我们都明白了，巴特坎伯也不是玛丽莲觉得安适的风景。我向她求婚，是希望能刺激我们去做一些事，好终结我们为了和对方相聚而在大西洋两岸没完没了的奔波。但事实上，结果却更糟。

实际上，玛丽莲的想法是，我们夫妻相聚最理想的方法是我卖掉巴特坎伯的房子，和她一起住在美国。但我一点也不想离开萨默塞特，也不想和孩子相隔五千千米，自然希望她过来，而不是我过去。

这个问题只有在玛丽莲和我一起旅行时才会被暂时摆在一边。我们的确花了不少时间旅行，博茨瓦纳、巴厘岛、印度和柬埔寨。但不是所有旅行都是浪漫的中场休息。举例来说，在柬埔寨，我就偷溜去参加 S–21 集中营的摄影团，S–21 位于金边，是学校改建成的集中营，也是红色高棉时期最恶名昭彰的行刑与处决场所。

这些远游无疑舒缓了我们的紧张关系。然而，这是一种昂贵的舒缓压力是方式，更重要的是，这种舒压方式都要再加上跨大西洋的飞行，即便对我们这两个旅行老手来说，也还是太累了。旅行让我们暂时无须面对问题，却无法解决问题。

两个意志坚定但身体疲惫的人在跟棘手问题缠斗时，脾气不会太好，我们两人即将证明这一点。同居的问题似乎找不出解决之道，我们变得易怒，争吵也越演越烈。也正因我的家庭称得上烽火连天，所以说，在那段时间我并没有远离战场。当时的状况有其可笑的一面，但也许要在事后回想才更容易理解这一层。

我们之间的某场激烈争吵最后升级成客厅打砸竞赛，台灯、古董餐盘、任何手边可以砸碎的东西都砸了。这次事件的高潮是我把玛丽莲的所有相机从楼上窗户丢到楼下。我当时觉得这么做似乎很不错，到头来却花了我五千英镑重新购置器材。

在玛丽莲位于上州的家中，我们不会那么毫不遮掩地大吵大闹，但气氛也好不到哪里。当洛克威尔的永生田园变得冷冰冰、不再友好的时候，我会一气之下跳上灰狗巴士，坐车到纽约市，住进暖和舒适的格拉梅西公园旅馆。

我们这样可笑地努力维持婚姻，前后不到三年，之后又花上数年时间离婚。在千禧年之初，我再度完全与世隔绝，大为欣慰地重新发掘隐居生活。

就工作而言，在同玛丽莲相处时期，我并没有完成任何有价值的作品。我的摄影没有进展。我的精力耗尽，没办法全神贯注，也就无法完成任何原创性的作品。我设法出版了一本书，《与幽魂共眠》，几年后用同样的名字在伦敦巴比肯画廊办了一场展览。但这些作品都在很多年前就完成了，内容其实没有什么新意。

我继续接拍广告。事实上，我得接这些工作才能在大西洋两端飞来飞去，但我从不认为这些工作有多重要。一切都只是为了钱。而且，如果我不坚守立场，不拒绝宣扬任何带点军国主义或战争色彩的东西，还可以赚进更多的钱。所以，当"五角大楼"拿着六位数美金向我招手，想委托我拍摄美国军方的募兵广告时，我也只能拒绝这空前慷慨的提议。

玛丽莲这段时间的创作就远比我出色多了。我们在一起的时候，她最杰出的成就之一是完成了埃及金字塔的航拍计划。这段时间，也正好是埃及官方对领空权最偏执多疑的时候，任何不明飞行物体，他们都怀疑是以色列在刺探埃及军情。但玛丽莲以她的魅力与胆识在埃及官僚中杀出了一条路，取得必要许可，拍出《埃及：俯瞰文明》这部极其出色的作品并出版。除了她之外，我不认为有任何人能完成这件事。

而在 20 世纪的尾声，我满足地独力整理我的印度档案，挑出最棒的照片和底片。在多次造访之后，我认为印度是全世界最令人赏心悦目的国家，一开始是和艾瑞克·纽比同行，之后的旅伴当然就是玛丽莲。这些照片也结集成书了，书名《印度》。

43 非洲艾滋病

千禧年对我来说具有特别的意义，主要的原因是，从那一年起，我开始领养老金了。我与玛丽莲即将离婚，那应该会花上不少钱，任何收入都于事无补。

对我而言，离婚协议的重点是我能完全保有钟爱的萨默塞特住所及周遭十公顷的土地。我或许变得一贫如洗了，但我住得跟以往一样舒适。不需要处理掉自己的住处，只要接一些价格合宜的工作或案子，就让我能保有我的产业，居家环境也维持一贯的模样。我可以继续从档案柜中榨出更多旅游或战争的摄影集，但我觉得有必要做一些促使我四处走走的事。我最不想做的，就是茫茫然度过老年生活。

拍摄战争是不可能的。的确，在回想20世纪90年代时，我的心有些抽痛，始终觉得自己应该要参与波斯尼亚和车臣的战争。但这些感受很快就平息了，我也有些自豪自己不再对战争上瘾。所以，我要做些什么？这个问题让我念念不忘，但始终没有结果。然而，在2001年初，我意外接到"基督援助协会"（Christian Aid）的电话，听到对方那更令人意外的邀约时，我终于找到确定答案了。协会问我是否愿意协助该会推动艾滋病预防计划？

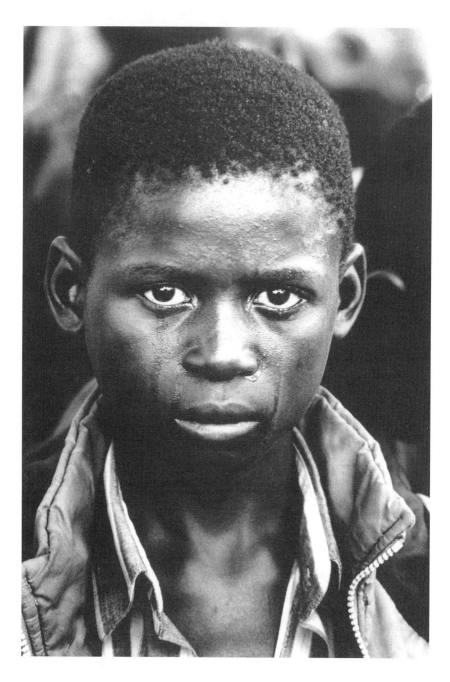

十六岁少年，父亲刚因艾滋病过世，赞比亚，2004 年

协会已经规划好为期两个月的拍摄任务，地点是非洲三个感染最严重的国家：赞比亚、博茨瓦纳和南非。我想都没想就答应了。当然，我和大多数人一样忧虑艾滋病的扩散，但我也得承认，最吸引我的是这个工作必须投入的心血和精力。同时我也以为，或许我的摄影可以在这个领域有所贡献，唤起一些公众意识和关注。这是我在战地摄影上未能达到的，我确实未能阻止战争蔓延。

从艾滋病开始传染以来，已有约两千两百万人死于这个疾病，患者大都在第三世界，又以非洲最为严重。据统计，世上约有三千六百万成人与儿童感染 HIV 病毒，其中有二千五百万人位于非洲。这样惊人的数字几乎可以视为种族灭绝。而基督援助协会认为西方世界对这个危机的回应，是完全不及格的。

这是残酷的工作。虽然我不断出入贫困家庭（有些甚至一贫如洗，所谓的家，常常就是简陋的棚屋），受到温暖的接待，但在人们进入艾滋病末期，只剩最后一口气时拿出相机拍摄，却是另一回事。有时我甚至认为，我目睹的贫穷所带来的折磨其实跟艾滋病一样严重。

即使在赞比亚的恩多拉这座盛极一时的铜矿小镇，贫穷的气息还是挥之不去。国际市场的金属矿需求崩落之后，上千名工人遭解雇。政府虽然试着说服这些外来工人回到自己的村落，却徒劳无功。恩多拉拥挤的黑人区恩科瓦扎住着最多外来工人，据说有三分之一的居民是 HIV 感染者。即便我有当地志愿者陪伴，也有基督援助协会朱蒂斯·莫比（她奉派报道此行）的协助，造访这一区还是在挑战情感自控的极限。我在那里遇见一个年轻母亲，因为艾滋病的原因极为"消瘦"，骨盆整个向右突出。我大可为她拍摄独照，但最后为她和她的两个小孩子拍摄合照。我想传递的信息是艾滋病不只是个人悲剧，更会毁了整个家庭。

许多人，或许说多数人，不愿做艾滋病筛检。其中一个原因是这个疾病带着强烈的耻辱印记，但似乎还有另一个原因：人们以为既然艾滋病患者得不到多少或完全得不到医治和照顾，又何苦做筛检。另一种相似的宿命论态度也渗入了不安全性行为中。一个恩多拉的妇女感染者用认命的语气告诉我，她认为自己的病是受丈夫传染，因为他总是"四处走动"，在当地，该词暗指出轨。事实上，只有少数女性在这件事情上有所选择。她们主要的忧虑是今天能否为子女买到充足的食物，而不是去想着不安全性行为在日后可能酿成的后果。贫穷和疾病的确互为臂膀，是最天然的同盟。

尽管这次的任务很清楚，就是要协助艾滋病患，但还是不能保证我们会得到政府当局的协助。我在铜带省另一座小镇的医院拍摄了一些照片后，当地的卫生局官员就造访了我的饭店。我原先并不知情，但看来应该是有个高官的侄子正在那间病院接受艾滋病治疗，不希望这件事情公开。那个官员相当有礼，但很坚持地告诉我，我的拍摄是未经允许的，必须立刻交出所有底片。

幸运的是，我们是在朱蒂斯·莫比的旅馆房间碰面，底片不在我身边。我告诉那个官员，我会回房间，把所有底片带给他。然后我回到房间，找了二十卷未曝光的胶卷，把每一卷的最后一段底片拉出来，看起来就像曝过光了，并把拍好的底片藏在窗帘后面。我回到朱蒂斯的房间，把这二十卷未曝光的胶卷交给官员，再装出一副心痛不舍的样子。他在向我致谢之后离开，并建议我与朱蒂去对街当地的小酒吧玩一玩。

看来我的小伎俩奏效了，连朱蒂斯都在官员离开后怜悯地看着我，说她十分惋惜我辛苦工作的成果就这么报销了。我告诉她没有必要忧虑。

这是我过去在战地学会的把戏，但我也心知肚明，我离境时一定会有其他麻烦。果不其然，在我从卢萨卡机场离境前，他们又搜索了我们下榻的旅馆，希望能找到那批惹是生非的底片。他们当然无功而返了，我早就把曝光过的胶卷用航空寄给伦敦的朋友，还交代他，务必帮我和基督援助协会好好保管。

有了赞比亚的经验后，我原本以为在南非拍摄的问题会更大。首先，我并不熟悉南非。我从没去过南非,并不是我不想去,而是南非政府始终拒绝核发我的签证,尤其是在种族隔离那几年。再来则是南非总统塔博·姆贝基的态度,他对艾滋病议题的公开声明看来左右摇摆,时而坚决否认,时而视之为西方试图颠覆南非的阴谋。结果我非常意外,原来南非是这么友好,特别是在乡间,我得到了无私的帮助。

回头审视整趟旅程,我只有一个遗憾。我在卢萨卡外的小镇拍照时,遇见一个病重的妇女,她妹妹只能在最恶劣的环境中照料她。我知道我刚造访过的当地安宁医院还有空房,建议把她送过去。但她们无力负担车资。我拦下一个开四驱摆渡巴士的司机,说服他开到门口接这对姊妹。然后,我回过头看,妹妹正把姐姐背在身上朝我走来,就像过去史密斯菲尔德食品工厂搬运工抬着牲口的画面,那绝对会是极其令人震撼的,一张真正具有代表性的照片,可能会是我最杰出的作品之一。但我只是把相机放下,点好钞票给司机,错过了拍摄时机。

我原本认为基督援助协会将用我寄回国的照片做更多事。照片确实有好好展出,首先在白教堂画廊,接着又在许多画廊巡回。但我始终不认为传统画廊是适合的宣传场地。这些照片不该被视为艺术,我拍摄时,念兹在兹的是瞬间的触碰与冲击的效果。我想用这些影像去叩问观者的良知。

对我而言,更理想的展出方式是在维多利亚或滑铁卢车站特制一处巨大的展示空间,让成千上万的通勤者无法忽视这些画面。基督援助协会确实坚持不放弃推动艾滋病预防计划,这非常值得赞扬。两年后,她们又邀我回这三个国家,为艾滋病的进展提供影像证据。

我发现改变并不大。当然,那时抗反转录病毒疗法还不普及。另外一方面,有大量证据证明了国际社会确实更认真看待基督援助协会的计划,我2004年拍摄的这批照片并不是在东伦敦什么隐秘的画廊首次亮相,而是在世上最令人梦寐以求的展览空间,每个月有超过六万人次经过的场地——纽约联合国总部大厦的大厅。开幕式还发生了一件让我难以忘怀的事。在我等待典礼开始时，一个身材矮小但相貌出众的先生走向我，说："来吧，唐，握着我的手。"我就这样和他携手走上讲台，这个先生正是当时的联合国秘书长安南。

我想我遗漏了一些自己的故事。在两次南部非洲的艾滋病之旅间，我的生活又发生了许多事。我再婚了，也再次成为父亲，还打破不再上战场的郑重誓言。我很高兴自己可以说，茫茫然的老年生活已不再是我要优先担心的事。

在查理·葛拉斯的五十岁生日宴会上，马克·尚德介绍我认识一位女士，她后来成为我的太太。因此在一开始，我就知道我和她有共同的交友圈。她的名字是凯瑟琳·费尔维勒，时尚杂志《哈泼斯芭莎》的旅游主编。我们主要在聊她的工作，还有我是否要为她的杂志拍些照片。然而，我情不自禁地注意到她是非常迷人的女性，这与工作无关。她走开时，我也注意到她穿着我痛恨的鱼网袜。还好，我后来克服了这个难关。

我们的约会偏向文化路线，包含去西区听古典乐，但进展迅速。我慢慢知道凯瑟琳出身显赫，父亲帕特里克·费尔维勒爵士才刚从外交部退休，曾经担任英国驻罗马大使，这也说明了凯瑟琳的工作资历为什么有梵蒂冈电台这一条。她的母亲玛丽亚有俄罗斯和希腊血统，能说多种语言，在布鲁塞尔工作时能翻译七种语言。凯瑟琳自己则精通法文和意大利文。

虽说我早已摆脱童年芬斯伯里公园区的自卑情结（那毁了我大半个青年期），但对连英文都说不太好的我来说，要踏入这么一个超过自己毕生学识的广博世界，我还是感到紧张。

我很快就确定了自己对凯瑟琳的感情，但无法确定她父母可能会怎么看我们的关系。毕竟，有一天凯瑟琳终究要告诉两人："我遇到这个男人，对了，爸，他年纪比你大。"然而，当她声称她和我相差二十八岁时，她父母并没有暴跳如雷。我不能说帕特里克非常兴奋他未来的女婿还大他一岁，但他的态度相当和蔼，而这也让我知道了，他真的是非常杰出的外交官。

很明显，我们共同的兴趣是旅游。我和凯瑟琳携手造访摩洛哥，再和她父母一起游历北埃塞俄比亚的宗教名胜，参观阿克苏姆方尖碑，以及拉利贝拉城那些在整块火成岩上凿出的壮观教堂。这次同游相当成功，但我无法说服众人和我一同往南，在奥莫河盆地待上一段时间。这个地区是世上几个最原始的部落的家园。为了实现我在这方面的愿望，我得暂时把家庭和谐抛在脑后，独自回到埃塞俄比亚。就摄影来说，这是我所做过最好的一次行动。

我在南埃塞俄比亚的旅程，某种程度上让我想起早期和马克·尚德一起在印度尼西亚西巴布亚和明打威群岛的旅行。不过，这次有更与众不同的迷人情调和紧张刺激。埃塞俄比亚部落和亚洲部落一样，衣不蔽体，或经常裸体，只在身上画出醒目的白色图案。主要的差异是非洲部落，包括穆西和索马，都有更强的武装，通常会带着 AK–47 步枪，几乎天天都有人死于非命。

许多古老传统也几乎原封不动地保留下来，和这些现代武器并存。年轻男子以棍棒互斗（有时至死方休）、饮血，当然还有女性割礼。割礼通常都由年长女性用剃刀执行，而她们也处处表现出对这份工作的慎重和敬意。在某次仪式后，我看到几个女性在腰间系着犹如官阶勋章的银色金属手电筒，自负地走来走去。

已婚妇女有权戴陶制唇盘，有些部落传统规定伴侣一死去，就必须卸下唇盘，只有再婚才能戴回去。然而，我的确发现部分年轻女性很明显对这整套唇盘传统兴致缺缺。我并不认为她们会介意这个传统消失。

这些部落的经济几乎全都仰赖牛只。人们清晨会喝下混入牛血的牛乳。丢牲口在当地很普遍，这也许可以解释部落的高度武装。只要是可以耕耘的地方，就由女性一手包办，男性则大摇大摆地四处走，或细细地重新粉刷身上的图案。无论男女，都用大葫芦当烟斗抽着草药放松自己。

这些人当然就构成完美的画面，尤其背景还是整个东非最为壮阔的地貌。我还留着那时的旅行笔记，上面这样写着："我拍了五十六卷胶卷，如果有一些照片的曝光准确，将会是我最好的作品之一，但当然我应该忍住，等回到巴特坎伯再冲洗。"

但我没能成功捕捉苍蝇。当地的苍蝇体型巨大,总是成群飞来,凶猛地叮咬你。到了晚上,苍蝇确实就休兵了,但蚊子会立刻出现,轮值夜班。后来,我把奥莫河的行程缩短成三周,部分是因为苍蝇,部分是因为想回凯瑟琳身边守护感情。即使如此,我之后还是重返旧地,补足了素材,让乔纳森·开普出版社在2005年出版了《唐·麦卡林在非洲》一书。

2002年12月7日,我满怀骄傲地和孕征明显的凯瑟琳在贝斯登记处结婚。至于马克·尚德,在这段姻缘中居功甚伟的媒人,又一次担任我的伴郎,并慎重告诫我:"我希望这是最后一次。"我的儿子马克斯三周后出生,每个人都同样高兴,但最开心的可能是凯瑟琳的父母——长女终于生下两人日思夜盼的外孙。查理·葛拉斯接受我的邀请,成为我儿子的教父。

马克斯三个月大的时候,他的父亲和教父又出发上战场了。这或许有必要解释一下,特别是我,我从1991年伊拉克战争之后已有十二年没靠近过战地。这件事,我会试着在下一篇细述。

44 造假的战争

坐在萨默塞特的花园中，享受鸟鸣与舒缓起伏的丘陵，照理来说这应该就是最好的解药，足以协助我抵抗战争的诱惑。但在 2003 年初，情况却完全相反。

我的村庄就在军用飞机的飞行路线下方。伊拉克战争已出现预兆，整装待发的飞行员驾驶着轰炸机飞过，震耳的引擎声完全盖过鸟鸣。有时候，飞来的是"支奴干"直升机，那瘆人又熟悉的桨叶声会直接把我拉回越南。在那段时间，我总是想着，舱门就要打开了，接着我就得立刻蹦下去，冲过一整片稻田。

就算没有这些头顶轰隆声的催促，我的心思大概也会被战争事务给全盘占据。我始终戒不掉一个习惯：一拿起报纸就开始搜寻新闻，看看有没有冲突可能爆发的征兆。我也确实认为美国正着手准备发起一场真正的大战，那是对纽约世贸双塔袭击事件的报复，我们可以这样理解。在美国人眼中，2001 年 9 月 11 日就跟珍珠港事件那一天一样是耻辱的，甚至更甚。

在英国首相托尼·布莱尔尚未决定是否要和美国总统乔治·布什结盟出兵攻打伊拉克萨达姆时，《卫报》编辑找上我，请我针对一系列 1991 年海湾战争期间由其他摄影师拍摄的照片撰写评论，其中不少照片都还不曾发表过。

这些照片无疑令人毛骨悚然，着力凸显当初美军如何像打活靶子一样追杀逃亡的伊拉克士兵，但也绝对真实地呈现了战争的恐怖。我写下这样的文字：这些照片控诉了战争的丑恶，大声呼喊我们出面制止。

《卫报》在2月14日的副刊上做了十六页的影像特辑。隔天，伦敦街头涌入上百万示威者，包含我的岳母玛丽亚·费尔维勒，齐声呼吁英国不要加入伊拉克战争。

我并不是在暗示我的评论跟这场示威有什么关联，相反地，我认为即使是《卫报》的发行部也不敢幻想报纸有能力动员五万个示威者，遑论百万人。而且事实上，多数读者对那些海湾照片的反应很负面，认为对这份家庭阅览的报纸而言，那些画面太过激烈，有些危言耸听。没多久，布莱尔决定加入美国的行动，可以说，他们远远不知道战争的恐怖。

尽管我对战争有很高的兴趣，但实在不想以任何方式涉入。我刚新婚，也要照顾襁褓中的婴儿，这场战争势必不过是闪现在电视屏幕上的另一场冲突，我只能远远地、不完全地关注。不过，当查理·葛拉斯像地狱使者般打电话来之后，情况就完全变了。

"我们可以赶上战争的。"查理说。他认为我们甚至有路子过去：从我们熟悉的库尔德斯坦边境溜进战场，如此我们也能站在优势的位置上俯瞰对立情势。我得承认我立刻跃跃欲试。我明白了，着迷于战争的那个自己仍跟以往一样强大，而查理正在给他最后一次尽情挥洒的机会。我几个月后就要满七十岁了，再去报道未来任何一场冲突的机会已是微乎其微。对我来说，这是仅此一次，机不可失。我决定把握这次机会。

我飞到土耳其，取道前往伊拉克边境，那儿聚集着一大帮记者，大家都希望能在战事爆发前入境伊拉克。有些人是认识很久的老面孔了，像是BBC的金·缪尔和约翰·辛普森，但也有一大群其他国家的采访代表，大多数我没见过。其中有些人的经历令人不安。

很明显，美军拒绝了这些人从科威特边境进入伊拉克，他们转道北方。这不是好兆头，因为这代表北方几乎可以确定不会有任何军事行动。事实上，土耳其政府已经甘冒惹火美国的风险，拒绝美军从土耳其入侵伊拉克。同时，土耳其军队对我们也并不友善。他们让我们坐巴士到库尔德斯坦的首府埃尔比勒，同时表明不欢迎我们回土耳其。

我在库尔德斯坦和查理碰面，他正在思量另一件令人沮丧的事。库尔德人显然严守美国定下的政策，不愿协助我们。我们在1991年采访过库尔德人起义，但这完全无法动摇他们。查理不认为我们过去和库尔德人建立的有力关系有多少用处。

要采访到真正的行动，唯一的渠道似乎是和艾哈迈德·查拉比合作。查拉比是个很奇特的商人，在萨达姆得到报应之后，就幻想自己是伊拉克的下一任领导者。战争爆发前的数月，据传查拉比正是当初说服布什政府相信萨达姆藏有大规模毁灭性武器的重要角色之一，但事后证实了萨达姆并没有。虽然有些人把查拉比形容为"美国人的傀儡"，但当时他被视为重要人物。就我们的判断，他的地位也无人可取代，因此查理和我开始跟他及他的支持者定期通电话。

查拉比的住所是栋大宅，位于小山丘上，俯瞰着苏莱曼尼亚小镇，前任房主是萨达姆的侄子阿里·哈桑·马基德，世人更熟悉的是他的外号"化学阿里"，曾下令用毒气攻击哈拉布贾。然而，查拉比大多数时间都待在花园。他总在灌木丛中漫步，同时大肆张扬地拨打机密电话到华盛顿，给人制造出一种电话另外一端是美国政府、五角大楼或中央情报局的印象，而事实也确实如此。关于查拉比的势力，更明确的证据是他的七百名武装支持者，这些人就驻扎在附近，据说武器都由五角大楼配发。

我们以为，跟着这些支持者就一定能采访到军事行动。我们认为我们会成功。唯一的问题是，他们似乎没有动身的意思。几个星期过去了，我们唯一看到的动作是查拉比日渐频繁的国际热线。我实在没什么好拍的。为了消磨时间，我拍摄了在埃尔比勒街道上玩耍的儿童、操练中的库尔德"自由斗士"，还有高谈阔论的查拉比。但这真的只是热身而已。也有人邀我去拍摄当地太平间里的自杀式炸弹袭击者遗体。我把机会让给别人。

我们无计可施。查理提出一个想法：我们应该丢开查拉比的人，雇一艘船，往南航行一百三十千米到巴格达。他还为这艘船起了优雅的名字，"底格里斯皇后号"，但完全名不符实。我们第一次去河边的时候，库尔德当局禁止我们租船。第二次的运气好些，但我们找到的船也都太小、不够稳，查理完全没办法在这些船上用卫星传输和纽约的 ABC 新闻总部联络。

所以我们只能回去观望、等待。同时，我也花光了身上的钱。查理非常慷慨地帮我解围，还拿到许可，把我纳为 ABC 新闻网的临时战地雇员。但即便如此，我还是极为焦虑，我离开凯瑟琳和马克斯的时间已经超出预期，而且迟迟没有进展。

直到有人传出库尔德"自由斗士"正准备攻击基尔库克（这是整体作战计划的一部分），记者才振奋了起来。我们并不是为此而来，但这至少表示有真正的军事行动要开始了，而我和查理是少数报道了库尔德人 1991 年起义的记者，也会获得妥善的采访安排。金·缪尔的 BBC 小组也认真看待这则传言，结果却是悲剧。他们的车子在小心翼翼绕进基尔库克外围据点的路上误触了老地雷，伊朗籍的摄影师不幸过世，制作人也受了伤。但攻击基尔库克的传言一外泄，美国就坚定地出面制止，行动最终也落空了。

尽管老布什曾热切煽动库尔德人起义，但他的儿子却反其道而行。所有军事行动都必须受联军控制，"自由斗士"也收到指示，要他们行事低调、随时待命。人们认定，库尔德人的顺从将在美军推翻萨达姆政权后得到奖赏。

接着，突然间，终于有点行动了。南方的入侵行动正顺利展开，而美军也计划从空中撤离所有待在库尔德斯坦的新闻人员，还有查拉比和他在巴格达附近的七百名武装卫队。然而，在我们登上撤退用的巨大银河运输机时，我注意到查拉比的人马都接到命令要留下所有武器，很明显，他们想以胜利者的姿态攻入巴格达的梦想破灭了。那显然不是美军作战计划的一部分，而且极有可能始终不是。

事实证明了，媒体团也不是计划的一部分。运输机降落时，我们可能离巴格达更近了，但当地看起来鸟不生蛋。原来这里是萨达姆的旧空军基地，1991年海湾战争被美军摧毁后就一直是这副被轰炸过的模样。

我们抵达了，住进少数几栋还未倒下的建筑。基地名为塔利尔防空基地，即便是当年还在运作的时候，也不太会打扰到邻近地区的任何人。最近的村庄据说要走上五十千米，负责招呼我们的美军部队含蓄地指出我们随后就会再度动身，也许会前往巴格达，但这个命令从未下达。

基本上，我们就是被困在荒郊野外，唯一的娱乐就是看着查拉比阔步走在碎裂的柏油路上，拨打紧急电话给似乎越来越对其充耳不闻的华盛顿当局。每天都有人向我们简报战情，但一如在越战期间，只是重复着我们早已知道的事，那就是，我们人在这里，战事在别的地方。

一天清晨，我从基地边缘凄凉地向外望，在远方的薄雾中看到一栋有趣的建筑结构，看来有点像是被移除尖顶的金字塔。我问一个和我有些交情的美军士兵知不知道那是什么，他说："那是乌尔城，先生。"

我知道有几个地方据称还留有五千年前盛极一时的乌尔古文明遗迹。我想，就算那栋建筑是伪造的，也值得走近点看看，所以我问他，我是否可以离开营区去拍些照片。但我的朋友说："真的很抱歉，先生，乌尔在我们的界限外面。"

那时我和查理才省悟过来，战争是发生在界限外面，至少对真正的独立记者来说是如此。美军设计了一个很有效的策略，确保只有"安插"在进攻部队中的记者可以报道战争，如此部队才能完全控制新闻。事后我们也才知道，查拉比的武装人员从来都不是战争的部署，而是障眼法。但我不确定查拉比是否知道，简单说，我们被设计了，而且完全被玩弄在股掌之中。

我知道一些美军将领打从心里把越战的失败归罪于媒体，但我就是无法认同他们在之后的战争中管制媒体到这种程度。我学到痛苦的一课。

美军攻陷巴格达时，查理和我依旧在荒郊野外，除了想办法回家之外，也没什么事可做。我们决定从科威特回去，在路上放松一下，至少我也知道了查理的慷慨是有极限的。我们在科威特下榻一晚，但旅馆只剩总统套房。查理觉得东家 ABC 付得起房费。所以旅馆人员带我们参观套房，郑重介绍硕大无比的床铺，全套丝质寝具，床架上镶嵌着金叶子。"好，我要了，"查理转身跟旅馆人员说，"另外，麻烦你帮我朋友加床。"

除此之外，就没什么精彩的事情了。整件事对我来说是场灾难。我没拍到一张好照片，真的一张也没有。我也试探了新家庭对我的容忍极限，而且估计是超过限度了。

我原本预估我会离家两三周，但最后回到家已是两个月后。凯瑟琳完全明白实际的状况，但我不被允许忘记这段经历。在那之后，只要我和凯瑟琳之间有什么口角，几乎都会毫无例外地听到她重提第二次海湾战争，以及"那段你遗弃我和马克斯的日子"。

45 新边界

　　我再度发誓从此不踏上战场，这次诚恳多了。我的战地生涯结束了，只是在某种程度上仍无法摆脱战争的记忆。这或许说明了我和刚满十七岁的儿子克劳德第一次共度的长假为什么会是越南。他想拜访那个我曾经去过的地方，我也是。

　　我们两人都对西贡（1975 年后，改称胡志明市）很失望。干净的市容、精心维护的林荫大道和成排的时髦设计小店，仿佛所有旧西贡的痕迹，无论好坏，都全部抹除了。你无法不留意到熙攘、芬芳的户外市场，迷人的街道风景，以及以急促的节奏生活的感受，这些全消失了。如果有人想了解真实的西贡情调，我通常会推荐格雷厄姆·格林的小说《文静的美国人》。我明白，我应该就此打住，新西贡相当体面，只是很单调乏味。

　　顺化更值得造访。克劳德兴奋地对我说："爸，你看，墙上有一些弹痕。"我们也清楚看到一些谨慎的重建，这很应该，顺化原本就是美得独一无二的城市。但当我们跨过香江去寻访 1968 年海军陆战队攻打皇城时我和军队一起待的地方时，我完全迷失了。那十一天惊心动魄的战争究竟都是在哪里打的？我竟然完全找不出来。这让人非常难受，但当我设法找到其中一个主战役的确切战场时，就更难受了，因为那已经成了菜田。我原本已经做好眼角微湿的准备，现在却只觉得平淡无聊。

我想，我一定是耗尽了先前对顺化的所有赤诚热爱，用到一丝不留，甚至一滴泪水也不剩。克劳德告诉我，他很享受我们在越南共度的时光，但我有股强烈的感觉，我自始至终都不该回去。

大约在同一时间，另一件事也消失得无影无踪，那让我觉得好受多了。媒体一直传闻要拍摄以我为主角的剧情片，其中有个"天然尼龙电影公司"的拍摄计划。如果拍成了，想必会紧抓着我照片上的钢盔，直到天荒地老，完全不管我还做了哪些事。但谢天谢地，由于制作困难，这部片子最终没有开拍。

我的一项长处帮我开辟了一条远离战争的职业道路：我可以坐下来认真证明我多少算是个全方位的摄影师。可以说，我已经开始朝这个方向前进了。除了我的风景及静物摄影《苍穹》之外，基督援助协会也为我出版了两部轻巧的艾滋病主题摄影作品集，《寒冷天堂》及《生命断裂》。2005年，乔纳森·开普出版社出版了《唐·麦卡林在非洲》，内容是我在埃塞俄比亚的人类学研究。我决心沿着这个脉络拍摄更多作品，让世界不再把我归类为"只是战地记者"。

有不少迹象指出连我太太都怀疑我在这件事情上的决心。她之后在《哈泼斯芭莎》上这样写着："我嫁给战地记者。他近年来希望人们更多地关注他的风景和静物作品，但尽管如此，他还是头老战马。这个男人用纸浆糊了一个阿富汗战地场景给他五岁的小孩（马克斯），还花上大量时间和儿子一起拿玩具士兵在那个战地模型上跑来跑去。我们家还有一具他用饼干纸盒做成的模型，是一栋被炸弹轰炸的建筑，上面还点缀着弹孔，非常逼真。除此之外，他是个相当平衡、正常、平和的人。"

我承认她的指控，我的确跟马克斯说了些跟战争有关的床边故事，但我也坚定地在日常工作中拥抱和平，英国国家肖像馆也在这件事上帮了点小忙。

国家肖像馆馆委托我两个案子，基本上都是在伦敦进行，这显得加倍诱人。同时，凯瑟琳和我也维持着另一种版本的"两个家"的婚姻。她还留着在诺丁山门的家，方便她去《哈泼斯芭莎》上班。我们在萨默塞特共度周末，接着凯瑟琳和马克斯在星期一回伦敦，在那里，有一个保姆照顾马克斯，还有溺爱他的外祖父母协助照看。我尽可能利用工作之便在周间造访伦敦，一方面协助保姆，一方面调整马克斯的军事知识。这听起来很复杂，但我过去的两个家可是在纽约和萨默塞特，和那一次相比，维系这段婚姻几乎是轻而易举。同时，这也让我更喜欢待在伦敦的工作日。

我在国家肖像馆的第一个工作离伦敦中心再近也不过。国家肖像馆要求我协助编纂一系列特拉法加广场的影像记录，集结成《镜头下的特拉法加广场》一书。多数繁重的研究工作都由我的工作伙伴完成，他正是国家肖像馆摄影教育部负责人罗杰·哈格里夫斯，但我也挖出了一些年代久远的数据，那时伦敦还真的鼓励观光客多喂鸽子，并拍下照片展示对自己行为的莫大自豪。在这一堆亲近鸽子的照片中，拍得最漂亮的莫过于影星伊丽莎白·泰勒。这个计划也给了我们机会去展现特拉法加广场与重大政治事件的密切关联，包括古巴导弹危机，以及数十年坚持不懈在南非大使馆外抗议种族隔离政策的示威活动。

我也设法找出一张1962年的旧照片，照片拍摄的是科林·乔丹的国家社会党在示威时遇上一场临时举行的反法西斯抗议活动，由一群坚毅、热爱自由的广场常客发起。这个事件我记得很清楚。当时我为了帮报社（那时我在《观察家报》工作）拍到最棒的照片，只能很不明智地站在那位国家社会党领袖的身边，饱受当时《观察家报》众英雄的唾弃。

接着，国家肖像馆给了我另一份更引人入胜的任务，委托我拍摄英国十位宗教领袖的肖像，时间和地点则由肖像馆决定。我从十四岁那年父亲过世起，就认为自己是坚定的无神论者，因为我认为任何一个有同情心的神祇都不会允许这种事发生。当然，在那之后，我也开始热衷观察许多以宗教或上帝之名而行的暴行，特别是在中东。这更像是在证实我童年期对神学事务

凯瑟琳·费尔维勒，1991 年，泰瑞·奥尼尔摄

的判断。

因此，在拍摄这些人物时，我并没有站在感同身受的立场，另一方面，我也不愿站在对立的角度。我拍摄了很显然应该拍的人，包含英国圣公会的坎特伯雷大主教、天主教的威斯敏斯特总主教、首席拉比，以及英国穆斯林协会的前秘书长。此外也拍了一些较不为公众所熟知的人士，像是印度锡克教在西伦敦的要员，以及南伦敦穷困教区的女性牧师。

最突出的人物是坎特伯雷大主教罗云·威廉斯，他有一张迷人的面孔，至少没被大胡子和厚眉毛遮住的部分很迷人，以及非凡的智慧。我们在他的伦敦住所兰贝斯宫完成拍摄后，他邀请凯瑟琳和我共进晚餐，这自然让我更加敬重这位主教大人。因为在这之前，我所获邀参加的所有高规格晚宴，都源于凯瑟琳在上层社会巨大的人际网络，以及她在开展她的旅游业务中所结识的朋友。晚餐结束后，我们受邀参观兰贝斯宫的图书馆，里面最吸引我们注意力的是放在玻璃盒中的一只浅灰色大手套，手套背面有些闪烁的斑纹。大主教告诉我们，这正是查理一世走向断头台时扔掉的手套。

接着大主教开始问我，为什么选择在有镶板墙面的房间为他拍摄肖像。那个房间为什么吸引我？我说不出来，但就是有种气场。"噢，气场，我想的确有。"大主教显然很高兴，接着告诉我们，1534年托马斯·莫尔爵士正是在这个房间拒绝签署亨利八世的《至尊法案》，并在一年后被处死。教廷在1935年为褒扬他为天主教殉教，封他为圣人，而这年，就是我出生的那一年，这无疑是个巧合。

回想起来，我觉得我和那些宗教领袖相处时应该要表现得更好。我大概太把代表国家肖像馆这件事放在心上（这个机构的地位几乎跟英国圣公会一样崇高），过于在意自己的言行举止。这些宗教领袖看起来都对我非常慷慨体贴，但我自始至终都没有找时间和他们讨论我的无神论，以及无神论在我生活中怪异的纠结与矛盾。举例来说，为什么在战场上遇到危险的时候，我会呼喊上帝之名，但我其实并不相信上帝会帮我或救我一命？又或者，当马克斯问我人死后去哪里时，我给了伪善的答案："当然是天堂。"

我的成功也带来了忙碌的社交活动，我和凯瑟琳愉快地出席展览开幕晚宴、上台领取奖项和荣誉学位。偶尔感受一下高处稀薄的空气还是满愉快的。同时，虽然我戒掉自卑情结已经很久，但我从没忘记自己的出身。没有任务在身的时候，我有时会回去参加"兄弟会"的年度聚会，我们这些老芬斯伯里公园区的混混会在"老派酒吧"碰头，够不搭调的。我不敢说时光能冲淡他们的暴戾，我也从不真的这么期待，但他们认定我和他们的看法应该要一致，这确实会让我很沮丧，特别是在阿布·哈姆扎自诩在芬斯伯里公园区清真寺"传经布道"之后。

某个老兄弟跟我说："唐，你知道的，如果我们还在混的时候就有那座清真寺，我们一定会放火烧了它，就这样，没得谈。"

同时间，我也设法改变出版社的出版路线，试着说服编辑不再只关注战争书，转而呈现我的作品中更平和的一面。我的书《在英格兰》于2007年出版，以一种独特的视角，展现了我对1958年至2007年间英国文化的体会。涵盖的地理范围很广，从康塞特、利物浦、布拉德福德、萨塞克斯、萨默塞特、威尔特郡、埃塞克斯到伦敦，特别是伦敦的白教堂，对我来说，这一区简直像召唤出了威廉·霍加斯画作中的灵魂。至于拍摄的人物就更广了，有赛马会常客、格莱德堡歌剧节的票友，还有亨利皇家赛舟会，内容涵盖了各个阶层的观众，从流浪者、乞丐到醉汉都有。我的风景和静物照也在书中露脸。

这是一本非常个人的书，有些人批评我竟然没描绘中英格兰，但这一区从来不怎么吸引我拍摄。在任何情况下，我都不确定我能从中英格兰看到什么。然而，整体来说，这本书的读者反响很好，是我最受欢迎的作品之一，销量甚至胜过许多战争主题的书籍，这让我非常高兴。

之后出版社提议我继续挖掘英国"矿脉"，出版《披头士生活中的一天》，对此，我就没那么兴奋了。这本书很单纯，就只是整理1968年我为披头士拍摄的照片,然而,我对照片质量并不满意,不过其中一张照片在事后看来却让人毛骨悚然,照片中,约翰·列侬在伦敦街上装死,其他三人则聚在一旁假装默哀。

我不做战争书,也不接战地任务,如此过了很久,却在接近2010年时破了戒,只不过那并非由我提出。英国国家战争博物馆决定为我办一场回顾展,展出我的战地岁月,展览名为"战争所塑"。我的战地作品已经在巴黎、悉尼,加拿大、意大利、西班牙、荷兰、德国、匈牙利和捷克展过,可能还有更多地方,对这类展览我已经麻木了。但战争博物馆不一样,不只因为该馆曾试着把我送去采访福克兰群岛战争(马岛海战),也因为他们的员工在我试着搞清楚国防部为何"封杀"我时帮过我。我们从未找出明确的答案,不过他们真的尽全力帮我。所以,当博物馆请我顺势推出同名摄影集,以宣传新展览时,我答应了。我若拒绝,也未免太不近人情了。

同样的,当查理·葛拉斯请我提供照片给他正在撰写的新书时,我也觉得义不容辞。更何况,他的要求还给了我理由,让我着手冲洗我在被要的那段"海湾岁月"中拍摄的照片,我一度以为那些照片永远没有机会露脸。查理觉得我们2003年的可悲境遇要写下来,最后他用他的文字加上我的照片,出版了《北疆日记:写于战时》一书。我很高兴自己能够参与这本书。正统的战地报道史《第一个伤亡》的作者菲利普·奈特列形容这本书是"激进报道优良血统:反战、同情、怜悯,且启发人心"。约翰·辛普森形容为"必读"。

我的下一本摄影书,也是自认为最好的作品,完全属于我自己,这或许解释了这本书为何需要酝酿三十年之久。种下这颗种子的,是我的朋友布鲁斯·查特温,时间可以回溯到1970年,那时我和他一起被《星期日泰晤士报》派到马赛,深入报道当地的流氓用机关枪攻击阿尔及利亚的不幸移民。布鲁斯生性敏感,我看得出这任务不合他的胃口。除了当记者,他也是颇为杰出的艺术史家,因此我们尽快完成马赛的工作,搭上渡轮穿越地中海,前往阿尔及利亚。

布鲁斯告诉我，他想让我看一些更令人振奋的东西，原来那是一批阿尔及利亚内陆的罗马文明遗址，非常精彩。那些遗址的画面，在布鲁斯英年早逝后仍久久留在我心中。

二十年后，当我和查理·葛拉斯在大马士革碰面时，我又发现一些受罗马文化影响的地中海沿岸世界，神秘而引人入胜。在大马士革，古市集的入口是正宗的罗马科林斯柱式，列柱撑着波浪铁皮屋顶，这屋顶多少算是特制的。法国人离开叙利亚的时候，拿机关枪扫射了市集屋顶，作为道别礼。我在黑暗中凝视屋顶，看到了那些弹痕，但那犹如黑夜中闪烁的星空，无比魔幻。但这个建筑可能还不如巴尔米拉那么正宗，那是叙利亚在沙漠中的罗马城市遗迹，非常壮观，我和查理在前往伊拉克采访库尔德人起义时曾远远看到过。

我做了一些研究，把这些浅薄的第一印象统合起来，发现这其中蕴含着极为珍贵的影像素材。古罗马不仅影响地中海沿岸，还长期控制了这一区域的大部分土地。光是叙利亚，古罗马就统治了七个世纪，现在虽然只剩废墟，我依旧能找到古罗马皇权的证据。

我向乔纳森·开普出版社提出这个计划，想拍摄相关摄影集。我不能说出版社的反应很热烈，但他们同意先预支一笔版税，虽然是我收过最少的一笔钱，但我已经很满足了。

我并不介意金额，能进行这个案子就够了。我对这项计划的感觉是，我原本以为自己只是要挖口水井，却喷出了石油。我花了三年，是我工作生涯中最享受的三年。凯瑟琳以她独到的旅行造诣为我规划行程、设法拿到最佳折扣，帮我克服了出版社的有限预算，顺利成行。她有时也和我同行，我儿子克劳德也是。我的岳母玛丽亚曾经造访过其中一些地点，一路以来都是我们的拉拉队长。所以这整个计划又带着强烈的家庭色彩。朋友提供许多协助，布莉姬·基南是我在《观察家报》和《星期日泰晤士报》的同事，后来也搬到萨默塞特，成了我的邻居。她介绍我认识巴纳比·罗杰森，这位出版人出版了大量关于北非的学术书籍，他给了我许多启发，也和我一起造访罗马帝国的南部，有他同行，旅程非常愉快。他甚至为我的摄影集作序。

我在六次远征中造访不同地点，参观了摩洛哥、阿尔及利亚、突尼斯及利比亚等北非国家，在利比亚拍摄著名的大莱波蒂斯，也拍摄黎凡特[1]的遗址，包含黎巴嫩的巴勒贝克、约旦的杰拉什，以及叙利亚的帕尔米拉。这些地点通常都不太容易进入，常有"文化警察"在附近逡巡，好像他们的工作就是要尽可能阻止别人拍照一样。在摩洛哥，一个警卫冲出来阻止我，就只因为我"有一部专业相机"。我抵达阿尔及利亚的时候，相机被疑神疑鬼的边境警察给没收了，等了四天才拿回来。

部分问题来自拍摄时间。在中东和北非，经水晶和石头表面反射的日光强到无法处理，白天有不少时间无法拍摄。我必须要在太阳完全升起前开始工作，直到八点半左右，接着休息到下午三点，再回现场准备下一段工作，一直到四五点夕阳西下，光线才会较为合宜，但这时候就会有人跟我说："不行。"文化警察开始发号施令，驱逐观光客了。

不过，凭良心讲，我在这项工作中遇到最严重的阻碍，完全是自己造成的。我在帕尔米拉拍摄"贝尔大圣殿"的罗马遗迹时失足摔得很重，隔天才在医院醒来，断了一根肋骨，得了肺塌陷，四个人高马大的叙利亚警察站在床尾，床边是长相相当标致的旅馆口译。

叙利亚是知名的警察国家，我担心会出现最糟糕的状况。我的译者急忙向我保证，要我不用忧虑，警察只是在为我着想，并不是来逮捕我，而是想知道我是否因为受到攻击而受伤。我是跌落的，还是被推了下去，或是其他原因？我承认是自己失足了，那些警察似乎有些失望，他们那天或许正想

1　黎凡特（Levant）：历史上的区域名，范围不甚明确，大致指地中海东岸，托罗斯山脉以南，阿拉伯沙漠以北，美索不达米亚以西的一大片地区。黎凡特一词源于意大利语，意思是东方日升之处，在中世纪是意大利商人及阿拉伯商人的贸易要道。

找几个嫌犯来修理一顿。

我的伤很快就治好了，但我也开始回想，我曾经穿越不少战场，却从没受过这样的重伤。我的脑中浮现"没有任何地方是完全安全的"，我们当然不可能活得很危险，但活得很安全似乎也只是痴人说梦。

另一个我一直无法丢开的念头，是我所拍摄的宏大、辉煌的历史遗迹，都建立在蓄奴、饥馑，以及暴政的基础上。当你看着那些巨大的石头时，你知道有人在建造的过程中被那样的重量给压死。很明显，那些奴隶在采石场都被铁链串在一起，有如置身地狱。他们的生活既凄惨、肮脏，又总是挨饿受冻。我拍摄时，真的觉得自己能听见几世纪前人们在建造这些惊人建筑时发出的惨叫。

我一直非常小心，希望不要被自己所景仰的 19 世纪艺术家给影响了，像苏格兰的戴维·罗伯兹和摄影家弗朗西斯·弗里斯也都描绘过边陲的罗马文明。我觉得我需要带入一些自己的风格和观看方式。说得更清楚些，就是我决心我的摄影不仅要表现罗马的雄伟与威势，更要传达可怖的黑暗。最后，我很高兴自己做到了这一点，至少让罗杰森这个挑剔的出版人无话可说。他在《南方边境：穿越罗马帝国的旅程》的序言中写道：

如果你意在寻找古罗马艺术和建筑的全副荣耀、春日里繁花环绕着绝美马赛克地砖的彩色照片，想看到凿刻的列柱，后方还要有灯火照得壁画熠熠生辉，想看到神灵在暮色中穿过橄榄园，那你得离开，快步离开。

这系列摄影记下了钉掌靴、圆形竞技场公开处决囚犯的时刻、奴隶建造的凯旋碑、凝血的圣坛，以及神殿庭园中献给无形神祇的烤肉所冒出的烟气。

在我出版的二十六本摄影集中，《南方边境》这本书毫无疑问是我最钟爱的。这本书带来了知识，也带来学习的意愿，而这是我未真正拥有过的，更重要的是，这本书给了我最纯粹的摄影之乐，我不需要去目睹他人的痛苦。我在网络上看到一篇评论，说这本书让"麦卡林的书迷"失望了，但我知道，布鲁斯·查特温肯定会喜欢。

2010年3月，我有些为《南方边境》的出版而洋洋自得，老人家的那种。出版社的人也收回原先的怀疑，给了这本书不低的印量。虽然不是值得激动的销量，但每个人都有小小的回收。我的家人很开心，我也很开心，我不得不说，这其实应该是个警兆。过去这些年来若我学到了什么，那就是乐极会生悲。

某天下午，我还沉浸在成功的喜悦中。凯瑟琳、马克斯和我从伦敦的车站乘车前往萨默塞特。火车离站后，我说："喔，我的嘴巴。"又过了一会儿："喔，我的手。"凯瑟琳带着妻子的洞察力和隐隐的不耐说："你没事的，你只是累了，读你的报纸吧。"但这一次，婚姻中的典型揶揄没有奏效。我不是宿醉，我中风了，而且那还只是开始。

到了萨默塞特，我被国民医保体系下的医院转来转去，最后终于住进陶顿的大型医院。他们从我的腹股沟动脉插入导管，我几乎就像飞到了臭氧层中，接下来就是各种疼痛无比的疗程，最后我拿到这样的诊疗结果："所有主动脉都塞住了。"开出的处方则是："回家，吃药。"我翻译这些话，我觉得应该没错，他们的意思是：离开，等死。

幸好，凯瑟琳没有遵守这两道医嘱。

麦卡林的小儿子马克斯，2006 年

46　通往阿勒颇的道路

凯瑟琳一知道我的问题可以用冠脉搭桥手术搞定，就研究了私立医院的所有资料，要找出最适合做这项手术的地方。她和我不一样，既有私人医疗保险，又对医疗机构了若指掌。最后她选了约翰伍德的惠灵顿医院，离罗德板球场只有一箭之遥的地方。

人们警告我，这手术很困难，甚至可能危及生命，但实在很难说我被未来可能的状况吓到。我知道我不做这手术，就没救了，而我如果在手术中丧命，反正也是无知无觉的。我比较担心自己在手术中醒来。不过医院向我保证那概率微乎其微，在这一点上我只是自寻烦恼。

我原本以为我中风的元凶是高压的战地生活。我确信我终于要为太多不合理的行为付出代价，而之前，只是时候未到。显然我又错了，更大的嫌疑是我这辈子都无法在经过蛋糕店时不推门走进去，从小我就是出了名的爱吃奶油。

在手术的预备阶段，我并没有怂恿任何朋友来医院探视，但没人能阻止查理·葛拉斯和马克·尚德过来坐坐。我必须说，查理展现了无懈可击的探病礼仪，甚至没邀我和他共赴战场，对他来说，这无疑是莫大的自制。

至于马克，我实在无法说他什么好话，虽然他的行为也确实让人无法忘记。

马克在我生平第一次全身除毛后来访，而他对人体的怪异状况有永不餍足的好奇，我知道他一定会抓着我的除毛问东问西，所以我一五一十、巨细靡遗地跟他描述了一遍，但他给的回应只有："那你剪下的毛呢？都到哪儿去了？"我只能回答我真的不知道，也不理解有谁会在意这种事。"我就在意。"马克佯作心痛地表示，并说他明明可以拿这些毛发来为他的秃头植发，我竟然就这么丢了，一点也不体贴。

这是我在手术前最后一次开怀大笑，不过，从我开始注射吗啡起，我就一直陶陶然。过了一会儿，桌椅在病房四处飞舞，而监视器的镜头也成了虎视眈眈的猫头鹰，我明白，我的体内可能有太多吗啡了。

手术后是一段漫长的恢复期，但过程丝毫不令人沮丧。大多数时刻，我都可以感觉自己变得更强壮了一点，也一直在进步。我没有任何工作压力，虽然得为了一部纪录片重拾一定的活动力，那是由汤森路透公司出资、大卫·莫里斯（David Morris）与杰琪·莫里斯（Jacqui Morris）执导，传主就是我。纪绿片的素材是我在《观察家报》和《星期日泰晤士报》工作的那段大众最熟知的岁月，因此考察得格外精心，至少我必须做到这一点。我最喜欢的编辑哈利·伊文思提供了相关评注。

纪录片于 2012 年在金丝雀码头的汤森路透大楼首映，片名《麦卡林》，我出席时被人潮给吞没了，那都是我在两家报社的老战友。这部片后来也上映了，并获得英国电影学院奖（BAFTA）两项提名，而这一切都得归功于杰琪和大卫·摩里斯的拍摄技术，我不过是众多受访者之一。

那时我觉得身体已经恢复，应该可以迎接真正的挑战了，虽然不确定那是什么。在捡回一条命之后，似乎没有道理不好好利用这多出来的生命做些值得的事。生命似乎显得空前珍贵，尤其是在那个夏天，在我花了许多时间和我的妻舅理查德·毕斯顿相处时，感受特别深。他是《泰晤士报》的国际编辑，我可以看到他的时间正在慢慢倒数。理查德是很了不起的人，从各方面来说都是绅士，但又很坚毅，而且强壮得像头牛。我们开心地聊着昔日的战地事迹，欲罢不能。然而，理查也生了重病，深受癌症之苦，经常因身体状况无法上班。我们会一起在我的花园漫步，有时走远了，像两个巍巍颤颤的老家伙。但令人又心痛又哭笑不得的是，我这个老人正在逐渐康复，而远比我年轻的他却正逐渐衰弱。

他虽然受过高深教育，也和他的家人一样精通多种语言，兴趣也很广泛，但最热衷的莫过于钓鱼和中东，而在我自己那一长串的爱好花名册中，这两者的排名也非常靠前，我私下以为我们两人相处很融洽。某天，我们正在讨论阿拉伯之春，而我由于生病住院的缘故，错过了这场事件变化最剧烈的发展阶段，对这场革命了解不深。但理查德问我，是不是还想出远门报道中东？我说，我经常这样想，而且事实上，我想我仍然还有能力。他问我是不是认真的，我听到自己告诉他："是的，我愿意再拼最后一次。"

接下来理查德就联络了他的编辑詹姆士·哈丁，一起研究这件事。之后我受邀到伦敦，在圣约翰街的鱼餐厅边大啖丰盛的午餐，边向哈丁和《泰晤士报》的资深编辑简述我的状况，说服他们让我这个七十七岁的老骨头代表报社去海外采访饱受战火蹂躏的地区。

这其实只是短期任务，不会超过六天。我必须接受训练，学习如何绑止血带（某种程度上，其实是教我如何不至于用到止血带）。我必须穿强化的防弹衣（我在越战之后就没穿过了），以免遇到任何攻击，我也要受国际特派员主任安东尼·洛德的指挥。对这些要求，我都没有太大问题。我虽然不直接认识安东尼，但我敬重他为《泰晤士报》写的报道，也钦佩他的著作《思念我消逝的战争》，这本书描绘了他在波斯尼亚和车臣的采访经验，而那两个刚好都是我错过的战场。

十二月，在完成了我的止血带训练后，我们准备好出发了。凯瑟琳觉得我彻底疯了，但我想，《泰晤士报》的安全防护和一个星期内就回来的预估应该稍稍说服了她。

我们决定先前往叙利亚北部的阿勒颇，阿拉伯之春的状况在这里实际上已经升级成内战。在阿勒颇，总统巴沙尔·阿萨德的部队和反抗军有过几次最激烈的冲突。安东尼去过这地区几次，也与当地建立了很有力的关系。我也来过几次，但都恰巧是在相对比较和平的时期。2006 年 10 月我在叙利亚寻访罗马文明遗迹的时候，就在阿勒颇待过几天。我抵达没多久后，在笔记上这样写：

> 我想，我会喜欢阿勒颇。这里能量饱满，但同时也有许多杂音。街上都是男性，还有上百名看起来很强悍的士兵，一身时髦整洁的制服，衣着相当讲究。没有任何人向我找碴。

我们经由土耳其边界进入阿勒颇，此处边界一直是我过去进出战场的通道。我们一抵达就听到无止境的"砰、砰、砰"重炮轰击。在那一刻我或许应该问自己：你来这里做这个傻不傻啊？但事实上，我只感到兴奋，兴高采烈地踏上货真价实的战场。肾上激素已经开始分泌。

我们开车到反叛军口中的新闻室，一个一团乱的地方。这里显然曾经是优雅的现代主义风格建筑。入口处有精致的大理石地板以及宽阔的阶梯，如今却有水从楼上像尼亚加拉大瀑布一样向下奔流。炮弹射中屋顶的水塔，找不到工人把水闸给关上，水就这么不停流到屋顶，再肆无忌惮地一路往下奔泻。

新闻室负责人告诉我们，这栋楼还有一些空房间，我们可以上楼自己找地方住。我们沿着"尼亚加拉大瀑布"往上爬，找到一间小公寓，里头的马桶已经满出来，还有一些看起来像是有数十人睡过的毯子。这里有几间房间，还有简陋的小厨房。安东尼选了其中一间，正中我下怀。在我心里，没有窗户的厨房是整栋建筑最防弹的空间，所以到了晚上，我就盖着那些来源可疑的棉被，躺在厨房的地板上，在炮火声中沉沉睡去。

安东尼告诉我，隔天我们会和他的朋友哈金·安萨碰面，他是反抗军领袖，人们称他为"指挥官"。哈金在阿勒颇成为战场前是名会计师，但他也是坚毅甚至无情的战士。

安东尼为了让我明白哈金有多无情，跟我说了一个故事。他曾经把一个惹恼他的人揍了一顿，并在训完后对那人说："没事了，我饶你一命，你开那辆车离开吧。"那人遵照他的指令做了，而哈金则在他的手机输入一组密码，那辆车就在倒车离开时爆炸了。这则故事很引人入胜，但我忍不住想着有哈金这样的朋友，我们或许不需要太多敌人。

隔天早上我们一起进城，那片区域已经全毁，当年德军轰炸过的华沙也不过如此。有几座公寓还没坍塌，但也是满目疮痍，某种程度上还可以居住。哈金和他的手下就住在其中一间。哈金长得非常温文俊俏，看起来很像好莱坞的性感偶像。从我们的角度看，他也是很有力的帮手。他答应明天安排我们上前线。

结果前线是一座军事基地，里面驻扎着叙利亚的部队，反抗军则在周围的墙边透过墙洞狙击他们。反抗军的组成五花八门，来自不同的部落和组织，其中有支团体是纯库尔德人。他们看起来同心协力，然后，当战斗机的破空声一传来，你可以看到人们几乎立刻就被恐惧击溃。大多数反抗军都跑了，我们也急忙撤退，改到医院去看看。

在医院外面，一辆车子发出呼啸冲了进来，我们看到人们从车上抬下一具又一具尸体。其中一个看起来只是个少年，我走近拍了一张照片。接着又有一辆轰隆隆的卡车，带来更多尸首。这真的非常怪。有个人坐在后面，身材非常高大，一头黑色鬈发，眼神炙热。当时相当冷，他穿着一件连帽大衣，就这么坐在尸体旁边。我对他说："不要只是坐在这里，为什么不去帮忙搬尸体？你有什么问题？"接着我稍微走近，才知道他也阵亡了，很显然是一枚在新闻室门口炸开的炮弹夺走了他的命。

过没多久，我们发现医院开始拒收死者，要那些卡车把尸体运回原地。

医院说，他们必须把每一寸空间都用来照顾还活着的伤员。我想到，我其实也很可能需要占用医院腾出来的空间。稍早我在街上遇到一个身材高大、很有"伊斯兰国"（ISIS）风格的大胡子，我迅速拍了一张照片，他大怒，用各种方式恐吓我，直到我们的新闻室主任出现，而且万幸他还带了一把枪，才说服那男人离开。

某天，安东尼介绍我认识阿勒颇最年长的战士。他七十岁了，而且用一种让我有点羞愧的方式和我说话。他说："你跟我一样，也是老人，我很高兴你冒着生命危险来了解我们的问题和理想。"他接着邀我上前线。那有点像晚餐邀约，出于礼貌当然不能拒绝。

他的前线在城内，而且很难定出位置。事实上，我不确定我们是不是真的身在前线。在阿勒颇，战士为了躲开镜头，向来不太在街上跑。一般说来，他们喜欢在房子的墙上打洞，从内部攻击，必要时再轰出更多洞来发射武器。

在人们眼中的前线附近，有些街道的上方铺了粗麻布，以遮住狙击手俯视的视线。某一刻，我们需要在子弹满天飞舞时跨越一条没有粗麻布的道路，安东尼在我身后像战友一样推我跑快一点，我当时几乎绊住我们四人。那天没人受伤，但我明白，我们四人在战地上的行动要更一致。

另一天，我们拜访了所谓的面包分发中心。一条长长的人龙排开，从建筑物一路延伸到街角。哈金的人马全副武装走了过来，直接插到队伍的最前端，带走整整一大袋的面包，那群武器较少又饥肠辘辘的当地居民什么也没拿到。

我走上烘焙坊的屋顶，想为排队的人潮拍一些长镜头，类似航拍图。接着我注意到我身边有人。一个人带着枪出现在屋顶上，想知道我为什么待在这里。那不是友善的询问。在中东，你总疑心自己随时会被陌生的枪手给劫走，而这时候，特别是在另一个枪手也走了过来，和他一起咕哝着"间谍"一词时，我心里的警铃更是大作。幸好，虽然有更多枪手涌来，但哈金的人终于和对方交涉好，放了我一马。

所以，我和哈金及他的手下关系矛盾。他们在各种必要时真的提供了很多协助，但他们的存在让我很不舒服。我们和他们在一起的时候，他们策划了众多得意诡计，其中之一是用美人计设计了另一个敌对的反抗军领袖。哈金认为对方的势力压过了他。然而，对方看穿了这只是唬人的幽会，哈金只能取消埋伏。

事实上，反抗军团体间的信任从来都不稳固。某些人甚至很明显更害怕彼此，而没那么怕阿萨德总统的部队。判断谁能信任谁不能信任是永恒的问题。有人告诉我，在叙利亚殉职的记者正稳定地增加，有朝一日将比越战还多。我并不惊讶。

阿勒颇让狂野的大西部变成假日主题乐园。就我所能判断，没有任何一个地方你会真的觉得安全，没有一个人知道正在发生什么事。你必须前进，找到自己的战争，而这总带着危险。至于在国际的危险等级排名上，我会说，阿勒颇略逊于红色高棉在金边的全盛期，但也只是略逊。

虽说和过去最好的作品相比，我这次的摄影无疑比较差，但自己还算满意。这次的任务太短，我和安东尼都无法好好发挥，但如果我们留久一点，生还的概率就不会这么高了。事实上，我最好的照片并不是在阿勒颇拍的，而是在土耳其边界前方的难民营。我们离开叙利亚前在那儿待了一下。就在清晨的日光中，我看到四十名男性绑着黑色头带，站在山顶上俯视难民营。那只有两个字可以形容：不祥。

我看着他们走了下来，进入难民营。我拿着我最普通的相机，用最不引人注目的方式拍了一张照片。之后其中一人向我走来，说："给我看你的照片。"我的回应很不老实，对此虽然我想称赞一下自己，但我其实也只是太走运：我拿出我偶尔才用的数字相机，屏幕上碰巧是一张无关紧要的老人肖像，那是在阿勒颇拍的，我几乎都忘了有这张照片。"没问题。"那个绑着黑色头带的男人这样说着，然后就继续往前走。

除了右腿拉伤，我几乎是毫发无伤地回到家。所以，我有得到什么吗？

这不是这世上最了不起的新闻任务，但我想去，我觉得大众对叙利亚冲突还不够关注，只想别过头去，假装没看见。至于我，我经历了最后一次一开始就肾上腺素大量分泌的采访，之后则是完成危险任务后莫大的放松感。简单来说，我比以前更清醒地发觉自己还活着。

不幸的是，理查德·毕斯顿，这个再次燃起我生命之乐，并让我此行成真的男人，在数月之后过世了。他当时年仅五十。他的勇气和坚忍激励了我们所有的人。

47　走在火山口边缘

从阿勒颇归来后，我并没有被得意扬扬的心情给蒙蔽。我知道我一开始就太轻率了。我跑步变慢了，双手也因为关节发炎而伸不直，几近九公斤的强化防弹衣穿在身上仿佛有一吨那么重。我的确安全归来，但我也不得不承认，我的身体已经无法胜任前线任务。

然而，我还是够健康，还是能享受萨默塞特的春日繁花，也还能在暗房消磨时光，继续冲洗照片，整理资料出版更多书籍。当索尼集团联络我，提议颁发"终身成就奖"给我时，我怒气冲冲地回绝了他们的好意，我觉得自己的生涯还没结束。但我也确实告诉他们，等我真的不再追求任何目标时，再回来找我吧，虽然我还看不到那一天。

最后我还是循常理接受了索尼的奖项，但主要是基于礼貌，同时也因为他们说我值得这个奖。但我也没有被冲昏头。我通常不太把奖项放在心上，只有两个例外：1964年我首度获得世界新闻摄影奖，这个奖为我开启了无数新的大门；以及我的大英帝国司令勋章，我认为我父亲会以这个荣誉为傲。至于其他奖杯，大多被我摆在花园的棚子里。

另一方面，我也在体力允许的范围内更多地同家人相聚，麦卡林家族不再那么疏离了。弟弟迈克尔终于在法国外籍兵团服役期满三十年，返回英格兰。长子保罗是绘图员，长年待在澳大利亚的珀斯和拜伦湾，现在也回国了。他和他的家人定居在巴德利索尔特顿，和他妹妹杰西卡及她的建筑师丈夫比邻而居。那是座美丽的小镇，位于德文郡东部海岸的奥特河出海口。保罗的两个女儿是最早顶着麦卡林的姓氏进入大学的家族成员，是家族的荣耀。

次子亚历山大在当了几年模特儿之后，带着我两个美丽的金发孙女里拉和凯蒂搬到肯特郡的迪尔。不过他还是经常前往伦敦照顾他刚开始发展的事业，包括达斯顿一家专门出租给时尚摄影的摄影棚"栖所"。我和拉兰的儿子克劳德则加入皇家海军本土防卫自卫队，他也曾出任务到阿富汗的赫尔曼德省，不出任务时则常驻伦敦。同时，马克斯最近也进入巴特坎伯附近的预备学校，并展露了早熟的迹象，不时在棋桌上击败外祖父。我的妹妹玛莉则住在离我不远的布里斯托。

所以，我们并没有形影不离，但很容易见到彼此。当克劳德打算加入海军时，我担心他的安危，打了电话给住在霍尔的弟弟迈克尔，问他是否能试着打消这孩子从军的念头。我记得迈克尔告诉我，有鉴于克劳德的父亲和叔叔在年轻时所做关乎一生的决定，我们可能是这个世界上最不应该劝阻他的人。

有时我确实觉得，我和子女的关系比我应得的还要好。他们的童年都笼罩在父亲长年不在身边的阴影下，我几乎永远把摄影放在第一位。但矛盾的是，如果没有摄影，我会成为迷失的灵魂。我会无法以自己为傲，因而沦为一无是处甚至绝望的父亲或丈夫。摄影让我认同自己是个人，也因此才有能力好好和家人、亲人相处，虽然很不完美。

而在此时，凯瑟琳那多才多艺又精通多种语言的家庭正饱受病痛之苦。她挚爱的母亲玛莉亚死于白血病，年仅六十五岁，妹夫也在几个月内过世。帕特里克孤身一人，于是卖掉家族的房子，搬来和我们一起住了几年。理查德的遗孀娜塔夏则成了我的经纪人。两姊妹决心克服丧亲之痛，而凯瑟琳之后也接下更重的工作，成了国际时尚杂志《波特》(Porter) 的旅游版负责人。

值得庆幸的是，我住在海拔一百五十公尺高的地方，当 2014 年萨默塞特冬季暴雨登上全国头条时，我和巴特坎伯的邻居并不需要像难民那样仓皇撤离家园。我对附近的地平线再熟悉不过，我曾在这里拍下无数瓦格纳式风起云涌的天空。多亏我们的地势，洪水来临时我们最糟糕的时刻也不过是无法看电视。我对救难唯一的直接贡献，是拯救一只困在泥巴里湿透的红隼，我仔细清理，并在隔天放它飞走。那感觉很好。

年轻时，我必须习惯不断有朋友死于战场。但即便有过这些训练，我还是不知如何处理年老时朋友相继离世。我以为自己并不那么容易为死亡所动，但马克·尚德在 2014 年 4 月过世时，我还是受到打击。他的过世一如他大部分的生命，充满了不协调。当时他在纽约，为最爱的自然保护机构"大象家族"募得一百七十万美金的捐款，之后就偷溜出去抽根烟，却跌倒在人行道上，一天后病逝于曼哈顿医院。他那时年仅六十二。我过去一直以为他应该会在我的告别式上致词，没想到，最后竟是我成为他告别式的致词人。他的葬礼有他姐姐卡米拉和查尔斯王子及上百位宾客出席，自然相当隆重。

"关于马克·尚德，他从来都不知道什么是礼貌。"我这样开场，然后现场哄然大笑，应该所有人都听懂我的意思了。现在，我有个永远纪念马克的方法：他的姐姐慷慨地把马克的遗物送给我，我可以穿着他的惠灵顿靴、拄着他的苏格兰手杖，翻山越岭拍摄风景。

我在三十多年前首次遇见马克，我那时以为他就是个养尊处优的贵族，没想到他会成为我的挚友。我不会说我很习惯跟人结成死党，但我确实这么做了，而其中我最珍惜的友人，莫过于马克。我太太经常说我俩像一对老伴儿，确实，我们两人分开时可以各自过得很好，但在一起则更好。在艾瑞克·纽比和诺曼·刘易斯于高龄过世之后，除了东尼·克利夫顿这个住在遥远墨尔本的朋友外，马克就成了世上最后一个曾和我一起造访非战事地区并和奇异民族相处的朋友了。

在某方面来说，我是船上最后一个人了。我一直认为和他们一起旅行是最快乐的事。事实上，如果我有机会重活一次，我一定会完全舍弃战争，全神贯注在人类学摄影上。

不幸的是，在今日，这样的志向已经没多少意义。就世事的发展来看，即便在地球上最偏远的部落，你也会发现人们身上无不穿着五颜六色的衬衫，还把棒球帽反戴。

马克过世后一个月，我又得知一个消息，心情顿时陷入谷底，甚至影响了生活。我和安东尼离开阿勒颇十五个月后，他又几次旧地重游，通常都和那位很有领袖魅力的反抗军首领哈金·安萨联系，而我觉得这人不那么令人放心。五月份，安东尼和他的摄影师杰克·希尔顺路造访了哈金，部分原因是祝贺哈金刚生下女儿。

离开哈金的住所后，有人在路上袭击了这两个记者和他们的中间人汉沙，把他们的眼睛蒙住、双手绑住，丢进后备厢。毫无疑问，有人绑架了他们，可能是为了卖给"伊斯兰国"（ISIS），唯一的问题是，是谁？安东尼有明确线索，他认得其中一个袭击者，那正是数小时前在哈金家为他殷勤递上早餐的人。

当车子停在路边不动时，希尔和汉沙用力撞开后备厢，安东尼也逃走了，但手铐让他很难跑快，最后他还是被抓了回去，狠狠挨了一顿揍。当他抬头时，他看到了哈金，很明显他人正在现场指挥一切。

"我以为你是我朋友。"安东尼说。

"不是。"哈金回了他，并拿出手枪，朝安东尼的两个脚踝各开一枪。

幸运的是，安东尼在试图逃跑时也掀起骚动，因此泛反抗军联盟"伊斯兰阵线"出手介入了。他们要哈金离开，并送这三个急需就医的人质越过边境，安抵土耳其。

我除了担心安东尼，也无法不去想，我又一次幸运躲掉了。我的意思是，为什么是安东尼吃了哈金这两发子弹，而不是我？过去我为何总是能全身而退，而身边的人却经常受重伤，甚至被杀？在我过去长达半个世纪的战地经验中，这样的状况不计其数，这总是让我非常不安，在回想时更是如此。

我想，步入老年的好处之一，就是有更多时间回忆过去。但我也发现一个问题，就是人们似乎不太有办法选择要回忆什么。无论是幸运的脱逃、撞上的酷行，以及目睹的骇人伤势，都不受控制地反复涌现，而且就跟照片一样清晰、锐利。此外，还有另一件事情也经常困扰我。

近来我经常一上床就想着大屠杀。大屠杀一直纠缠着我。我会设想我人在集中营，无助地试着找出方法生存并脱逃，仿佛我亲身经历的危险还不够，我的想象力不得不把我带去更绝望的状况中。我不明白为什么。我不想这样。我更想冥思宁静的大自然。这大概是生命中诸多费解的矛盾之一吧。

另一个不那么残酷的矛盾则和我太太的工作有关。凯瑟琳自己也是杂志社的首席旅游作者，经常受邀住进一些难以置信的地方。偶尔我也能沾光免费同行，因此见识到一些不可思议的空间。我住过一家旅馆，屋顶非常高，我醒来时还以为自己人在皇家阿尔伯特音乐厅。另一个经验是在印度，我们所住的套房附有专属的私人泳池。这些地方，客人都要花五千英镑以上才能待一晚。然而，我开心吗？很不幸，我不开心。

我躺在这些昂贵的殿堂中，心里却不断想着自己有多想回家躺在自己的床上。我这一生都在抱怨童年过得有多困苦，但人到老年，竟然开始唠叨这种我不得不忍受的奢华生活让我喘不过气，也难怪我和凯瑟琳虽然在其他方面几乎完全契合，她有时还是觉得我很难取悦。

她也是记者，当然明白我需要觉得自己跟外界有所联系。虽然她有时会在我听约翰·亨弗里主持的BBC广播节目《今日》时要我降低怒骂的音量，她说那是"清晨狮吼"。她当然理解我的抱负，只是不一定想要分享。

另一个惊人的事实是，我即便已年届八十，还是免不了有那么一点同侪压力，特别是《星期日泰晤士报》那群和我一起共同经历20世纪60年代的优秀记者，其中有许多人至今仍不屈不挠，创造惊人成就。哈利·伊文思有了人工膝盖之助，变得精神奕奕，继续在纽约带动新闻风潮。詹姆斯·福克斯完成了滚石乐团吉他手基思·理查兹的畅销回忆录《生命》，再度成为当红作家。菲尔·雅各布森依旧写出大量高水平的杂志文章。至于威廉·肖克罗斯，你大概不会相信，他现在是英国慈善委员会的主席。

当年在《星期日泰晤士报》艺术部负责处理我所有照片的三位主要人物，至今也都还在线：迈克尔·兰德在"专业摄影家"网站展现他的视觉见解与判断力。戴维·金恩则在泰特现代艺术馆展出他当年独家收藏的苏联海报。而罗杰·劳则更上一层楼，如今和彼得·弗拉克一起担任《酷肖》的共同制作人，他们在这个电视台讽刺节目中设计并彩绘了一些英国史上最大的陶瓷。

看不出有谁真的退休了。当然，我可以列出更长、更令人难受的殒落名单，但即使是那些人，在死去前也都还在工作。我有时觉得，身为逃过多次厄运、几乎不可能存在的生还者，我应该把这些人的某些共同特质传给下一世代。不幸的是，老年，尤其是我的老年，似乎不这么运作。认识《星期日泰晤士报》那群绝顶聪明的同代人，诸如墨瑞·塞尔，戴维·莱斯和雨果·扬，并没有让我变得更聪明，而不幸的是，这些人都已经过世。我能做的，就只是想念他们。

我没有太多智慧可以传下去，甚至在摄影上也没有。事实就是，你可以拿着最好的日本相机，却只拍出一堆碍眼的东西。柯达布朗尼相机只要让对的人拿着，也可能拍出令卡蒂埃-布列松同感骄傲的照片。器材很好玩，但你的眼睛才是重点。我也并不觉得观看的眼睛无法训练，只是唯一有把握的道路，就是在错误中学习。

然而，我的确有一个诀窍，说出来对未来的摄影记者应该有些帮助：离开旅馆前自己铺床，绝不要让服务生做。这件事的逻辑就是，唯有自己铺床，你才可能把所有零零碎碎的器材放在铺好的床上检查，在放进行李袋前全部清点一次。我看过许多摄影记者在急忙离开时把测光表甚至护照遗留在皱巴巴的被子里，毁了那次的任务。

有件令我很不安的事情是，许多纪实摄影现在都被当成艺术品来展示。即便我非常荣幸成为第一批受邀在泰特现代艺术馆展出作品的摄影家，我对于自己的作品被当成艺术来看待还是很犹疑。我无法把我在战场上拍到的人当成艺术主题来谈论。他们是真实的人，他们没有为了展示而在镜头前摆弄自己。我吸入他们所受的苦，我觉得有责任要记录他们的苦。但重要的是目击的记录，而不是艺术表现。我受艺术影响很深，那是事实，但我并不把这样的摄影作品视为艺术。

当然，在数字时代，每个人都可以是摄影家，这也不是坏事。然而，这并不是某些专业摄影领域的美好时代。

举例来说，现在的摄影记者比我在《星期日泰晤士报》做正职时要艰辛多了。由于网络的缘故，报社正在不停裁减预算，而摄影部正首当其冲，正式的职位变得非常少，大多数工作都委托给自由工作者，报社也不太提供支持，甚至完全不提供。

我被关在乌干达阿明的监狱时，看到报纸把我写成"自由摄影师"，我记得当时几乎吓到无法动弹，因为那等于是在暗示狱卒，比起《星期日泰晤士报》的记者，他更可以随意处置我。现在，有许多自由摄影师在中东最险恶的区域进出，从伤亡人数看来，他们所冒的风险都比过去的战地记者要高上许多。我很高兴帕丁顿前线俱乐部，一个我很荣幸成为会员的机构，开办了"前线自由工作者注册"，以协助处理战场工作的问题，包括雇主责任、福利、数字安全、保险等。这件事做得一点都不算早。

我对老年生活最大的期待，就是能活着看到马克斯读完马尔伯勒学院，然而我也知道，如果我只是被动地看着、等着，我可能也不会有那么一天。我已经走到火山口边缘，生命随时可能化成一缕轻烟，那不是我所能控制。现在能做的，就是继续"坚持前进"。

我的脚，即使套着马克·尚德的结实靴子，也已经开始跟我抗议。我

或许也要逐渐放弃我的风景摄影。尽管暗房是我最快乐的工作场所，但我对化学材料的忍受力变低了，也意味着我必须限制自己冲洗相片的时间。至于战争，我想我现在很确定，我不用再想了。

不过，我有更多工作要做。我正在整理几本新的摄影集、规划美国的新展览，那更碰触到我的痛处。我也在规划一趟旅行，想造访印度的那加兰邦，藉此缅怀马克·尚德。今天清晨我在鸟鸣中醒来，从后门走出去，看到树林中有鹿角在晨雾中忽隐忽现。太阳划破云层，光束犹如上帝的手指指向铁器时代的山堡。我听见自己开口说："谢谢你——不论你是谁。"

UNREASONABLE BEHAVIOUR: AN AUTOBIOGRAPHY (UPDATED EDITION)
by DON MCCULLIN
Copyright © Don McCullin, 1990 and 2015
This edition arranged with RANDOM HOUSE UK through Big Apple Agency, Inc., Labuan, Malaysia
Preface © Robert Pledge, 2017
All rights reserved.

本简体中文版翻译由台湾远足文化事业股份有限公司（大家出版）授权。

北京出版外国图书合同登记号：01-2022-4574

图书在版编目(CIP)数据

不合理的行为 /（英）唐·麦卡林著；李文吉，施
昀佑译. -- 北京：北京日报出版社，2022.11
ISBN 978-7-5477-4351-5

Ⅰ . ①不… Ⅱ . ①唐… ②李… ③施… Ⅲ . ①唐·麦
卡林－自传 Ⅳ . ① K835.615.72

中国版本图书馆 CIP 数据核字 (2022) 第 123225 号

责任编辑：卢丹丹
特约编辑：马步匀
装帧设计：彭振威
内文制作：龚碧涵

出版发行 : 北京日报出版社
地　　址 : 北京市东城区东单三条8-16号东方广场东配楼四层
邮　　编 : 100005
电　　话 : 发行部：(010)65255876
　　　　　总编室：(010)65252135
印　　刷 : 山东临沂新华印刷物流集团有限责任公司
经　　销 : 各地新华书店
版　　次 : 2022年11月第1版
　　　　　2022年11月第1次印刷
开　　本 : 1720毫米×960毫米　1/16
印　　张 : 27
字　　数 : 360千字
定　　价 : 88.00元